隧道及地下工程理论与方法丛书
中铁设计集团隧道及地下工程技术丛书

AERODYNAMICS EFFECT
AND DESIGN COUNTERMEASURES OF
THE UNDERGROUND STATION

# 地下车站空气动力学效应及设计对策

吕 刚 张胜柏 毕海权 刘建友 王 婷 闫树龙 等 著

人民交通出版社股份有限公司
北 京

## 内 容 提 要

本书以京张高速铁路隧道及地下车站工程设计和建设为依托,详细阐述了空气动力学的基本理论及其在隧道、车站内产生的气动效应,以及相关实际工程缓解气动效应的设计对策。本书分为绪论、地下车站空气动力学效应和地下车站缓解气动效应设计对策三部分,内容包括空气动力学理论基础、隧道及车站内的空气流动、隧道及车站内的压力波、气动效应下的结构安全、气动效应下的乘客舒适性、地下车站空气动力学效应研究、八达岭长城站缓解气动效应的设计对策等。

本书适合于土木工程、车辆工程以及高速铁路、建筑环境相关领域从事工程设计、科学研究等工作的人员阅读和参考,也可供高等院校相关专业师生参考,亦可作为科普性著作供感兴趣的人员阅读。

### 图书在版编目(CIP)数据

地下车站空气动力学效应及设计对策/吕刚等著.—北京:人民交通出版社股份有限公司,2023.7
ISBN 978-7-114-18822-0

Ⅰ.①地… Ⅱ.①吕… Ⅲ.①地下铁道车站—空气动力学—研究 Ⅳ.①U231.4

中国国家版本馆 CIP 数据核字(2023)第 096780 号

Dixia Chezhan Kongqi Donglixue Xiaoying ji Sheji Duice
书　　名:地下车站空气动力学效应及设计对策
著 作 者:吕　刚　张胜柏　毕海权　刘建友　王　婷　闫树龙　等
责任编辑:吴燕伶
责任校对:赵媛媛
责任印制:刘高彤
出版发行:人民交通出版社股份有限公司
地　　址:(100011)北京市朝阳区安定门外外馆斜街 3 号
网　　址:http://www.ccpcl.com.cn
销售电话:(010)59757973
总 经 销:人民交通出版社股份有限公司发行部
经　　销:各地新华书店
印　　刷:北京印匠彩色印刷有限公司
开　　本:720×960　1/16
印　　张:17.5
字　　数:260 千
版　　次:2023 年 7 月　第 1 版
印　　次:2023 年 7 月　第 1 次印刷
书　　号:ISBN 978-7-114-18822-0
定　　价:138.00 元

(有印刷、装订质量问题的图书,由本公司负责调换)

# 本书编审委员会

主　　　任：吕　刚　张胜柏

副　主　任：毕海权　刘建友　王　婷　闫树龙

编　　　委：（排名不分先后，按姓氏笔画顺序）

岳　岭　赵　琳　刘　方　张宇宁　凌云鹏
张　斌　于晨昀　殷文华　邵建霖　刘　冰
蒋　思　段仕军　罗都颢　周海华　倪　派
董　捷　祝文君　陈　爽　郭　磊　彭　斌
康　佩　郭苏锐　陈　慧　房　倩　李鹏飞
石少帅　孙　毅　卓　越　王久军　陈亚东
李　力　张　延　仲崇海　雷思遥　角志达
刘夏润

主　　　审：马福东

主编单位：中铁工程设计咨询集团有限公司
　　　　　中铁五局集团有限公司
　　　　　西南交通大学
　　　　　中节能节能科技有限公司

# 前　言

京张高速铁路是国家重点建设项目，是京包兰快速客运通道的重要组成部分、2022年北京冬季奥运会的重要交通保障线、京津冀一体化发展的经济服务线，更是传承京张铁路百年历史的文化线、展示中国高铁先进技术理念的示范线、落实"一带一路"倡议的政治使命线。中铁工程设计咨询集团有限公司有幸承担这一工程的设计使命，在公司全体工程人员和国内高校科研人员的紧密合作下，完成了八达岭长城站的设计，并成功投入运营。作者结合多年工作经验，以此工程为契机编写本书，旨在使读者了解高速铁路隧道及地下车站的气动效应和相关缓解措施。

本书在参考国内外研究成果的基础上，从空气动力学基本理论入手，系统地阐述了空气动力学的基本理论及其在隧道、车站内产生的气动效应；随后介绍了气动效应对隧道结构、人员舒适性的影响；最后结合八达岭长城站的设计和测试结果，归纳总结了缓解空气动力学效应的建筑、结构和通风空调设计对策。全书共包含三个部分："绪论"部分，介绍了高速铁路和地下车站的发展，并结合发展背景总结了高速铁路空气动力学的研究意义；"地下车站空气动力学效应"部分，共包括6章（第1~6章），分别是空气动力学基础理论、隧道及车站内的空气流动、隧道及车站内的压力波、气动效应下的结构安全、气动效应下的乘客舒适性、地下车站空气动力学效应研究；"地下车站缓解气动效应设计对策"部分，共包括5章（第7~11章），分别是京张高铁八达岭长城站、八达岭长城站气动效应测试、缓解气动效应的建筑设计、气动效应下的结构设计、

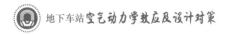

通风空调设计。

  鉴于作者水平有限,加之国内外还没有类似系统论述地下车站空气动力学效应及设计对策方面的专著,书中难免有不足之处,敬请广大读者批评指正!

吕刚

2022 年 12 月

# 目录
Contents

## 绪论 ········································································ 001

    0.1 高速铁路发展 ································································ 003
    0.2 地下车站的发展 ······························································ 005
    0.3 高速铁路空气动力学的研究意义 ············································ 008

## 地下车站空气动力学效应 ········································· 011

### 第 1 章　空气动力学基础理论 ········································· 013
    1.1 空气动力学的发展 ····························································· 013
    1.2 空气状态方程 ··································································· 014
    1.3 气体流动的连续性方程 ························································ 015
    1.4 可压缩黏性流体的运动方程 ·················································· 017
    1.5 声速、压力波的传播速度 ····················································· 018

### 第 2 章　隧道及车站内的空气流动 ································· 021
    2.1 活塞风 ············································································ 021
    2.2 列车风 ············································································ 030
    2.3 列车空气阻力 ··································································· 036

### 第 3 章　隧道及车站内的压力波 ···································· 039
    3.1 隧道瞬变压力 ··································································· 039
    3.2 洞口微压波 ······································································ 049

## 第4章　气动效应下的结构安全 ········· 053
### 4.1　问题的提出 ········· 053
### 4.2　隧道壁面气动载荷特征 ········· 055
### 4.3　结构模态分析理论 ········· 057
### 4.4　疲劳强度的评价方法 ········· 060

## 第5章　气动效应下的乘客舒适性 ········· 063
### 5.1　车内压力舒适性 ········· 063
### 5.2　气动噪声 ········· 071
### 5.3　公共区域风速舒适性 ········· 076

## 第6章　地下车站空气动力学效应研究 ········· 080
### 6.1　研究内容 ········· 080
### 6.2　研究方法 ········· 080
### 6.3　研究现状 ········· 087

# 地下车站缓解气动效应设计对策 ········· 091

## 第7章　京张高铁八达岭长城站 ········· 093
### 7.1　工程背景 ········· 093
### 7.2　工程概况 ········· 094

## 第8章　八达岭长城站气动效应测试 ········· 100
### 8.1　测试内容 ········· 100
### 8.2　测试系统 ········· 101
### 8.3　测点布置 ········· 103
### 8.4　测试设备 ········· 109
### 8.5　测试结果与分析 ········· 113

## 第9章　缓解气动效应的建筑设计 ········· 134
### 9.1　洞口缓冲结构 ········· 134
### 9.2　竖井 ········· 160

9.3 横通道 ·········································· 177
9.4 站台屏蔽门 ····································· 180
9.5 站台隔离墙 ····································· 188

## 第 10 章 气动效应下的结构设计 ············· 205
10.1 概述 ············································ 205
10.2 混凝土细观力学 ······························ 207
10.3 混凝土二维细观力学数值模拟 ············ 211
10.4 隧道模型的建立与设置 ····················· 214
10.5 气动效应下衬砌结构应力分析 ············ 216
10.6 气动效应下衬砌结构损伤裂缝分析 ······ 220
10.7 八达岭隧道衬砌结构设计 ·················· 226

## 第 11 章 通风空调设计 ··························· 229
11.1 通风空调系统介绍 ··························· 229
11.2 数值计算方法与计算条件 ·················· 230
11.3 隧道与车站空气流动和热环境模拟计算 ··· 238
11.4 车站人行通道气流特性分析 ··············· 245
11.5 车站公共区及人行通道人员安全性分析 ··· 257
11.6 八达岭长城站环控与通风设计 ············ 258

## 参考文献 ··············································· 264

# 绪论

地下车站空气动力学
效应及设计对策

AERODYNAMICS EFFECT
AND DESIGN COUNTERMEASURES OF
THE UNDERGROUND STATION

## 0.1 高速铁路发展

1825 年,用机动车牵引列车在轨道上行驶于城市之间,以输送货物或旅客的运输方式首先在英国出现,标志着铁路运输时代的来临。1850—1900 年间有 60 多个国家和地区建成铁路并开始营业,该时期工业先进国家的铁路已渐具规模,俄国修建的西伯利亚铁路和美国开发西部修建的铁路,都长达数千公里。此外,铁路建筑技术和铁路机车制造技术也获得了高速发展。20 世纪中期,由于航空运输与高速公路的迅猛发展,铁路运输每况愈下,逐渐出现萧条景象,被称为"夕阳产业",如美国在 1920—1950 年间拆除了 9 万多公里铁路。究其原因,常规铁路的运行速度太慢,不但无法与飞机相比,甚至无法与高速公路抗衡。但这也同样促使铁路进行技术改造,比如提高行车速度,改进铁路客、货运输的服务设施,采用内燃机车和电力机车来代替落后的蒸汽机车。

1964 年,日本建造出世界第一条最高速度为 210km/h 的铁路——东海道新干线。这条高速铁路的建成,使得铁路成为经济效益好、技术先进的"绿色铁路",成功地展现了高速铁路的先进性和发展的必要性。此后,高速铁路成为世界关注的交通运输发展热点,各个国家陆续参与到高速铁路的研究中来,为人类全面进入高铁时代拉开了序幕。

从 20 世纪 60 年代末期开始,法、德、英等国相继向高速铁路加大了投资建设。1972 年的试验运行中,法国高速列车(Train à Grande Vitesse,TGV)动车组创造了 331km/h 的速度纪录;1989 年建成的地中海线,TGV 平均速度达到 330km/h;1990 年,TGV 在大西洋干线运行试验时创造了 515.31km/h 的速度纪录;2007 年,改进型 TGV 在法国高速东线试运行期间速度达到 575km/h。德国在高速铁路研究方面起步较晚,其对城际特快列车(Inter City Express,ICE)的研究始于 1979 年,ICE 在内部制造原理和制式方面与法国 TGV 有很大相似之处,最高速度是 1988 年创下的 409km/h。英国的欧洲之星(Eurostar)来往于伦敦、巴黎和布鲁塞尔之间,经过英国与法国之间的英吉利海峡隧道,平均速度可达 300km/h。目前已有十余个国家和地区的列车客运速度达到或超过 200km/h,世界铁路运输已全面走向高铁时代(图 0-1)。

a) 日本新干线列车

b) 法国 TGV

c) 德国 ICE

d) 英国欧洲之星

图 0-1　世界各国高速铁路列车

近年来，世界各国的研究应用表明：高速铁路具有安全可靠、快捷舒适、运载量大、低碳环保等优势，使铁路与其他运输方式竞争取胜成为现实。目前速度为 200～250km/h 的高速铁路在欧洲、日本等已是比较成熟的技术，而速度超过 500km/h 的超高速磁悬浮技术也在研究中。高速铁路在世界发达国家的崛起，使得传统铁路再展英姿，铁路发展进入了一个崭新阶段，在世界范围内引发了一场深刻的交通运输技术变革。

我国国土广袤，人口众多，随着国家建设的不断完善，经济实力不断提高，各个城市对于高速铁路的需求也逐年增加，但我国开展高速铁路建设的时间相对较晚，基础建设以及研究理论均有欠缺。为此，最近几十年我国在高速铁路的研究、建设上不断投入，2004 年提出了"引入、研究、创新"发展高速列车的技术路线；2007 年，第六次大提速及"和谐号"动车组的投入使用，标志着我国开始进入高铁时代；2008—2009 年期间，京津城际铁路和武广高铁相继开通并运营至今；随后又有 23 条高速铁路陆续建成，并且设计时速也均达到 350km，最终实现了我国高速铁路技术的迅猛发展。中国已成为世界上高速铁路发展最快、系统技术齐全、集成能力强、运营里程最长、运营速度最高、在建规模最大的国家。目前，我国高速铁路里程已超过 3.9 万 km，铁路运营总里程已超过 14 万 km，覆盖 80% 以上城区常住人口 100 万以上的城市。可见，大力发展高速铁路，完善高速铁路网是我国现阶段铁路发展的趋势。我国在这短短的十几年时间里建造了超过全世界总运营里程数一半的高速铁路（图 0-2），为高速铁路的发展作出了巨大的贡献。

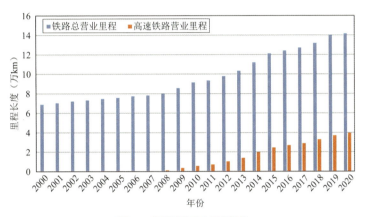

图 0-2 我国铁路营业里程统计

## 0.2 地下车站的发展

以公共交通为导向的开发（Transit-Oriented Development，TOD）是规划一个居民区或者商业区时，使公共交通使用最大化的一种非汽车化的规划设计方式。国外研究 TOD 最早、最深入的当属美国，在目前以小汽车出行方式占主导地位的美国，其城市或地区经历了以郊区蔓延为主要模式的大规模空间扩展过程，此举导致城市人口向郊区迁移，土地利用的密度降低，城市密度趋向分散化，因此带来城市中心地区衰落、社区纽带断裂，以及能源和环境等方面的一系列问题，日益受到社会的关注。

随着我国城市化进程的逐步深入，城市土地空间进一步扩张，土地资源变得日益紧张。为集约化利用有限的土地资源，实现城市可持续化发展，借鉴 TOD 开发模式，以枢纽交通功能为导向，结合城市商业、办公、休闲、娱乐等多种功能的交通建筑综合体成为目前我国城市综合开发的主要载体之一。这种由功能单一型的"交通建筑"逐步演变成复合型的城市交通枢纽综合体发展趋势，体现了我国城市发展建设的新需求，也将更有利于激发城市发展的活力，引导城市空间发展格局。

传统的交通枢纽功能结构单一，交通枢纽内部各交通方式之间联系不紧密，与周边交通设施换乘也不便捷，缺乏一体化规划布局统筹研究。随着时代的进步，交通枢纽演变成各种交通方式换乘的枢纽节点，飞机、高铁、城际铁路、地铁、常规公交、小汽车、出租车、长途汽车、自行车、步行等多种交通方式均在枢纽内部集聚。同时，枢纽与周边交通设施可以实现高效换乘，快速集散人流、车流等交通流量，避免了交通枢纽内部交通拥挤问题，也有效降低了交通枢纽综合体这种大型交通建筑基础设施对周边区域路网造成的交通压力。

以北京南站（图0-3）为代表，大型铁路车站的出现是在综合交通枢纽的发展过程中衍生的，多种换乘方式的出现对铁路车站建筑的综合性提出了较高要求。因此，铁路车站建筑在设计过程中更多的是倾向于综合体的模式演变，需要将铁路交通与城市交通资源进行融合，以解决城市交通问题，实现一体化的综合交通设计，从平面到立体都能够更好地进行人流疏导，实现彼此之间的高效率衔接。

图0-3　北京南站鸟瞰图

随着大型交通枢纽综合体的陆续建成，人们发现对于城市中心地区的综合体建设还会面临地表空间不足、影响地上现有建筑等问题，因此还需大规模开发地下空间。纵观世界发达国家和我国城市建设空间的现状，向地下要空间、要土地、要资源，已成为现代化城市发展的必然趋势之一。党的十八大报告明确提出"优化国土空间开发格局"。有效地开发利用地下空间不仅符合建设"资源节约型、环境友好型和谐社会"的城市发展战略要求，更对实现我国城市现代化建设发展目标起到积极作用。为此，我国修建了城市地铁、地下停车场、地下商场等。当然，在这些地下工程建设过程中我们也积累了大量的修建地下工程的经验和科学技术。数据显示，2019年我国地下空间新增的建筑面积约为2.57亿 $m^2$，"十三五"期间全国地下空间直接投资总规模约为8万亿元。地下空间是城市发展中的必然产物，它的优势显而易见：适当缓解了城市用地紧张、交通拥挤、环境恶化等城市化进程中的诸多难题，实现了土地多重利用，丰富了人们日常生产生活，有利于城市可持续发展。

地下车站最早是作为地铁车站运营的，一直到2006年，德国柏林的新中央车站才成为真正意义上的第一个地下火车站。随后我国也开始利用地下车站将高速铁路引进城市，广深港客运专线深圳福田地下火车站（图0-4）的建成，揭开了我国高速铁路地下车站建设的序幕。福田站集高铁站、地铁站和公交站于一体，其铁路线路有广深港高速铁路、厦深铁路（深汕城际线）、穗莞深城际铁路，此外还有3条地铁线路、22条公交线路经过。福田站设计新颖、技术标准高，是连接香港、服务内地的控制性节点工程，也是我国铁路地下大型火车站建设的示范性工程。福田站的建成通车，对促进我国内地与港澳地区的经贸文化交流具有重要意义，旅客从深圳福田站乘坐高速列车至香港西九龙站只需14min。

a)

b)

图0-4 深圳福田站效果图

此外，不少机场也采用了这种大型交通枢纽综合体的设计理念（图0-5），方便了乘客出行，实现了一站式飞机、高铁、地铁的换乘。目前我国已建成并投入使用的有北京大兴机场、上海虹桥机场、武汉天河机场、成都双流机场等。

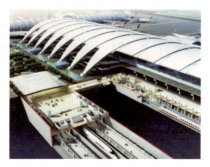

图0-5 机场交通枢纽概念图

## 0.3 高速铁路空气动力学的研究意义

随着铁路高速化进程的不断推进，空气动力学问题将不容忽视，并且随着速度的提高，空气动力学问题将会越来越严重，它是现代高速列车必须研究解决的关键技术。

列车空气动力学问题的复杂性在许多方面不同于飞行器和汽车空气动力学，与飞行器和汽车相比，高速铁路系统有其独特的特点：列车长度与其截面积当量直径的比值较大，且在固定线路上运行，车辆与地面的耦合效应较为强烈；线路上还可能存在大量的桥梁和隧道，两列车经常在明线上和隧道内交会，常在横风或侧风环境下运行等，需要考虑列车运行的稳定性、司乘人员的舒适性；强烈的气动效应还会危害线路旁人员和建筑物的安全。广州地铁 3 号线发生的屏蔽门玻璃爆裂、联络区间的防火门因交变风压的影响而被破坏，以及惠莞城际铁路区间隧道内吊装封堵孔铁门时因列车气动荷载砸入轨道（图 0-6）等事故，都是由于设计时未考虑隧道内空气动力学问题而导致的。

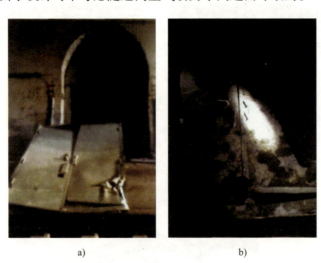

图 0-6　惠莞城际铁路隧道内吊装封堵孔铁门因列车气动荷载砸入轨道

列车空气动力学问题多种多样，均涉及具体的工程问题。根据运行环境特点，可将列车空气动力学问题分为列车明线空气动力学问题和列车隧道空气动力学问题两类。表 0-1 详细列出了列车空气动力学问题及相关工程背景。

列车空气动力学问题及相关工程背景　　　　　表 0-1

| 列车空气动力学问题 | 涉及的工程问题 | 相关工程背景 |
|---|---|---|
| 列车通过时的列车风和压力波动 | 站台人员、线路维护人员安全性 | 安全退避距离 |
| 隧道压力波 | 车内环境、列车气密性、压力舒适性 | 隧道断面，车内压力控制 |
| 隧道洞口微气压波 | 洞口环境，洞口附近建筑物环境 | 洞口缓冲结构，车头形状 |
| 隧道进出口波 | 洞口环境，洞口附近建筑物环境 | 洞口缓冲结构，车头形状 |
| 隧道温升、通风 | 隧道作业人员安全性、舒适性、火灾 | 隧道通风与防灾减灾 |
| 活塞风 | 隧道作业人员和设备安全性 | 隧道断面 |
| 空气阻力 | 运行能耗，最高速度 | 大功率牵引 |
| 表面压力、通风系统和车内压力 | 压力保护技术，压力载荷和载荷谱 | 压力保护、气密强度和疲劳强度 |
| 交会气动力及交会压力波 | 运行稳定性，司乘人员舒适性 | 线间距 |
| 横风空气动力学特征 | 强风下运行安全性 | 抗倾覆稳定性、防风工程 |
| 隧道内横向摆动 | 运行稳定性 | 稳定性、乘坐舒适性 |
| 气动噪声 | 车内噪声，声屏障 | 列车/线路隔音与降噪 |
| 受电弓气动特性 | 受流效率及质量，沿线环境 | 高速受电弓 |

在发展更快、更安全、低空气噪声污染的高速铁路系统过程中，空气动力学问题受到了越来越多的关注，在新一代高速列车和高速线路发展过程中，将会全面展现空气动力学的研究成果。

# 地下车站
# 空气动力学效应

地下车站空气动力学
效应及设计对策

AERODYNAMICS EFFECT
AND DESIGN COUNTERMEASURES OF
THE UNDERGROUND STATION

AERODYNAMICS EFFECT
AND DESIGN COUNTERMEASURES OF
THE UNDERGROUND STATION

# 第1章

# 空气动力学基础理论

## 1.1 空气动力学的发展

空气动力学由流体力学发展而来,是现代流体力学的一个分支,流体力学包含的研究内容与研究领域如图 1-1 所示。

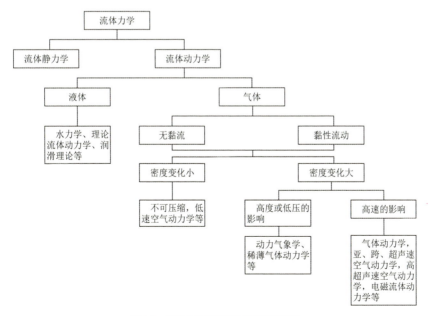

图 1-1 流体力学的研究内容与研究领域

空气动力学研究在各种不同的情况下，空气、气体的流动规律及其与固体边界之间力的相互作用。它广泛应用于各种工程技术领域，如汽车制造、高速列车、建筑、桥梁、矿井通风、风机制造、汽轮机制造等，而对于航空和火箭技术领域则更有特别重要的意义。

1738年，瑞士科学家丹尼尔·伯努利（Daniel Bernoulli，1700—1782）得到了无黏流体的流速和压强关系公式，即伯努利公式。1755年，欧拉（Euler，1707—1783）提出了无黏流体运动的基本微分方程。纳维（Navier，1785—1836）和斯托克斯（Stockes，1818—1903）分别于1827年和1845年推导出了包括黏性力在内的流体运动方程，该方程被称为纳维-斯托克斯（N-S）方程；虽然方程形式复杂，只有极少数简单的黏流问题能得到解析解，但N-S方程至今仍是黏性流体运动的基本方程。1883年，雷诺（Reynolds，1842—1912）在实验中发现，实际流动有两种流态，即层流和湍流，不仅质点的运动轨迹不同，且整个流动的结构有显著差异，决定流态的是个无量纲参数，即来流速度乘以物体特征长度与运动黏度之比，此参数后来被定名为雷诺数（Re）。1904年，普朗特（Prandtl，1875—1953）提出了附面层理论（又称"边界层"），认为虽然所有的实际流动都是有黏性的，但如果流动的雷诺数非常大，则在流动中黏性力的重要性并不是到处都一样的，离开固体边界很远的地方，黏性力基本不起作用，只在物面的附近一层很薄的流体（称附面层、边界层）内，黏性力才是不可忽视的。于是，边界层以外的流动可以忽略黏滞性而近似地按理想流体来处理，而黏流计算可被限制在很薄的附面层内，使N-S方程得到大大简化，许多实际问题得到了解答。至此，具有实际意义的现代空气动力学形成，并在服务于航空事业的过程中不断发展。

空气动力学的基础是空气流动过程中的质量守恒、动量守恒和能量守恒定律，产生了描述空气运动规律的基本方程组，此外，还包括空气状态方程。下面简单介绍这些基本方程。

## 1.2　空气状态方程

空气的物理状态常用密度、压强和温度三个物理参数来表示，对不含水汽的干空气或未饱和的湿空气，其密度、压强和绝对温度三者之间的关系基本上

符合理想气体状态方程，即

$$\frac{P}{\rho T} = R \tag{1-1}$$

式中：$P$——压强；

$\rho$——空气密度；

$T$——热力学温度；

$R$——气体常数，如采用国际单位制，其值为 $8314.3/M$，$M$ 为气体分子量。

干空气可当成是一种分子量为 28.97 的气体。

## 1.3 气体流动的连续性方程

在标准状态下，气体分子之间的平均距离为 $3.4 \times 10^{-7}$ cm，虽然比液体分子之间的距离 $3 \times 10^{-8}$ cm 大，但与气体宏观运动的尺度相比，气体分子的间隙仍然非常微小。因此在研究气体宏观运动时，可以假定气体是由无数无间隙的质点连续组成，而且气体质点的物理参数（如压强、速度、密度等）是空间坐标和时间的连续函数，这一假说称为气体连续性模型。在地下空间空气动力学效应的研究中，空气的密度和压强会比较大，根据连续性假设来研究气体运动所得到的结果与实验相符。

既然在一般情况下空气可认为是连续介质，那么空气在运动过程中就应当保持质量守恒。根据这一原则可以推导出空气运动过程中密度和速度的变化规律。

分析流体的运动一般使用有限控制体的方法。在流体中，由一个封闭面围成的流体微团，即为有限控制体，封闭的面称为控制面。有限控制体可以固定于流场中某点，也可以随流体运动。

在流场中，$t$ 时刻任取一个随流体运动的控制体，其体积为 $\tau$，控制面的面积为 $A$，在体积 $\tau$ 中取体积微元 $d\tau$。假设密度 $\rho$，速度为 $v$，则流体的质量为 $dm = \rho d\tau$，如图 1-2 所示。

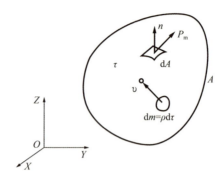

图 1-2  随流体运动的有限控制体

$\tau$ 内流体的总质量为

$$m = \iiint_\tau \mathrm{d}m = \iiint_\tau \rho \, \mathrm{d}\tau \tag{1-2}$$

由质量守恒可得

$$\frac{\mathrm{D}m}{\mathrm{D}t} = \frac{\mathrm{D}}{\mathrm{D}t} \iiint_\tau \rho \, \mathrm{d}\tau = 0 \tag{1-3}$$

进而得到连续方程的积分形式为

$$\frac{\partial}{\partial t} \iiint_\tau \rho \, \mathrm{d}\tau + \oiint_A \rho (\boldsymbol{v} \cdot \boldsymbol{n}) \mathrm{d}A = 0 \tag{1-4}$$

在具体应用连续方程的时候，可以根据实际情况做一些简化。例如：当流动变量不随时间变化时，称为定常流动，有 $\frac{\partial}{\partial t} \iiint_\tau \rho \, \mathrm{d}\tau = 0$，式(1-4)可简化为

$$\oiint_A \rho (\boldsymbol{v} \cdot \boldsymbol{n}) \mathrm{d}A = 0 \tag{1-5}$$

由于实际应用的需要，连续方程的积分形式可以通过一些数学变形转换成微分形式，利用面积分和体积分之间的关系，可得

$$\oiint_A \rho (\boldsymbol{v} \cdot \boldsymbol{n}) \mathrm{d}A = 0 = \iiint_\tau \nabla \cdot (\rho \boldsymbol{V}) \mathrm{d}\tau \tag{1-6}$$

或

$$\iiint_\tau \left[ \frac{\partial \rho}{\partial t} + \nabla \cdot (\rho \boldsymbol{V}) \right] \mathrm{d}\tau = 0 \tag{1-7}$$

从而有连续方程的微分形式,即

$$\frac{\partial \rho}{\partial t} + \nabla \cdot (\rho \boldsymbol{V}) = 0 \tag{1-8}$$

## 1.4 可压缩黏性流体的运动方程

根据有限控制体的计算方法,单位时间单位体积立方体在$i$方向的动量增量为

$$\frac{\partial(\rho u_i)}{\partial t} + \frac{\partial(\rho u_i u_j)}{\partial x_j} \tag{1-9}$$

动量之所以增加是由于微元立方体内的物质受净作用力的缘故,作用力有两个来源,设$X_i$代表单位质量所受的来自外源的力在$i$方向的分量,则加速度的一部分即来自$X_i$,另一部分则来自应力张量$\pi_{ij}$。作用在单位体积上的$i$方向的净分力为$\frac{\partial \pi_{ji}}{\partial x_i}$或$\frac{\partial \pi_{ij}}{\partial x_j}$。

根据张量的对称性,此两项可以互换。单位时间单位体积的$i$方向动量净增量等于作用于单位体积的$i$方向的分力,则动力学方程为

$$\frac{\partial(\rho u_i)}{\partial t} + \frac{\partial(\rho u_i u_j)}{\partial x_j} = \rho X_i + \frac{\partial \pi_{ij}}{\partial x_j} \tag{1-10}$$

将左侧项展开,并引入连续性方程,式(1-10)可改写为

$$\frac{\partial u_i}{\partial t} + u_j \frac{\partial u_i}{\partial x_j} = X_i + \frac{1}{\rho}\frac{\partial \pi_{ij}}{\partial x_j} \tag{1-11}$$

引入黏性应力张量$\psi_{ij}$,$\psi_{ij} = \pi_{ij} + \delta_{ij} p \begin{pmatrix} \delta_{ij} = 1 & i = j \\ \delta_{ij} = 0 & i \neq j \end{pmatrix}$,则式(1-10)、式(1-11)变为

$$\frac{\partial(\rho u_i)}{\partial t} + \frac{\partial(\rho u_i u_j)}{\partial x_j} = -\frac{\partial p}{\partial x_i} + \rho X_i + \frac{\partial \psi_{ij}}{\partial x_j} \tag{1-12}$$

$$\frac{\partial u_i}{\partial t} + u_j \frac{\partial u_i}{\partial x_j} = -\frac{1}{\rho}\frac{\partial p}{\partial x_i} X_i + \frac{1}{\rho}\frac{\partial \psi_{ij}}{\partial x_j} \tag{1-13}$$

式(1-10)~式(1-13)是动力学方程的四种形式。

记流体微团的时间导数为 $\frac{D}{Dt} = \frac{\partial}{\partial t} + u_i \frac{\partial}{\partial x_i}$，则单位质量流体的内能 $e$ 在单位时间内单位体积的增量为 $\rho \frac{De}{Dt}$。

此能量的增量来自三方面：第一，来自吸收辐射热、化学反应及燃烧热的外加热等，单位时间内加给单位质量的热能为 $Q$；第二，来自热传导，单位时间单位体积的热量增量为 $-\frac{\partial q_i}{\partial x_i}$；第三，来自应力张量 $\pi_{ij}$，其对流体所做的功为 $\pi_{ij} \frac{\partial u_i}{\partial x_j}$。

则能量守恒方程为

$$\frac{De}{Dt} = Q - \frac{1}{\rho}\frac{\partial q_i}{\partial x_i} + \frac{1}{\rho}\pi_{ij}\frac{\partial u_i}{\partial x_j} \tag{1-14}$$

利用黏性应力张力和连续性方程可将式(1-14)演化为如下形式

$$\frac{D}{Dt}\left(h + \frac{1}{2}u_i u_i\right) = Q + u_i X_i + \frac{1}{\rho}\frac{\partial p}{\partial t} - \frac{1}{\rho}\frac{\partial q_i}{\partial x_i} + \frac{1}{\rho}\frac{\partial}{\partial x_i}(\psi_{ij} u_j) \tag{1-15}$$

其中，$h = e + (p/\rho)$ 是单位质量的焓，式(1-15)也表示焓与动能之和的变化率。

当流体运动的雷诺数足够大且主要注重流动的宏观性时，可以忽略黏性效应，即将流动看作无黏流动。此时，在直角坐标系 $ox_1 x_2 x_3$ 中的基本方程为忽略黏性项的可压缩黏性气体的基本运动方程。

当流体运动速度和声速相比足够小时，流体黏度和密度近似为常数，这种流动称为不可压黏性流动。此时，基本运动方程也可由可压缩黏性气体的基本运动方程简化得到。

## 1.5 声速、压力波的传播速度

当列车驶入隧道时，隧道内的空气在列车的推动下发生流动。但是由于空气具有压缩性，因而并不是整个隧道的空气在列车进入隧道进口的瞬间立即流动，而只是紧邻列车前端的那一部分空气受到压缩而发生流动，其压强由 $p$ 增到 $p+dp$，空气密度由 $\rho$ 增到 $\rho+d\rho$，流动速度由 0 变为 $v$。隧道内远离列车前端的空气仍然处于静止状态，其压强仍然为 $p$，密度仍为 $\rho$，速度为 0。在受压缩空气与未受压缩的空气之间有一分界面，称为波前，如图 1-3 所示的 II-II 断面。

波前移动的速度称为压力波速。声波是介质振动所形成的波动，空气中微小压力变化的传播速度也就是声波在空气中传播的速度。

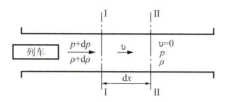

图 1-3  压力波传播简图

设隧道断面积为$A$，在$dt$时间内声波的传播距离为$dx$，即波前由I-I断面移到II-II断面。在I-I断面至II-II断面空间内，空气质量的增量$dm$为

$$dm = A\,dx\,d\rho \tag{1-16}$$

这一增量恰等于在$dt$时间内经由I-I断面而流入I-I断面至II-II断面空间的空气质量，即

$$A\,dx\,d\rho = (\rho + d\rho)Av\,dt \tag{1-17}$$

因此声速

$$a = \frac{dx}{dt} = \frac{(\rho + d\rho)v}{d\rho} \tag{1-18}$$

此外，从冲量等于动量变化来考虑，在$dt$时间内作用于I-I断面至II-II断面范围内气体的冲量为$A\,dp\,dt$，而I-I断面至II-II断面范围内气体的动量增量是$(\rho + d\rho)Av\,dx$。根据动量定理，冲量应等于动量的增量。

$$A\,dp\,dt = (\rho + d\rho)Av\,dx \tag{1-19}$$

因此声速

$$a = \frac{dx}{dt} = \frac{dp}{(\rho + d\rho)v} \tag{1-20}$$

式(1-18)与式(1-20)相乘得

$$a^2 = \frac{dp}{d\rho} \tag{1-21}$$

考虑到声波的传播速度很快，因而受压缩的空气与未受压缩的空气之间来

不及进行显著的热量交换，而且在d$x$范围内空气流动的摩擦力可以忽略，所以可认为是等熵过程。于是

$$\frac{p}{\rho^k} = C \tag{1-22}$$

$$\frac{\mathrm{d}p}{\mathrm{d}\rho} = kC\rho^{k-1} = \frac{kp}{\rho} \tag{1-23}$$

将式(1-23)代入式(1-21)得

$$a = \sqrt{\frac{\mathrm{d}p}{\mathrm{d}\rho}} = \sqrt{\frac{kp}{\rho}} = \sqrt{kRT} \tag{1-24}$$

式中：$k$——定压比热对定容比热的比值；

$R$——气体常数；

$T$——热力学温度。

常用的标准海平面大气的声速为340.9m/s。

AERODYNAMICS EFFECT
AND DESIGN COUNTERMEASURES OF
THE UNDERGROUND STATION

# 第 2 章

# 隧道及车站内的空气流动

## 2.1 活 塞 风

### 2.1.1 产生机理

对于行驶在隧道中的列车，可视为具有一定长度、一定阻塞比的柱体在一维通道中作轴向运动。在列车作用区间，运动列车与周围流体通过复杂的运动和力的作用关系，实现了列车与空气之间的能量交换。列车动力在克服行车阻力的同时，也完成了与列车作用区间气流的能量转换，气流获得的能量表现为列车的增压效应，即活塞风压力 $p_0$。图 2-1 所示为列车在不同位置时，隧道中活塞风压力的纵向分布。根据列车作用区间各流段的不同流动结构和作用机理，列车增压是由头部的推动力增压、环隙均匀段的剪切力增压和尾部的牵引力增压三部分组成。在活塞风压力作用下，整个隧道将形成纵向气流，即活塞风。显然，具有增压功能的列车作用区间，就是一个可提供压力的压源，同时又是一个因列车位置连续变化的可移动压源，但这种移动并不影响压力的稳定性。实际上隧道本身就是一个气流通道，列车压源就相当于一台风机的作用。对于一定的通道和选定的风机来说，风机提供的压力并不因安装位置的不同而变化，即通道中的气流状况与风机的位置无关。列车作用区间的前后隧道段即相当于压源的压出和吸入风道。活塞风从隧道进口引入洞外新鲜空气，洞内污染空气从出口排放至大气，这就是活塞风的通风换气作用。

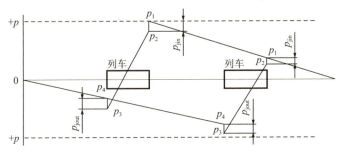

图 2-1　列车通过时的隧道气流全压纵向分布

一般隧道的长度远大于列车的长度，但列车车组也具有数百米的长度。根据列车在隧道中不同位置的增压条件变化和相应的活塞风概念，列车通过隧道可分为以下三个时段。

车尾进洞之前为列车进洞时段，活塞风处于发展状态。当车头进入隧道时，车头前面的空气由于受到挤压和列车速度的双重作用而压强升高，在车头与两个洞门之间形成压强梯度，在此压强梯度的持续作用下，车头前方的隧道空气开始向出口端流动，并且随着列车进入隧道中长度的增加和压力的增高，气流速度越来越大。起初，由于车头的增压较小，使得前方隧道内的气流速度很低，单位时间从隧道出口排出的空气体积小于列车单位时间进入隧道所排开的空气体积。所以有相当大的一部分空气以与列车相反的方向从进口环隙排出，进口环隙排出的气流速度开始很高，随着列车进入隧道中长度的增大其流速渐渐减小，最后趋于零，这是速度的分界状态。这是由于一方面从隧道出口排出的气流速度越来越高（流量越来越大），另一方面是隧道中不断增长的车身对隧道内气流的拖动作用越来越大。车尾进洞后，列车尾部排开空间呈真空状态，在尾涡区的真空抽吸作用下，进口处洞外空气又以与列车运动相同的方向流入洞内。

车头出洞之后为列车出洞时段，活塞风处于衰退状态。这是由于此段列车的增压作用逐渐减小、消失（车尾与进口间的压强差仍存在），隧道内的气流速度开始缓慢减小。车尾出洞后，列车的增压作用完全消失，只是由于流动的惯性作用，使隧道内的气流仍保持运动状态；同时还存在着隧道内壁的阻力作用，又使得车尾出洞后的气流速度将逐渐衰减，直至与洞内的自然风完全一致。

以上两个时段之间为列车洞内时段，作为压源的列车作用区间的全部动力学条件和流动状态都保持不变，由此产生的活塞风处于稳定状态，属于不随时间变化的定常流动。进洞时段结束后，活塞风压力和洞内气流速度均达到最大值。当隧道足够长时，其将保持不变，直至车头出洞，即进入出口时段。

## 2.1.2 理论计算

1）基本流动模型

与一般流动问题的研究一样，活塞风的理论分析也采用了不同的理论模型。不同的流动模型，其流体性质和主要作用条件也就不同，采用的基本方程式和所得的结果也不相同。模型是为了方便理论分析、求解和实际应用，对所研究的流动现象进行的一种近似和简化，但必须遵循流动的主要特性，确保研究结果足够精确。

（1）流动的定常性

列车进洞时段的流动是一种十分复杂的流动，由流动的非定常性和流体的可压缩性所产生的压力波是其主要特征。这是因为列车头部进入洞口后，其挤压作用开始显现，并且在头部开始形成受限绕流。由于流动的惯性力和流动阻力，环隙流的启动和发展要经历一段时间，而隧道活塞风的流动则更加滞后。根据动量定律可知，列车头部由洞口突入隧道后，使头部空间的气体动量发生骤然改变，促使这一变化的外力正是列车施加的作用力，并且这种动量变化和相应的作用力是随着环隙流动的发展而变化的，呈现出显著的非定常性。当列车进入洞内长度达到某个值时，这一动量变化率达到最大值，相应的作用力也达到最高值。这一过程实际就是列车对洞内空气的小扰动或有限强度的扰动，这一扰动以压力波的形式沿隧道纵向传播，当压力波的强度足够大时，会对运行列车产生不良影响。随着列车进入长度的增加，列车活塞风开始形成和发展，头部空间流动动量的变化渐趋平缓，压力波的压力亦随着列车与空气之间作用力的减小而减小。当列车全部进入洞内时，环隙流动和活塞风均进入稳定状态，动量与作用力不再随时间而变化，作用力和压力亦达到最小值。因此，当列车运行进入洞内时段后，相应的流动也进入定常状态，较小的压力对压缩性的影响可不予考虑。实车试验表明，列车进洞数秒后的压力波压力就可达最大值，并且压力经历骤变后将保持不变，这是对以上分析的很好证明。

（2）流动的压缩性

流体都是可压缩的，其压缩性通常采用等温压缩系数来衡量。由于空气的等温压缩系数远大于液体，所以空气的压缩性比液体大得多。根据等温压缩系数的定义可知，当作用于空气的压强不大时，其压缩效应还是很小的。研究表明，列车所提供的活塞风压力远小于通风的工作压力，因此活塞风可视为不可压缩流动。又根据气流压缩性的分析可知，流动空气的压缩性与气流速度有密切关系，当流动速度远小于声速时，流动的压缩性可以忽略。一般采用流动的马赫数为衡量压缩性的参数，经常以 0.3 马赫数（气流速度约 110m/s）作为气流压缩性的判据。显然，与活塞风研究有关的速度，都充分满足不可压缩流动的条件。

（3）环隙流动模式

环隙流动是活塞风形成的重要组成部分，也是产生活塞风压力的主要作用条件，这一流动的研究成为解决活塞风问题的关键。环隙流动采用较多的是以环隙空气的相对速度为流动速度的管流模式。分析认为，环隙是由运动的列车表面与静止的隧道壁面共同构成的一维间隙形通道。根据相对性原理，对于绝对坐标系和运动坐标系而言，环隙流动与环隙动壁之间具有相对性关系，但对环隙静壁就不存在同一相对性关系了。显然，采用相对速度来分析环隙流动是不适宜的。分析表明，采用相对速度的速度分布与环隙实际流动的速度分布是不相同的，相应的流场状况也是不同的。因此，环隙流动的研究应首先确定一个合理的流动模式。利用时均湍流的概念，仿效两平行板间定常层流运动的分析方法，若采用绝对坐标系，则环隙流动应是由动壁拖动的曳力流与相对于静壁的压力流组成的一种复合流动。研究结果表明，复合流动的速度分布和力的作用关系与实际流动是相符合的。

（4）活塞风研究的基本流动模型

通过以上分析、论证，可以建立活塞风研究所采用的基本流动模型。

①定常流动；

②不可压缩流体的运动；

③动壁与静壁构成的复合流动。

显然，采用上述的简单理论模型，比较容易进行理论分析和数学求解。这种简单模型能够充分反映流动的主要特征，从而保证了研究结果的普遍性、可靠性和实用性。

2）环隙流动的相对性原理

根据相对性原理，我们不必用数学方法去推导在相对坐标系中基本方程组的形式，而是可以直接按照力学原理写出其形式。对于反映流体质量守恒的连续性方程，仅是流动的一个运动学条件而与力的作用状况无关，因此它在相对坐标系中的形式与在绝对坐标系中的相同，而只需把绝对坐标系中方程的绝对速度改为相对速度便可。由于牛顿第二定律的表达形式与参照系有关，因此，源于该定律的运动方程也与坐标系的选取有关。但是，对于惯性参考系，运动方程的形式可以保持不变，仅需进行不同坐标系的速度变换即可。这样，当以运动列车为参照系时，仍然可以采用以隧道为参照系的运动方程，但方程中的速度应更换为相对速度。同理，在惯性参考系中，能量方程的形式不变，也要将方程中的绝对速度更换为相对速度。

列车增压作用是形成活塞风的根本原因。在已有的活塞风研究中，几乎没有关于增压作用的研究内容。列车在隧道中运行是一个在有限空间中运动物体与流体之间的动力学问题，也是一个特殊的绕流问题。列车增压作用是这一流动功能特征的主要表现，研究这一流动首先需要解决的是不同参照系下流动方程的适用性和流动参数的转换关系。流体力学中的物理量按其值是否与观察坐标系的选取有关，可以分为两类。一类是物理量，如流体的压强、温度、密度、焓等状态参数，其值与观察坐标系无关，因此当坐标变换时，这些物理量的值并不变化。流体压强是流动分析中不可缺少的一个重要物理量，它是运动流体与周围介质之间相互作用的结果。显然，这种相互作用只与流体同周围介质之间的相对关系有关，因此与坐标系的选取无关。另一类物理量如速度、加速度等状态参数，其值与所选取的坐标系有关。由相对性原理可知，对于惯性参照系，不同参照系的选择并不影响力的作用结果，即力的大小是相同的，但力的作用性质是不同的。

3）活塞风的控制方程

活塞风通常是指列车通过隧道时，在隧道中产生的、具有通风功能的空气一维均匀流动。但活塞风的形成是列车、隧道与气流相互作用的结果，除了隧道气流外，还存在着与列车有直接作用关系的特殊流动。列车活塞风研究的是与活塞风的形成有关的所有流动，以及不同流动之间的各种作用关系。

（1）列车通过隧道时的隧道气流组织分析

列车在洞内运行的时段中，沿纵向隧道形成 5 个顺序衔接的不同流段（图 2-2），构成了以活塞风为主的全隧道的纵向气流组织。

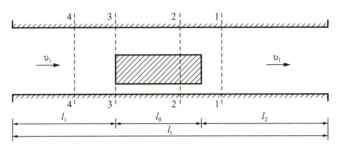

图 2-2　列车在隧道内运行时气流流段示意图

以运行列车为参照系,从车头部位至车尾部位依次选取 4 个过流断面,各断面应满足均匀流条件。1—2 流段是受限空间绕流运动形成的流段,即环隙进口流段,该流段流动的基本属性是非定常性和非均匀性。2—3 流段是在环状间隙一维通道中的流动,由于流动的边界条件不随列车的运行而变,因此该流段流动的基本属性是定常性和均匀性,也称为环隙均匀流段。3—4 流段是受限空间尾涡形成的流段,即环隙出口流段,其流动具有与进口流动相同的属性。从隧道进口断面至 4-4 断面和从 1-1 断面至隧道出口断面的流动,就是一般所称的活塞风,属于定常性、均匀流动范畴;两个流段的不同之处在于流段长度的相对变化和负压、正压的作用,但并不影响流动的任何属性。

活塞风是 5 个流段流动所显示的总体效应,从活塞风的形成机理来看,其中的环隙进口、均匀和出口流段的流动与列车运动有直接关系,这 3 个流段统称为列车作用区间。在列车作用区间内,不仅有不同流段流动的衔接问题,而且还有列车与气流之间的功能转换问题。因此,列车作用区间流动特性研究成为活塞风研究的核心关键。

（2）流动控制方程

从不同流动构成的气流组织来看,不同的气流之间都应满足流动的基本关系,这些关系又成为控制隧道内整体流动的主要关系式。

① 流动的连续性条件

当列车在隧道中运行时,车体对空气产生排挤作用,对于不可压缩流体来说,排挤速率等于 $v_0 A_0$,其中 $v_0$ 和 $A_0$ 分别表示列车的速度和截面积。这一排挤流动又与列车头部的隧道流动和环隙进口流动构成了流动之间的流量平衡关系。

图 2-3a)是以隧道为参照系的列车作用区间的流动示意。取 1—2 流段为研

究对象，设隧道气流速度和截面积分别为 $v_1$ 和 $A_t$ 时，则隧道气流的流量为 $v_1 A_t$；又设环隙气流速度为 $v_2$ 时，其流量相应为 $v_2(A_t - A_0)$；同时还应考虑排挤流量 $v_0 A_0$。根据流动的连续性条件有

$$v_0 A_0 = v_1 A_t + v_2(A_t - A_0) \tag{2-1}$$

这是活塞风研究的控制方程之一。在活塞风的研究中，表示列车对隧道阻塞程度的阻塞比是一个重要的无量纲参数，其定义式为 $\alpha = A_0/A_t$。当式(2-1)采用阻塞比表示时，可以得到环隙平均速度

$$v_2 = \frac{\alpha v_0 - v_1}{1 - \alpha} \tag{2-2}$$

式(2-2)表明，当 $v_1 < \alpha v_0$ 时，$v_2$ 为正值，如图 2-3b) 所示的 $v_2$ 与 $v_0$ 方向相反；当 $v_1 > \alpha v_0$ 时，$v_2$ 为负值，$v_2$ 与 $v_0$ 方向相同；当 $v_1 = \alpha v_0$ 时，$v_2 = 0$。环隙速度 $v_2$ 方向的相异，正是环隙速度分布两种模式的表现。因为连续性方向中的流量是一个标量，速度方向仅表示流入和流出控制体的流量关系，同一速度的正负表示方向的相异，而不同速度的正负并不表示其间的方向关系。正如式(2-2)中的 $v_2$ 出现的正负值表示了 $v_2$ 与图示方向的相同或相反，但并不表示 $v_2$ 与 $v_0$ 的关系。这种习惯表示方法在应用中还是方便的，但在作用力的分析中，与 $v_2$ 有关的作用力的大小和方向是与 $v_2$ 的方向有密切关系的。

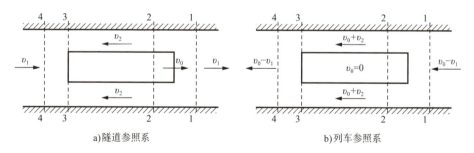

图 2-3 列车作用区间流动示意图

② 列车增压原理与活塞风压力

隧道中运动列车的增压完全是列车与隧道之间的环隙流动的作用结果，利用相对性原理分析和解决环隙流动问题，是列车增压研究采用的一个主要手段。在环隙流动的增压研究中，无论是以隧道为参照物的绝对坐标系，还是以运动列车为参照物的相对坐标系，都属惯性坐标系。以上分析为环隙流动坐标系的

选择、流动方程的应用和参数的转换提供了依据。构成列车作用区间的3个流段，具有完全不同的流动结构和力的作用形式。由于各流段的控制断面是按均匀流或近似均匀流条件选取的，因此各流段的断面之间应满足能量方程。

以列车为参照系，当选取的2-2断面和3-3断面分别位于车体的第一个和最后一个连接间隙时，两间隙带你们应具有各自不变的压力$p_2$和$p_3$。相应的流动如图2-3b）所示。建立1—2流段的能量方程

$$p_1 + \frac{1}{2}\rho(v_0 - v_1)^2 = p_2 + \frac{1}{2}\rho(v_0 + v_2)^2 + p_{\text{jin}} \tag{2-3}$$

式中：$p_1$、$p_2$——1-1断面和2-2断面的静压；

$p_{\text{jin}}$——1-1断面和2-2断面间的压强损失。

同时建立3—4流段的能量方程

$$p_3 + \frac{1}{2}\rho(v_0 + v_2)^2 = p_4 + \frac{1}{2}\rho(v_0 - v_1)^2 + p_{\text{jout}} \tag{2-4}$$

式中：$p_3$、$p_4$——3-3断面和4-4断面的静压；

$p_{\text{jout}}$——3-3断面与4-4断面间的压强损失。

式(2-3)与式(2-4)相加可得

$$p_1 - p_4 = p_2 - p_3 + p_{\text{jin}} + p_{\text{jout}} = p_0 \tag{2-5}$$

对于隧道参照系而言，式(2-5)就是列车在隧道中运行时产生的增压，即压源提供的活塞风压力$p_0$。式(2-5)是确定活塞风的控制方程之二。

对式(2-5)进行深入分析，以进一步充实、完善列车的增压作用原理。首先，对于列车参照系来说，列车头部与尾部的损失压降均为正值，环隙流动压差$p_2 - p_3$总是大于零，因此$p_1 - p_4$恒为正值，即$p_1 > p_4$，这正是列车增压的直接表现。其次，式(2-5)是以列车为参照系得出的，当转换为列车参照系时，由于速度项在压力表达式中自行消失，因此不存在速度变换问题；而压力的大小与参照系无关，但作用性质改变了，由流动的损失压降转换为流动的增压。最后，活塞风压力是由三部分增压叠加而成。$p_{\text{jin}}$和$p_{\text{jout}}$是因流动的急剧变化而产生，根据流动表象，可称之为推动力增压或牵引力增压；$p_2 - p_3$是因环隙壁面流动的剪切力作用而产生，可称为剪切力增压。由于流动结构的差异，各个增压的关系

式仍待研究。

③活塞风流动的能量方程

当列车位于隧道内任意位置时,活塞风流动被列车分割为洞尾至车尾负压流动段和车头至洞口正压流动段。如图 2-2 所示,近似取车头和车尾的端面为分割界面,两流段长度分别为$l_1$和$l_2$,两流段的能量方程分别为

$$p_1 = \left(\xi_{in} + \lambda_t \frac{l_1}{d_{et}}\right)\frac{\rho}{2}v_1^2 \tag{2-6}$$

和

$$p_2 = \left(\lambda_t \frac{l_2}{d_{et}} + 1\right)\frac{\rho}{2}v_1^2 \tag{2-7}$$

注意到列车在洞内任意位置时,活塞风流动实际长度$l_1 + l_2 = l_t - l_0$为一定值,则由式(2-6)、式(2-7)得到活塞风流动的能量方程,即

$$p_0 = \left(\xi_{in} + \lambda_t \frac{l_t - l_0}{d_{et}} + 1\right)\frac{\rho}{2}v_1^2 \tag{2-8}$$

式中:$\xi_{in}$、$\lambda_t$——分别为隧道的进口阻力系数、壁面摩擦系数;

$d_{et}$——隧道的当量直径。

## 2.1.3 影响因素

现有的研究均认为隧道长度、列车长度、阻塞比、行车速度、隧道壁和列车壁摩擦系数是影响活塞风速度的主要因素。

对于推动力增压,列车头部形状是一个关键影响因素,可以直观地感受到列车头部形状越钝,其对空气产生的推动力越大;对于剪切力增压,则其会受到隧道壁和列车壁摩擦阻力特性及列车长度的影响。

对于活塞风速度,在阻塞比一定的条件下,无量纲活塞风速度(即活塞风速度与列车车速的比值)与行车速度无关,而是随着列车长度的增加而增大,随着隧道长度的增加而减小。当其他条件不变时,无量纲活塞风速度与阻塞比呈正相关。因此,较大的阻塞比、较长的列车长度和较高的行车速度,都是提高活塞风速度的优化条件。

## 2.2 列 车 风

### 2.2.1 产生机理

由于空气的黏性,当列车高速行驶时,紧贴列车表面的空气黏附于列车表面随列车一起运动,而临近车体表面的空气层受内层空气的黏性摩擦力作用,也以一定的速度随列车而流动。其流速随该空气层距车体表面的距离增加而降低。距离增加到一定值时,空气不再受列车运行的影响,我们把受到列车运行影响的空气层称为边界层。边界层内的空气随列车一起向前流动,形成一种特定的非定常流场,称为"列车绕流",通常也称为"列车风"。

如果从运动的列车上观察列车风,该流场可以看作是空气以与列车相同的速度、逆列车运行方向绕流静止列车形成的。当空气绕流高速列车时,由于黏性作用,紧贴列车表面的空气保持静止,并在薄的边界层内空气速度由零增大到未受扰动的来流速度。随着空气绕流列车,边界层厚度逐渐增加,如图 2-4 所示。在列车尾部,空气形成强湍流尾流,由于尾部压力低,尾流中出现回流,并形成一对很强的、相向内卷的涡,如图 2-5 所示。

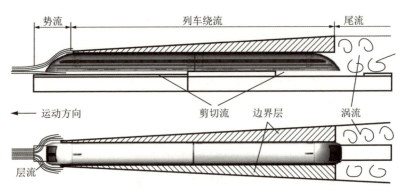

图 2-4 列车绕流示意图

空气绕流列车时会产生两种类型的分离现象。一种是列车头部并非完全的流线型,在头部附近会出现不同程度的边界层分离,然后向下游再附着,因此出现分离泡。分离泡中含有小涡,这些涡的轴线基本上与未受扰动的空气流垂直、与分离线平行。另一种分离现象是由于轨道表面的摩擦作用，列车下部的空气流速比上部低，压力比上部高，于是在列车的两侧会形成一对向上翻卷的侧向涡，并拖向列车后部和尾流中，这是一种具有强烈三维性质的分离现象。

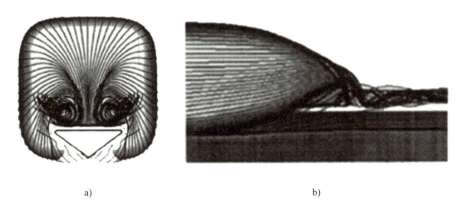

a)          b)

图 2-5　列车尾部尾流示意图

伴随着空气绕流列车，列车头部附近空气压力沿流动方向将出现正、负波动现象：车头前方的空气因车头的阻滞，流速降低、压力升高；接着绕流列车头部，流速升高到超过未受扰动的来流速度，因而压力减小且低于未受扰动的来流压力。列车周围环境感受到的空气压力和流速的扰动，正来源于列车头部、边界层和尾流。

列车风对列车附近的环境或人员会产生负面影响，特别是高速列车风的风速还相当大，有可能达到蒲福风力 7 级以上的风速，给人员行走和稳定站立造成困难。列车在隧道或地下车站内运行时，其引起的列车风比在明线运行时大很多。这种列车风形成的列车气动力将威胁隧道内作业人员的安全，对隧道内各种附属建筑和设施也会有破坏作用，列车风卷起的杂物也可能危及行车安全。

## 2.2.2　理论计算

1）控制方程

列车突然进入隧道的过程会形成一个非常复杂的三维非定常可压缩流的流

场，其中包括能量的传递、流体温度的升高、流体的黏性等。目前，国内外大部分都是利用三维计算模型对高速列车引起的空气动力学效应问题进行模拟。

相关试验表明，在高速列车高速运行经过隧道时，气体所产生的温度变化不超过 0.5℃，因此允许不考虑温度的变化与热量的传递。非等熵模型计算和等熵计算的结果的偏差为 5%～7%，而这两种结果都与实测资料很符合。虽然按非等熵计算在理论上来讲相对更加严谨，但是需要计算的工作量会更大，因此，研究中大多采用等熵计算。为了保证计算精度，真实地对所产生的气动效应进行模拟，这里流体采用具有黏性的计算，并把空气当作为理想气体，再经过求解 N-S 方程，得到相应流场的数值解。N-S 方程包括能量守恒方程、动量守恒方程和质量守恒方程。

由于列车是大型的、长细比较大的近地行驶装载工具，它的马赫数一般小于 0.3，因此其属于亚声速流。在列车行驶过程中，由于其前方的空气被压缩和后方空气膨胀，在车体的周围会形成可压缩的气流场和压力场，另外由于区间隧道壁面和列车的不连续性，气流场和压力场会以准周期的形式变化，再反作用于列车，引起列车车体表面压力变化。综上所述，由列车高速运行所形成的流场可以当作三维非定常可压缩黏性流。

牛顿力学依然适用于流体的运动，流体的运动也遵守自然界的守恒定律，其中包含：附加湍流输运方程、能量守恒定律、动量守恒定律和质量守恒定律。三维非定常可压缩黏性亚声速流的积分形式为

$$\frac{\partial}{\partial t}\int_\Omega W \, d\Omega + \int_S \vec{F} \cdot \vec{n} \, ds = \frac{1}{Re}\int_S \vec{F}_V \cdot \vec{n} \, ds \tag{2-9}$$

式中：$\Omega$——任意控制体；

$S$——控制体边界；

$\vec{n}$——$S$ 上微元 ds 的外法向单位向量，$\vec{n}=(n_x,n_y,n_z)^T$；

Re——雷诺数；

$W$——守恒变量；

$\vec{F}$——对流项；

$\vec{F}_v$——源项。

$W$、$\vec{F}$ 和 $\vec{F}_v$ 等项可写为

$$W = \begin{bmatrix} \rho \\ \rho u \\ \rho v \\ \rho w \\ \rho E \end{bmatrix}, \quad \vec{F} = \begin{bmatrix} \rho u & \rho v & \rho w \\ \rho u^2 + p & \rho v u & \rho w u \\ \rho u v & \rho v^2 + p & \rho w v \\ \rho u w & \rho v w & \rho w^2 + p \\ \rho u H & \rho v H & \rho w H \end{bmatrix},$$

$$\vec{F}_v = \begin{bmatrix} 0 & 0 & 0 \\ \tau_x & \tau_{yx} & \tau_{zx} \\ \tau_{xy} & \tau_{yy} & \tau_{zy} \\ \tau_{xz} & \tau_{yz} & \tau_{zz} \\ \Phi_x & \Phi_y & \Phi_z \end{bmatrix} \quad (2\text{-}10)$$

$$\tau_{xx} = \lambda \mathrm{div}\vec{q} + 2\mu \frac{\partial u}{\partial x}$$

$$\tau_{yy} = \lambda \mathrm{div}\vec{q} + 2\mu \frac{\partial v}{\partial y}$$

$$\tau_{zz} = \lambda \mathrm{div}\vec{q} + 2\mu \frac{\partial w}{\partial z}$$

$$\tau_{xy} = \tau_{yx} = \mu \left( \frac{\partial u}{\partial y} + \frac{\partial v}{\partial x} \right)$$

$$\tau_{xz} = \tau_{zx} = \mu \left( \frac{\partial u}{\partial z} + \frac{\partial w}{\partial x} \right)$$

$$\tau_{zy} = \tau_{yz} = \mu \left( \frac{\partial v}{\partial z} + \frac{\partial w}{\partial y} \right)$$

$$\Phi_x = u\tau_{xx} + v\tau_{xy} + w\tau_{xz} + k\frac{\partial T}{\partial x}$$

$$\Phi_y = u\tau_{yx} + v\tau_{yy} + w\tau_{yz} + k\frac{\partial T}{\partial y}$$

$$\Phi_z = u\tau_{zx} + v\tau_{zy} + w\tau_{zz} + k\frac{\partial T}{\partial z}$$

式中：$\rho$——流体密度；

$p$——流体静压；

$E$——流体总能；

$H$——流体总焓；

$\vec{q}$——流体运动速度，$\vec{q} = u\vec{i} + v\vec{j} + w\vec{k}$；

$\mu$——黏性系数，由层流黏性系数和湍流黏性系数组成，即 $\mu = \mu_l + \mu_t$。

由 Sutherland 公式得到

$$\mu_l = \frac{1+C}{T+C} T^{1.5} \left( C = \frac{117}{T_\infty^*} \right) \tag{2-11}$$

式中：$T$——温度；

$T_\infty^*$——无穷远处气流的温度，一般取 288.15。

由于式(2-10)是八元方程组，整个方程未封闭，因此引入理想气体的完全气体状态方程和热力学方程组

$$\begin{cases} \rho E = \dfrac{p}{\gamma - 1} + \dfrac{\rho}{2}(u^2 + v^2 + w^2) \\ \rho H = \rho E + p \\ p = \rho R T \end{cases} \tag{2-12}$$

式中：$\gamma$——比热比；

$R$——气体常数。

2）湍流模型

与列车相关的流动现象，绝大多数是湍流流动。因此，在讨论列车周围空气流场的模拟时，自然也离不开如何模拟湍流现象的问题。特别是对于很多非常复杂的列车周围空气流场，如尾流、附面层分离等具有明显的分离特点的流动，除了需要更合适的网格和高精度的计算方法外，更为关键和重要的问题就是如何模拟湍流。

湍流具有随时间变化迅速、相互交错且杂乱的轨迹，是一种非常复杂的非稳态三维流动。在其各个小部分内的流体的各种物理参数，如温度、压力、速度等在空间和时间上具有一定随机性。因为湍流运动是瞬态的，所以非常复杂，不能够求得它的准确解，而实际上所关心的仍然是其平均参数，这也就使得人

们对湍流的平均运动更有兴趣。跟层流比起来，湍流平均运动的方程组多了几项由脉动量组成的关联项，这些关联项反映了影响平均运动的脉动运动。湍流模型问题就是要建立平均量与这些脉动关联量之间的关系，使湍流平均运动的方程组可以封闭。

大量的研究和计算表明，建立在雷诺应力与平均流的应变率成正比基础上的标准$k$-$\varepsilon$湍流模型对不在应力张量对角线上的剪应力可获得正确的结果，因此选用标准的$k$-$\varepsilon$双方程作为计算湍流运动时的附加方程

$$\rho\left(u\frac{\partial k}{\partial x}+v\frac{\partial k}{\partial y}+w\frac{\partial k}{\partial z}\right)=\frac{\mu_t}{\sigma_k}\left(\frac{\partial^2 k}{\partial x^2}+\frac{\partial^2 k}{\partial y^2}+\frac{\partial^2 k}{\partial z^2}\right)+G+B-\rho\varepsilon \qquad (2\text{-}13)$$

$$\rho\left(u\frac{\partial \varepsilon}{\partial x}+v\frac{\partial \varepsilon}{\partial y}+w\frac{\partial \varepsilon}{\partial z}\right)=\frac{\mu_t}{\sigma_\varepsilon}\left(\frac{\partial^2 \varepsilon}{\partial x^2}+\frac{\partial^2 \varepsilon}{\partial y^2}+\frac{\partial^2 \varepsilon}{\partial z^2}\right)+$$
$$C_{1\varepsilon}\frac{\varepsilon}{k}(G+B)(1+C_3 R_f)-C_{2\varepsilon}\rho\frac{\varepsilon^2}{k} \qquad (2\text{-}14)$$

$$G=2\mu_t E_{ij}\cdot E_{ij}$$

$$B=\beta g_t\frac{\mu}{\sigma_T}\frac{\partial \rho}{\partial T}$$

$$\beta=\frac{1}{\rho}\frac{\partial \rho}{\partial T}$$

$$\mu_t=\rho C_\mu\frac{k^2}{\varepsilon}$$

$$R_f=\frac{-G_l}{2(B+G)}$$

$$G_l=2B$$

$C_\mu=0.99$、$\sigma_\varepsilon=1.30$、$\sigma_k=1.00$、$C_{1\varepsilon}=1.44$、$C_{2\varepsilon}=1.92$、$C_3=0.8$。

3）对人体的作用力

列车风对人体的作用力与列车运行速度的平方成正比，与退避距离（人体与列车侧壁的距离）的$b_\mathrm{f}$次方$[b_\mathrm{f}\in(1,2)]$成反比。

$$F=a_\mathrm{f}\rho A v^2 \Delta Y^{-b_\mathrm{f}} \qquad (2\text{-}15)$$

### 2.2.3　影响因素

影响列车风的因素有很多，列车形状、列车壁面粗糙特性、车长、阻塞比、隧道断面面积、隧道壁粗糙度、道床类型、洞口自然风风向及速度等都不同程度地影响着隧道内列车风的形态，这些影响因素交织在一起，互相影响，这就造成研究隧道列车风特性具有非常大的困难。目前已经有研究者从理论上对隧道内列车风的影响因素做了系统的归纳分析。

根据对列车风影响程度的不同，将以上因素划分为两类：一类是列车风主要影响因素，包括列车长度、列车运行速度、隧道长度以及阻塞比；另一类是列车和表面当量粗糙度、列车头部绕流系数以及隧道特征尺寸与隧道壁面摩擦系数。第一类因素直接影响隧道内活塞风压力的大小，第二类因素则对活塞风压力影响较小，但对环隙空间流场流速分布曲线有较大影响。

## 2.3　列车空气阻力

### 2.3.1　产生机理

当物体和周围的空气、液体等流体之间发生相对运动时，物体便受流体施加的逆物体运动方向的流体动力的分力，即为"气流阻力"或"气动阻力"。由于空气的黏性，物体表面会产生与其相切的摩擦力，称为摩擦阻力；与物体表面相垂直的气流压力合成的作用力包括两个分量，在与物体运动相反方向上的分量称为压差阻力，在与物体垂直方向上的分量称为升力。

列车在隧道内运行时，因隧道内的压力变化和列车风效应，列车的空气阻力与在明线上运行时有很大不同。当列车进入隧道时，空气阻力急剧上升，其后稍有下降，但仍在高位保持波动，为稳态运行时的2～4倍；当列车接近隧道出口时，空气阻力迅速下降；列车出隧道后，空气阻力恢复到在明线运行时的状态。

列车在隧道内运行时，行车阻力也是由机械阻力和空气阻力两部分组成的，但空气阻力比明线上运行时大得多。在隧道内，空气阻力问题更为突出，甚至可以达到总阻力的90%。因此，正确地计算空气阻力，在高速铁路长隧道线路坡度和断面设计时显得尤为重要，否则可能影响运营时的行车速度和通过能力。

### 2.3.2 理论计算

日本学者原朝茂将车划分为三段，分别建立气流的动量方程，推导出隧道内列车受到的空气阻力$D$为

$$D = C_D \frac{\rho v_0^2 A_0}{2} = \frac{a + C_{Dp}}{(1-a)^2} \left(\frac{v'}{v_0}\right)^2 + C_{Df} \left(\frac{v'}{v_0}\right)^2$$
$$\left\{\frac{1}{(1-a)^3} + \frac{ba^{1/2}}{(1-a)^3} \left|1 - (1-a)\frac{v'}{v_0}\right| \left[1 - (1-a)\frac{v'}{v_0}\right]\right\} \tag{2-16}$$

式中：$\rho$——空气密度（kg/m³）；

$v_0$——列车速度（m/s）；

$v'$——隧道气流相对于列车的速度（m/s）；

$A_0$——参考面积，列车最大横截面面积（m²）

$a$——阻塞比；

$b$——隧道壁的摩擦阻力系数对平板摩擦阻力系数的比值；

$C_{Dp}$——车尾压差阻力系数，由于$C_{Dp}$值本身不大，为 0.1～0.2，因此可采用列车在明线上运行的压差阻力系数；

$C_{Df}$——列车壁的摩擦阻力系数。

式(2-16)中$\frac{v'}{v_0}$的计算如下

$$\frac{v'}{v_0} = \frac{C_1 - \sqrt{C_1^2 - C_0 C_2}}{C_0} \tag{2-17}$$

其中：
$$C_0 = \frac{l-l_0}{l_0} - \frac{\pm 1}{(1-a)^3} - \frac{a^{1/2}}{b}\left[\frac{a+C_{Dp}}{C_{Df}(1-a)^2} + \frac{1}{(1-a)^3}\right]$$

$$C_1 = \frac{l-l_0}{l_0} - \frac{\pm 1}{(1-a)^2}$$

$$C_2 = \frac{l-l_0}{l_0} - \frac{\pm 1}{1-a}$$

当$\frac{\pm 1}{1-a} \times \frac{v'}{v_0} - 1 > 0$时，$C_0$、$C_1$、$C_2$各算式中的（±1）取正号，否则取负号，所以$\frac{v'}{v_0}$的计算取迭代验算。

### 2.3.3 影响因素

国内外试验资料和理论研究表明，列车隧道内空气阻力的影响因素主要有

列车进入隧道的速度、列车头部形状、列车头部细长比、隧道的阻塞比、隧道长度、隧道内轨道结构、辅助坑道和列车交会等。其中列车进入隧道的速度、隧道阻塞比、列车头部形状是最为重要的影响因素。

（1）阻塞比

空气阻力随阻塞比的增加而单调增加，并且斜率越来越大。以速度250km/h为例，阻塞比从0.15增加到0.2时，空气阻力将增加13%；当阻塞比从0.4增加到0.5时，空气阻力增加16%。

（2）隧道长度

研究表明，列车隧道内空气阻力随隧道长度的增加而增加，但其增加率越来越小，最后趋于一常数。阻塞比越小，趋于常数所需的隧道长度越短。当阻塞比为0.15时，隧道长度超过3.0km以后，空气阻力已变化不大；而对于阻塞比0.42的情况，隧道长度超过10.0km后，空气阻力仍有较大的变化。

（3）竖井

竖井的存在，可降低列车隧道内空气阻力，但这种影响并不是很大。以设在隧道中断面积为$5m^2$的竖井为例，当阻塞比为0.42时，空气阻力减少7%；当阻塞比为0.15时，空气阻力仅降低1.2%。

（4）列车在隧道内交会

以隧道长度3.0km、断面积$100m^2$、阻塞比0.1为例，两列长360m的列车在隧道内交会，当车体重合时，空气阻力系数将增加23%。

（5）列车进入隧道的速度

经验公式表明，空气阻力大致与列车速度的平方成正比。

（6）列车头部形状

流线型车头的空气阻力比钝型车头的空气阻力小。简单地说，流线型是指流体平滑流过面而不从表面分离的物体外形。当物体表面上的边界层发生分离时，会产生非常大的压差阻力。例如，当运动速度达到338km/h时，一个流线型机翼所受的阻力只有圆柱体所受阻力的10%左右。所以，优化外形的效果是很明显的，即所谓的气动优化设计。当然，高速列车的外形还是要满足其他要求和约束，工程师必须全面考虑、适当选定。

（7）隔墙

国内有学者通过隧道中高速列车空气阻力的水流模型实验，发现隔墙的存在将增加列车的空气阻力，但增加的幅度在10%以内。

AERODYNAMICS EFFECT
AND DESIGN COUNTERMEASURES OF
THE UNDERGROUND STATION

# 第 3 章

# 隧道及车站内的压力波

## 3.1 隧道瞬变压力

### 3.1.1 产生机理

列车在开阔的地面上运行时，车头前方的空气毫无阻挡地被排挤到列车的两侧和上部，形成亚声速绕流运动，在列车前方和列车周围所形成压力场的波动很小。但当列车突入隧道时，由于几何空间受到隧道的限制，以及空气本身的可压缩性和黏性作用，空气不能像隧道外部那样及时、顺畅地沿着列车两侧和上部流动，将会产生相当大的压力波动，这种压力波动即为瞬变压力。这种瞬变压力传导到车厢内，引起列车内压力的变化，会使列车上的司乘人员很不舒服，也可能波及隧道内或地下车站内的工作人员，甚至导致列车面板由于超应力或疲劳而引起结构破坏。

当列车高速进入隧道时，由于隧道边壁大大限制了空气的侧向流动和向上流动，从而使列车前方的空气受压缩，列车前方的空气压力增大。受压缩的空气又推动相邻的静止空气向前运动，并产生压力增量，这样依次传递下去，在隧道内形成了压力扰动波阵面，称为初始压缩波，如图 3-1a）所示。另一部分则通过列车和隧道壁之间的环状空间向列车后方流动。压缩的空气和未压缩的空气间的分界面，称为压缩波的"波前"，它以当地声速沿隧道向前传播。随着列车进一步驶入隧道，环状空间的长度逐渐增大。在环状空间中流动的空气的阻力也增大，列车车前的空气压力继续升高，即压缩波强度继续增大，直到列车完全进入隧道为止。

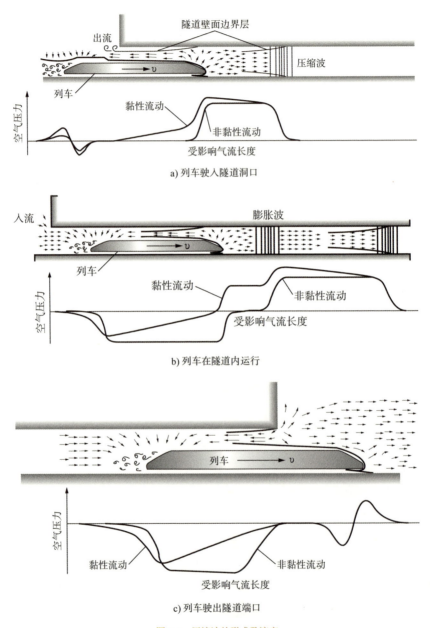

图 3-1　压缩波的形成及演变

当列车车尾一进入隧道，原先经过环状空间流出隧道进口的空气改为流到列车后面的隧道中，但是经环状空间流到列车后面的空气量小于列车排开的空气量，于是在列车尾端形成了低于隧道口大气压的压力差，即产生了膨胀波。它也是以当地声速沿环状空间向隧道出口方向传播。当此膨胀波传到环状空间的前端点（即列车的前端）时，它的一部分以压缩波的形式反射回来，另一部分则仍以膨胀波的形式沿隧道向隧道出口方向传播，如图3-1b）所示。当列车驶入产生的压缩波以及车尾驶入产生膨胀波传播到出口端后，大部分能量以属性相反的压力波反射回来，其余部分辐射到隧道外，其中压缩波辐射出去就形成微压波。并且在列车车头驶入隧道会使得隧道进口端外出现一个负压力脉冲，在列车车尾驶入隧道会使得隧道进口端外出现一个正压力脉冲，日本学者把它们统称为"隧道进口波"。

在列车车头驶出隧道瞬间，列车头部附近空气压力明显低于隧道外空气压力，使得隧道外空气流入，并且流入空气量大于从此处流向车尾空间的流量，从而使压力增加，形成压缩波，此压缩波以声速向隧道进口传播。当压缩波传播到隧道进口时，大部分会以膨胀波的形式反射回去，而一小部分就会以微压波形式辐射出去，为了区分，这一微压波被称为"列车离开微压波"。同时列车车头离开隧道口端会使隧道外出现一个负压力脉冲。在列车车尾驶出隧道瞬间，由于隧道内空气向外流动，使压力下降，形成膨胀波，此膨胀波仍以声速向隧道进口，同时会使隧道出口端外出现一个正压力脉冲。这里把列车车头离开引起的负压力脉冲和车尾离开引起的正压力脉冲称为"隧道出口波"。

以上传播反射过程如图3-2所示。由于摩擦不断消耗波的能量，压缩波和膨胀波的强度均逐渐衰减，且波在隧道两端和环状空间两端的多次反射和传播，压缩波和膨胀波互相叠加，形成了隧道中的压力场随时间的波动。列车在隧道中运行时（无相向行驶列车），车上测得的最大压力波动发生在第一个反射波到达列车时。

从图3-1中还可以发现在列车端部都有明显的三维流动特征并且列车通过隧道内引起的空气流动是可压缩非定常流动。列车在隧道内位置不同，空气流动的特征也有所不同。在隧道内不同位置不同时刻可能存在不同流态。即在同一时间内隧道内空气流动可能存在湍流、过渡流和层流三种状态。在列车头部、尾部以及隧道端口附近存在不同程度的边界层分离现象。由此可见，隧道内空气流动是存在边界层分离的三维可压缩非定常湍流流动。两列车在隧道内运行交会时，由于空气流道横截面的突然变化，空气流动是极其复杂的，其流动参数的变化程度比单车运行时大得多，此时隧道内压力波不仅具有单车行驶时的特性，而且还具有两列车相错前后所引起压力波的特点，所产生的叠加情况则更加复杂，如图 3-3 所示。

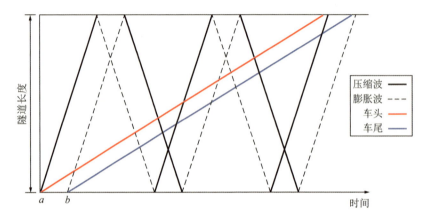

图 3-2　压力波传播示意图

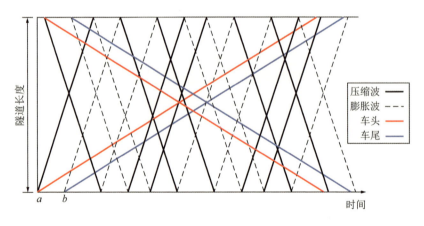

图 3-3　两辆列车时压力波传播示意图

综上所述，列车进入隧道引起的压力变化是两部分的叠加：一部分是列车移动时，从挤压、排开空气到留下真空整个过程引起的压力变化；另一部分列车车头进入隧道产生的压缩波，以及车尾进入隧道产生的膨胀波在隧道两洞口之间来回多次反射产生的压力变化。

## 3.1.2 理论计算

一般而言，列车在隧道内运行时引起的空气流动是复杂的三维、可压缩、非定常的湍流流动。但是一般隧道的长度$L_{tu}$都远远大于隧道的水力直径$D_{tu}$，即$L_{tu} \gg D_{tu}$。列车在隧道内引起的压力波的传播速度接近声速$a$。压力波沿整个隧道长度传播的时间$\frac{L_{tu}}{a}$和沿隧道横截面上的传播时间$\frac{D_{tu}}{a}$之间也存在着相应的关系：$\frac{L_{tu}}{a} \gg \frac{D_{tu}}{a}$。所以，对具有一定长度的隧道和列车来讲，可近似认为：隧道横截面上的压力是均匀分布的，即在同一断面上的各处的压力相等。又因为隧道横截面在隧道长度方向上的变化率$\frac{dE}{dx}$较小，从而有$\frac{\partial u}{\partial x} \gg \frac{\partial u}{\partial y}$，$\frac{\partial u}{\partial x} \gg \frac{\partial u}{\partial z}$。故当隧道的长度远远大于其横截面水力直径时，可以把隧道内空气流动简化为一维、可压缩、非定常的湍流流动。这一点已为高速列车在隧道运行的现车试验所证明。因此，列车在隧道内引起的流动可以简化为一维、可压缩、非定常湍流流动。

隧道中气流的基本方程如下。

（1）连续方程

$$\frac{\partial \rho}{\partial t} + v\frac{\partial \rho}{\partial x} + \rho\frac{\partial v}{\partial x} = 0 \tag{3-1}$$

（2）运动方程

将坐标轴取在隧道的轴线上，且重力可忽略，则

$$\frac{1}{\rho}\frac{\partial p}{\partial x} + \frac{\partial v}{\partial t} + v\frac{\partial v}{\partial t} + F = 0 \tag{3-2}$$

式中：$F$——单位质量气体所受的摩擦阻力。

① 在无列车的隧道段中

$$F = \frac{\lambda}{2d}v^2 = \frac{\lambda v}{2d}|v| \tag{3-3}$$

式中：$d$——隧道的水力直径；

$\lambda$——隧道沿程阻力系数；

$v$——气流速度。

因为摩擦阻力$F$的方向总是与流速$v$的方向相反，所以将式(3-3)中的$v^2$改写成绝对值的形式，以便当$v$方向改变时，$F$的方向也自动随之改变。

②在环状空间中

$$F = \frac{1}{2D_g}[\lambda v|v| - \lambda_t(v_0 - v)|v_0 - v|] \tag{3-4}$$

式中：$D_g$——环状空间的水力直径；

$\lambda_t$——列车车体壁面的摩擦系数；

$v_0$——列车速度。

式(3-1)和式(3-2)组成一阶拟线性双曲型偏微分方程组，为求解这一方程组，假设隧道中气流摩擦所产生的热量全部散失，即$dq = 0$，于是隧道中气流仍保持等熵过程。空气压强与密度存在以下关系：

$$\frac{p}{\rho^k} = C \tag{3-5}$$

将式(3-5)代入式(3-1)和式(3-2)后，式(3-1)式(3-2)只包含两个自变量$x$和$t$及两个因变量$v$和$p$。用特征线法求解两个因变量。

特征线法的实质是将式(3-1)和式(3-2)组成的偏微分方程组转化为常微分方程组，然后求方程组的数值解。具体如下：

在沿气体质点运动的轨迹上$\frac{dx}{dt} = v$，因为$p = p(x,t)$，所以有

$$\frac{dp}{dt} = \frac{\partial p}{\partial t} + \frac{\partial p}{\partial x}\frac{dx}{dt} = \frac{\partial p}{\partial t} + v\frac{\partial p}{\partial x} \tag{3-6}$$

又由于声速

$$a = \sqrt{\frac{dp}{d\rho}} \tag{3-7}$$

由式(3-1)得

$$\frac{\partial p}{\partial t} + v\frac{\partial p}{\partial x} = -\rho\frac{\partial v}{\partial x} \tag{3-8}$$

于是

$$\frac{dp}{dt} = \frac{dp}{d\rho}\frac{d\rho}{dt} = a^2\frac{d\rho}{dt} = a^2\left(\frac{\partial \rho}{\partial t} + v\frac{\partial \rho}{\partial x}\right) = -a^2\rho\frac{\partial v}{\partial x} \tag{3-9}$$

由式(3-6)和式(3-9)得

$$\frac{1}{\rho a}\left(\frac{\partial p}{\partial t}+v\frac{\partial p}{\partial x}\right)+a\frac{\partial v}{\partial x}=0 \qquad (3\text{-}10)$$

再由式(3-2)得

$$\frac{1}{\rho a}\cdot a\frac{\partial p}{\partial x}+v\frac{\partial v}{\partial x}+\frac{\partial v}{\partial t}+F=0 \qquad (3\text{-}11)$$

式(3-10)加式(3-11)得

$$\frac{1}{\rho a}\left[\frac{\partial p}{\partial t}+(v+a)\frac{\partial p}{\partial x}\right]+\left[\frac{\partial v}{\partial t}+(v+a)\frac{\partial v}{\partial x}\right]+F=0 \qquad (3\text{-}12)$$

式(3-10)减式(3-11)得

$$\frac{1}{\rho a}\left[\frac{\partial p}{\partial t}+(v-a)\frac{\partial p}{\partial x}\right]-\left[\frac{\partial v}{\partial t}+(v-a)\frac{\partial v}{\partial x}\right]-F=0 \qquad (3\text{-}13)$$

由式(3-12)可见，如果

$$\frac{\mathrm{d}x}{\mathrm{d}t}=v+a \qquad (3\text{-}14)$$

则式(3-12)可写成常微分方程

$$\frac{\mathrm{d}p}{\rho a}+\mathrm{d}v+F\mathrm{d}t=0 \qquad (3\text{-}15)$$

由式(3-13)可见，如果

$$\frac{\mathrm{d}x}{\mathrm{d}t}=v-a \qquad (3\text{-}16)$$

则式(3-13)可写成常微分方程

$$\frac{\mathrm{d}p}{\rho a}-\mathrm{d}v-F\mathrm{d}t=0 \qquad (3\text{-}17)$$

式(3-14)加式(3-16)称为特征线方程，式(3-15)加式(3-17)称为相容性方程。特征线是指在 $x$-$t$ 坐标平面上的两组曲线 $a^-$ 及 $a^+$，如图 3-4 所示。这两组曲线的斜率分别为 $(v+a)$ 及 $(v-a)$。只有沿着式(3-14)所代表的特征线族，式(3-15)才能成立。同理，只有沿着式(3-16)所代表的特征线族，式(3-17)才能成立。

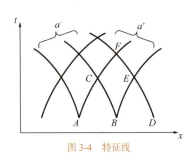

图 3-4 特征线

现说明式(3-14)及式(3-16)的物理意义。上述两式中的 $a$ 为压力波相对于气流的传播速度，$v$ 为气流的速度。所以，$\dfrac{\mathrm{d}x}{\mathrm{d}t}=v+a$ 是与 $v$ 同向的压力波的传播绝对速度，$\dfrac{\mathrm{d}x}{\mathrm{d}t}=v-a$ 是与 $v$ 反向的压力波的传播绝对速度。式中的 $x$ 是在 $t$ 时刻波前所到达的位置，因此，特征线也就是压力波的波前迹线。

综上所述，所谓特征线法就是将式(3-1)和式(3-2)的偏微分方程组化成为式(3-15)和式(3-17)的常微分方程后，沿特征线求解 $v$ 及 $p$。

如果已知图 3-4 中的 $A$ 点、$B$ 点和 $D$ 点的坐标 $(x_A,t_A)$、$(x_B,t_B)$、$(x_D,t_D)$，以及 $A$ 点、$B$ 点和 $D$ 点的坐标的流速与压强值 $(v_A,p_A)$、$(v_B,p_B)$、$(v_D,p_D)$，就可由式(3-14)、式(3-16)求出过 $A$ 点的特征线 $a_A^+$ 与过 $B$ 点的特征线 $a_B^-$ 的交点 $C$ 的坐标 $x_C$，及 $t_C$ 的值；再由式(3-15)、式(3-17)求得 $C$ 点的流速 $v_C$ 及压强 $p_C$ 的值。同样，由过 $B$ 点的特征线 $a_B^+$ 与过 $D$ 点的特征线 $a_D^-$ 求得它们的交点 $E$ 的坐标 $(x_E,t_E)$ 及流速 $v_E$ 压强 $p_E$ 的值，然后，再从 $C$ 点、$E$ 点出发求得交点 $F$ 的坐标 $(x_F,t_F)$ 及流速 $v_F$ 压强 $p_F$ 的值。这样，从已知边界条件（已知 $x=x_0$ 处各时刻 $t$ 的 $v$、$p$ 值）和已知初始条件（已知 $t=0$ 时各点处的 $v$、$p$ 值）出发，沿特征线求解，可以求出特征线的一排交点的坐标和该交点的 $v$、$p$ 值，再以这一排交点为新的起点，沿特征线求解第二批交点的坐标和该交点的 $v$、$p$ 值。这样逐排逐点进行计算，直到 $x$-$t$ 平面上各特征线的交点上的 $v$、$p$ 值都算出来为止。

相比之下，隧道入口、车站、中间风井及隧道出口处的空气流动则具有明显的三维特性：当列车进入隧道以前，由于车头的挤压，列车前方的空气随列车一起向前运动；当车头驶入隧道瞬间，由于空气的压缩性及列车侧壁和隧道壁限制了空气的侧向流动和向上流动的空间，使紧贴在列车车头前面的空气受到压缩并随列车向前流动，造成列车前方的空气压力突然升高，产生压缩波，被列车排挤的另一部分空气则通过环状空间向列车后方流动，并在隧道入口处形成喷射流喷出隧道；当车尾进入隧道后，由于列车尾部产生的负压低于大气压力，原先经过环状空间流到隧道入口外的空气改变流向，并与隧道外的空气一起回流至隧道。在竖井及隧道截面急剧变化的位置，当列车头部经过时，由于截面扩大，列车头部经过的挤压将产生二次压缩波，压缩波在竖井和隧道内传播，一方面将引起隧道前方的压力变化，另一方面将引起竖井及相连接结构的压力增大。在隧道出口处，一方面有当列车驶入隧道时由于列车前方的压力瞬变一部分传播至隧道外形成的微压波，另一方面也有当列车驶出隧道时形成的喷射状流动，因此空气的流动更为复杂。

### 3.1.3 影响因素

（1）隧道长度的影响

对于长隧道，来回反射的周期相应较长，同时，在反射的过程中能量有所衰减。对于短隧道，马赫波反射的周期大为缩短，同时，在反射过程中能量损失也较少，致使压力波动程度加剧。试验表明，压力波动绝对值并不随隧道长度的减小而减小。因此，对高速铁路中的隧道，有的虽然不长（例如长度在 1.0km 左右），其可能引起的行车压力波动仍然不能忽视。但是，当隧道长度短到使列车的头尾不能同时在隧道中时，则马赫波的叠加不可能发生，压力波动程度也随之缓解。当隧道长度为 1.0km 时，压力波动明显加剧，而当隧道长度进一步增长到 3.0km 时，压力波动则并无明显加剧，反而有缓解趋向。

（2）隧道面积的影响

对于隧道内瞬变压力，隧道净空面积的影响是最大的，或者说隧道阻塞比是最主要的因素。研究表明，压力波动与隧道阻塞比之间的关系为

$$P_{\max} = kv^2\beta^N \tag{3-18}$$

式中：$P_{\max}$——3s 内压力变化的最大值；

$v$——行车速度；

$\beta$——阻塞比；

$N$——经验系数，单一列车在隧道中运行时 $N = 1.3 \pm 0.25$，列车交会时 $N = 2.16 \pm 0.06$。

（3）隧道辅助坑道的影响

辅助坑道（如竖井）的存在会缓解压力波动的程度。当列车前端进入隧道所产生的压缩波传播到隧道出口时，以膨胀波的形式沿隧道向隧道进口方向反

射回来，但列车前端经过竖井时也要再产生一次压缩波，所以竖井的位置应能使初始压缩波反射回来的膨胀波与竖井处产生的压缩波正好在列车前端叠加。根据马赫波叠加情况，可以从理论上得到竖井的最佳位置为

$$\frac{4Ma^2}{(1-Ma)^2} < \frac{X}{L} < \frac{2Ma}{1+Ma} \tag{3-19}$$

式中：$X$——竖井距隧道进口的距离；

$L$——隧道长度；

$Ma$——马赫数，列车进入隧道时的速度与当地声速之比。

（4）列车速度的影响

研究表明，压力波动和列车速度平方成正比。

（5）列车交会的影响

双线隧道列车在隧道中交会引起压力波动的情况十分复杂，与列车长度、隧道长度、会车位置、车速等多种因素有关。

（6）列车密封条件对车内压力波动的影响

计算结果表明，车辆的密封对车内压力波动的影响可以归结为"缓解"和"滞后"两种效应。

《动车组密封设计及试验规范》（TB/T 3250—2010）将车内压力从 4kPa 自然下降到指定气压所需的泄漏时间定义为密封指数，并将其分为静态密封指数和动态密封指数。静态密封指数通过全比例试车泄漏试验测定，动态密封指数通过 $\tau_{\mathrm{dyn}} = \left(\frac{1}{3} \sim \frac{1}{2}\right)\tau_{\mathrm{stat}}$ 估算。

值得指出的是，在考虑到列车交会的情况下，就车外压力而言，洞口会车有时会成为最不利情况，然而在列车密封的条件下，洞口会车并非最不利情况。由于"滞后"效应，车内压力来不及"响应"，列车就出洞了。

### 3.1.4 缓减措施

为减小隧道内瞬变压力，进而减小车内压力波动，增加旅客的乘坐舒适度，目前主要从列车和隧道两方面采取措施。前者主要有减小车辆的横断面积、改善车头形状和增加车辆密封性；后者有增大隧道净空面积、设置缓冲结构、增加辅助坑道等。

## 3.2 洞口微压波

### 3.2.1 产生机理

高速列车突入隧道，即在车前形成初始压缩波，该压缩波以当地声速向前传播，到达隧道出口处，大部分能量以膨胀波的形式被反射回隧道内，少部分以低频脉冲波的形式向外辐射，形成冲击波。如果该冲击波的强度足够大，会在隧道出口处产生声爆现象，并使得附加房屋的窗框、百叶窗等急剧振动，此脉状冲击波即为微压波，如图 3-5 所示。

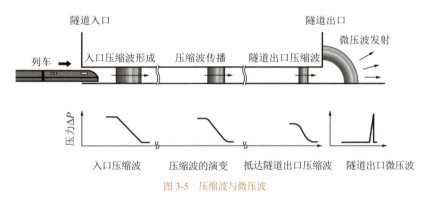

图 3-5 压缩波与微压波

从微压波的产生过程来看，微压波的形成机理包括三个方面，即列车高速驶入隧道产生的初始压缩波，该初始压缩波沿隧道传播过程中的变形，最后传播到隧道出口处的压缩波和微压波的关系。典型的微压波波形如图 3-6 所示。

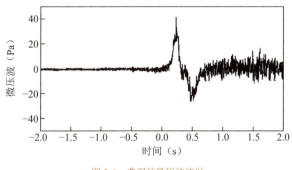

图 3-6 典型的微压波波形

国内外的试验数据表明，在短隧道中，即使列车进入隧道速度达到

200km/h，其产生的压缩波的频域也都主要集中在低频区域，通常情况下小于10Hz。因此，微压波问题实际上是一个低频振动和噪声问题，微压波的压力峰值通常在500Pa以内，其中频率在20Hz以上的部分主要形成人耳可听到的炮轰声，而20Hz以下的部分则主要使得隧道出口附近的轻型结构如窗户的玻璃等产生剧烈振动。微压波的能量通常集中在100Hz以下。图3-7所示是对于微压波压力曲线的频谱分析结果。从图中可以看出：当列车速度较低时（167km/h），微压波的能量主要集中在13Hz以内；当列车的速度提高到一定程度时（197km/h），微压波在各个频率的增长都比较大。这主要是由于采用板式道床的长隧道中压缩波的非线性效应使得压缩波变陡产生的，但是其能量仍然主要集中在100Hz以内。

日本对米神、大仓山、南乡山、加登、尾道、备后、新关门等隧道进行了实际测量分析，图3-8所示为加登隧道（长482m，板式道床）洞口微压波的频谱分析结果。由图可知，微压波的幅值随频率值的增加而下降，下降梯度大体上与列车速度成正比。对于短隧道，道砟道床和板式道床的差别不大，微压波的幅值随频率增加呈线性减小。对于板式道床隧道，速度为200km/h时的微压波幅值在0~13Hz范围内呈线性减小，并在13Hz处骤减，且隧道越长，其减小的梯度越小。该频率与微压波主脉冲后产生的压力变动频率是一致的。

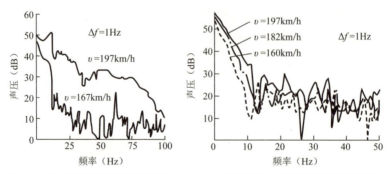

图3-7　微压波压力值的频谱分析结果　　图3-8　加登隧道洞口微压波的频谱分析结果

## 3.2.2　理论计算

日本学者Satoru OZAWA对微压波进行了理论分析，结合经验得出了压缩波、微压波的计算公式。

列车进隧道时产生的压缩波波形为

$$P = \frac{1}{2}\rho_0 v^2 \frac{1-(1-R)^2}{(1-\mathrm{Ma})[\mathrm{Ma}+(1-R)^2]} \left(\frac{1}{2} + \frac{1}{\pi}\cot\frac{vt}{0.3d}\right) \quad (3\text{-}20)$$

列车进隧道时产生的压缩波最大波前梯度为

$$\left(\frac{\mathrm{d}P}{\mathrm{d}t}\right)_{\mathrm{EX,max}} = \frac{1}{2}\rho_0 v^3 \frac{1}{\tau d} \frac{1-(1-R)^2}{(1-\mathrm{Ma})[\mathrm{Ma}+(1-R)^2]} \quad (3\text{-}21)$$

隧道出口处微压波与到达隧道出口的压缩波的关系为

$$p_{\mathrm{EX,max}} \approx \frac{2a}{c_0}\left(\frac{\mathrm{d}P}{\mathrm{d}t}\right)_{\mathrm{EX,max}} \quad (3\text{-}22)$$

隧道出口外点（距洞口$r$处）微压波压力与到达隧道出口的压缩波的关系为

$$p_{\mathrm{r,max}} \approx \frac{2S}{\Omega r c_0}\left(\frac{\mathrm{d}P}{\mathrm{d}t}\right)_{\mathrm{EX,max}} \quad (3\text{-}23)$$

以上式中：$\rho_0$——空气标准密度；

$c_0$——标准声速；

$v$——列车进隧道速度；

$R$——阻塞比；

$d$——隧道水力直径；

Ma——马赫数；

$\Omega$——反映出口地形条件的空间立体角；

$r$——到隧道出口的距离；

$t$——时间；

$\tau$——反映压力上升时间的参数；

$a$——隧道半径；

$S$——隧道的有效面积。

由上可知，微压波最大值与到达隧道出口的压缩波压力对时间微分的最大值成正比。因此，通过减小到达隧道出口的压缩波波前压力梯度可以降低隧道出口的微压波最大值。

对于短隧道，由于压缩波传播距离短，隧道出口处的压缩波波形与初始压缩波相近。结合以上方法和 0 系新干线列车，日本学者 Yamamoto 提出断面面积为 63m² 的短隧道微压波幅值与列车速度之间的关系。

$$p_{\max} \approx \frac{785}{r}\left(\frac{v}{210}\right)^3 \tag{3-24}$$

对于长度适中的有砟轨道隧道，式(3-24)偏于保守；对于板式道床的中长隧道，由于板式道床对压缩波的激化作用，初始压缩波波形传播到隧道出口处时已变陡，式(3-24)已不适用。

### 3.2.3 影响因素

微压波的影响因素主要有列车进入隧道的速度、列车头部形状、列车头部的长细比、隧道的阻塞比、隧道长度、隧道内部条件（如轨道结构、有无竖井、斜井和横通道等）和隧道出口的地形等。其中，列车进入隧道的速度和隧道的阻塞比是最为重要的两个影响因素。

### 3.2.4 减缓措施

由于微压波的大小和压缩波达到隧道出口时的压力梯度成正比，所以现行各种减缓微压波措施的基本思路是在压缩波形成或传播阶段减小其压力梯度。减缓的措施主要有列车方面的优化措施和隧道方面的改造措施。前者包括改善列车头部形状、增大列车头部的长细比和缩小列车断面积（即减小阻塞比）等。通常情况下，列车方面的改造受各种因素的制约，且随着列车速度的提高，由列车头部优化带来的作用相当有限，所以微压波的减缓主要还是通过隧道方面的改造来实现，主要改造措施包括增大隧道横截面积、在隧道入口处增设适当形式的缓冲结构、在隧道内铺设碎石道床，以及利用斜井、竖井和横通道等。

另外，通过洒水、喷水雾、注射高温蒸气等手段，可使隧道内一定区域的空气密度或温度自上而下形成梯度，从而消减隧道上部的冲击波，使得下部的冲击波变大，同时通过在隧道底部采取消减措施来消除下部的冲击波，以达到消减隧道出口微压波的效果。这些方法在试验中都取得了较好的效果，但是在实际操作中都具有其自身的缺点，需要进一步深入、系统地研究。

AERODYNAMICS EFFECT
AND DESIGN COUNTERMEASURES OF
THE UNDERGROUND STATION

# 第4章

# 气动效应下的结构安全

## 4.1 问题的提出

当高速列车从明线驶入隧道时，列车周围空气受到隧道壁面、列车表面及地面的限制而使空气体积急剧减小，导致周围压力突然升高，诱发隧道内空气压力波。列车车头进入隧道诱发压缩波、车尾进入隧道诱发膨胀波，压缩波与膨胀波向隧道出口以声波速度传播，在隧道出口大部分压力波又以异项波的形式向隧道内反射，并向隧道入口以当地声波速度传播，如此循环往复，最终在隧道内形成复杂压力波系，作用在隧道及附属设施表面上。这一脉动的气动力在短时间内会产生换向，使屏蔽门等附属结构的支撑结构内部产生交变应力，在交变应力作用下长时间使用有可能导致其产生疲劳破坏。

高速列车交会、通过隧道和隧道内交会时，会产生巨大的压力波，也会直接影响车体强度。这种压力波动直接作用于车体，会使车体侧墙形变增大，应力增加。另外在瞬态的压力波作用过后，如果压力波的主频率覆盖了侧墙的某一阶模态频率，其能量足够大时，会对车体带来安全性影响。在我国已经运行的高速列车线路上，曾发生过车窗被会车压力波吸出而破坏的事件。其次由空气动力引起（高速会车、穿越隧道）的不定周期、幅值外载荷，同样有可能与其他动载荷耦合在一起引起车体的疲劳破坏。车体结构还存在大量的局部设备、附件、零部件的安全问题，且各自的要求不同，例如运动部件的磨损、接触以及界面疲劳，局部结构的共振失效等，一般需要以可靠性来表征和定义高速列车车体结构的承载能力及安全程度。

大量的工程实践与车体结构破坏统计表明：以当前高速列车车体的结构设计及制造形式，出现车体大面积失效与破坏的可能性极低（碰撞事故除外），但是频繁出现的局部疲劳、撕裂、失稳等结构失效现象（图4-1）同样影响车体结构的可靠性，即车体局部结构出现失效，则认为车体结构可靠性降低或不足。

a)
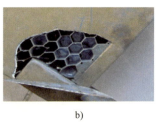
b)
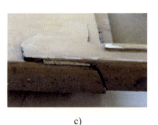
c)

图 4-1　列车的局部断裂、裂纹

目前，高速列车车体为大型中空铝合金挤压型材焊接而成的整体承载式结构，克服了铝合金材料引起的刚度下降问题，在传统不锈钢、耐候钢车体基础上进一步轻量化，既有的铝合金车体结构形式如图4-2所示。高速运行时，作用于车体的载荷复杂且多变，影响结构承载能力、设计参数的因素多，且相互耦合作用。因此，高速列车车体作为一种复杂机械结构对可靠性、安全性要求较高。

a) 大型中空挤压铝型材车体

b) 铝蜂窝铝合金结构

c) 蒙皮骨架式铝合金车体

d) 铝合金挤压型材车体

图 4-2　常见铝合金车体结构

## 4.2 隧道壁面气动载荷特征

根据高速列车与隧道之间的空间位置关系可将隧道壁面气动荷载划分为三个阶段：列车车头开始驶入隧道前（阶段Ⅰ）；列车车头开始驶入隧道直至车尾完全驶离隧道（阶段Ⅱ）；列车车尾完全驶离隧道后（阶段Ⅲ）。

当高速列车从明线逐渐驶近隧道入口时，车头前方的空气受到持续挤压形成压缩波，并以声速向前传播，绝大部分压缩波在空气传播过程中逐渐消散，较少部分压缩波进入隧道并作用在隧道壁面，从而导致壁面气动压力逐渐升高。进入隧道内部压缩波所携能量在传播过程中会受到空气阻力、壁面摩擦阻力等影响而逐渐减弱并消散，随着传播距离的增加，压缩波携带能量逐渐减弱并消散，主要表现为壁面气动压力峰值随入口距离的增加而逐渐减弱。大量研究发现，当列车鼻尖到达隧道入口之前，隧道壁面即开始承受气动压力，气动压力随列车驶进隧道入口开始升高并逐渐向隧道内传播。

当高速列车车头驶进隧道入口的瞬间，由于车头前方空气的可压缩性和流动性受到隧道壁面、列车表面及地面的限制而强烈压缩，车头前方空气压力急剧升高，形成初始压缩波并以声速向隧道出口传播，压缩波在隧道出口又以膨胀波的形式向隧道内反射并以声速向隧道入口传播；当高速列车车尾驶进隧道入口的瞬间，由于隧道入口车体所占空间大于隧道外部以及列车环状空间流入的空气体积，形成低于隧道入口大气压力的膨胀波，并以声速向隧道出口传播，膨胀波在隧道出口又以压缩波的形式向隧道内反射并以声速向隧道入口传播；当高速列车驶入隧道，压缩波和膨胀波不断产生并以声速传播和反射，当压缩波和膨胀波遇到列车车头或车尾时，由于列车的存在使得隧道横断面减小而使得压缩波和膨胀波发生二次反射，并在隧道出入口、列车表面/隧道壁面之间不断反射、连续叠加，最终形成复杂的气动荷载。国内外学者研究发现，隧道壁面气动荷载最大值近似与列车速度平方成正比。

隧道壁面测点气动压力变化及压力波系传播过程如图 4-3 所示。其中，隧道壁表面气动压力为现场实测值，隧道长 1000m，横断面面积为 100m²，双线隧道，线间距为 5.0m，洞口设有顶部开口的斜切式缓冲结构。列车为 8 节编组 CRH2C 型车，列车长 201.4m，车头流线型部分长 9.55m，车体横断面面积为

$11.20m^2$。测点距轨面高 1.5m，距隧道入口 300m。

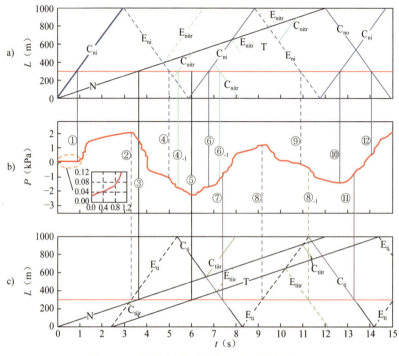

图 4-3　隧道壁面气动压力变化及压力波系传播过程

图中字母N为车头，T为车尾，$C_{ni}$为车头进入隧道入口诱发压缩波，$E_{ni}$为对应压缩波在洞口反射形成膨胀波，$C_{no}$为车头驶离隧道出口诱发压缩波。$E_{ti}$为车尾进入隧道入口诱发膨胀波，$C_{ti}$为对应膨胀波在洞口反射形成压缩波，$E_{to}$为车尾驶离隧道出口诱发膨胀波。图中①～⑫分别为压缩波或膨胀波到达测点时刻。当车头进入隧道入口瞬间诱发压缩波$C_{ni}$，并以声速向前传播，到达测点时，引起测点气动压力升高并达到正峰值。车尾进入隧道入口诱发膨胀波$E_{ti}$，并以声速向前传播，到达测点时引起测点气动压力降低。车头经过测点引起测点气动压力降低，车头进入隧道入口诱发压缩波$C_{ni}$在出口反射，形成的膨胀波$E_{ni}$经过测点引起测点气动压力持续降低，并达到负峰值。车尾经过测点引起测点气动压力升高。车头进入隧道入口诱发压缩波经过两次反射后形成的压缩波再次经过测点引起测点气动压力升高，车尾进入隧道入口诱发膨胀波经过首次反射后形成压缩波经过测点引起测点气动压力持续升高，并再次达到正峰值。车尾进入隧道入口诱发膨胀波经过两次反射形成膨胀波经过测点引起测点气动压力降低，车头进入隧道入口诱发压缩波经过 3 次反射形成膨胀波经过测点引起测点气动压力持续降低，并再次达到负峰值。当车头驶出隧道出口时，再次诱发压缩波，并以声速向隧道内反射，车尾驶出隧道出口再次诱发膨胀波，并同样以声速向隧道内反射，如此循环往复，从而在隧道内部形成复杂的压力波系。

当高速列车车尾驶离隧道出口后，压缩波和膨胀波持续在隧道出入口之间传播、反射并连续叠加。由于受到隧道内部空气阻力、壁面摩擦力影响而使得压缩波与膨胀波所携能量逐渐减弱并耗散，从而使得壁面气动压力峰值表现为逐渐减小趋势。对于某一个特定隧道而言，隧道长度、横截面积、壁面摩擦系数、压力波传播速度等参数均为定值，故隧道壁面气动压力峰值呈现周期性衰减规律，衰减周期可表示为 $T = 2L/c$，$L$ 为隧道长度，$c$ 为当地声波速度。其中，隧道长度与压力波传播速度影响衰减周期，隧道横截面积与壁面摩擦系数影响壁面气动压力衰减速率。研究发现，列车驶出隧道后气动荷载随衰减周期数呈现指数形式的衰减规律，且列车驶出隧道后气动荷载持续时长是列车行驶于隧道内的 6~11.5 倍。

高铁隧道壁面气动荷载具有鲜明的时空特性，即气动荷载随时间与空间发生显著变化。气动荷载时间特性与列车/隧道之间的空间位置关系密切相关，当列车行驶在不同阶段（阶段Ⅰ、Ⅱ、Ⅲ），气动荷载呈现出对应的鲜明特征。气动荷载空间特征与隧道位置关系密切相关，气动荷载在隧道出入口呈现出鲜明的三维特性，而在隧道中部却表现为显著的一维特性。

## 4.3　结构模态分析理论

车体是高速列车最主要的承载结构，是提供安全舒适乘车环境的最主要部分，一般通过对高速列车头车及中间车体进行结构模态分析来研究列车车体的振动特性。

### 4.3.1　振动模态及振动疲劳

结构受到外部载荷激励后会产生振动响应，实践表明，许多结构的疲劳失效都与振动有关，疲劳是结构失效的主要形式。研究发现，当交变载荷的频率与结构的某一阶（或几阶）固有频率一致或比较接近时，结构将会发生共振，这时激励将会造成结构产生更大的响应，进而引起振动损伤。当损伤累积到一定程度时，结构就会产生振动疲劳破坏，这说明疲劳失效与结构的振动响应关系密切。如振动频率与结构模态频率相当，可视为振动疲劳问题；如频率远小于结构模态频率时，就视为普通疲劳问题。

按照结构固有频率 $f_0$ 和交变载荷 $f$ 的变化频率对振动疲劳进行分类，可以把振动疲劳分为三类：①低频振动疲劳，指交变载荷的变化频率远低于结构的固有频率，一般而言 $f < 0.8f_0$；②共振振动疲劳，指交变载荷的变化频率接近于结构的固有频率，一般而言 $0.8f_0 < f < 1.2f_0$；③高频振动疲劳，指交变载荷的变化频率远高于结构的固有频率，一般而言 $f > 0.8f_0$。

结构共振可以分为整体共振、部件共振和局部共振三种。一些动态载荷会引发局部振动与载荷的振动耦合作用，轻薄的局部结构、应变大且有缺陷或应力集中的部位容易发生破坏。工程上常采用降低振源强度，以及添加隔振、消振装置或改进结构的连接方式等方式来降低发生共振的概率。

高速列车这类交通工具主要受动态载荷作用，结构或部件容易出现振动疲劳，为了揭示车体的疲劳与结构振动之间的规律，首先需要利用结构动力学对车体加以研究，通过研究车体的固有频率、交变载荷的变化频率之间的联系，揭示振动疲劳的动力学本质，为车体振动疲劳的寿命预测和抗疲劳设计提供理论依据。

### 4.3.2 模态分析方法

模态分析是用于确定设计结构或机械的振动特性，即结构的固有频率和振型，是承受动态载荷结构设计中的主要参数，其动力学求解方程为：

$$\boldsymbol{M\ddot{u}}(t) + \boldsymbol{C\dot{u}}(t) + \boldsymbol{Ku}(t) = \boldsymbol{Q}(t) \tag{4-1}$$

阻尼对结构固有频率和振型的影响不大，所以在求解结构固有频率时，可以不计阻尼的影响。对于质量矩阵为 $M$，刚度矩阵为 $K$ 的多自由度系统，其无阻尼自由振动运动方程如下：

$$\boldsymbol{M\ddot{u}}(t) + \boldsymbol{Ku}(t) = 0 \tag{4-2}$$

代入位移通解

$$\boldsymbol{u} = \boldsymbol{\varphi} \sin \omega (t - t_0) \tag{4-3}$$

可得到结构振动广义特征值 $(\omega, \boldsymbol{\varphi})$

$$\boldsymbol{K}\boldsymbol{\varphi} - \omega^2 \boldsymbol{M}\boldsymbol{\varphi} = 0 \tag{4-4}$$

求解上式可得到系统的模态频率$\omega_j$和模态振型向量$\boldsymbol{\varphi}_j$，模态振型的幅值由$\boldsymbol{\varphi}_j^T \cdot \boldsymbol{M} \cdot \boldsymbol{\varphi}_j = 1$确定，即正则振型。

将任意两组独立的特征解$(\omega_k, \boldsymbol{\varphi}_k)$和$(\omega_j, \boldsymbol{\varphi}_j)$代入式(4-4)，得

$$\begin{cases} \boldsymbol{K}\boldsymbol{\varphi}_k = \omega_k^2 \cdot \boldsymbol{M} \cdot \boldsymbol{\varphi}_k \\ \boldsymbol{K}\boldsymbol{\varphi}_j = \omega_j^2 \cdot \boldsymbol{M} \cdot \boldsymbol{\varphi}_j \end{cases} \tag{4-5}$$

式(4-5)中，上下两式分别乘$\boldsymbol{\varphi}_j^T$和$\boldsymbol{\varphi}_k^T$，得

$$\begin{cases} \boldsymbol{\varphi}_j^T \cdot \boldsymbol{K} \cdot \boldsymbol{\varphi}_k = \omega_k^2 \cdot \boldsymbol{\varphi}_j^T \cdot \boldsymbol{M} \cdot \boldsymbol{\varphi}_k \\ \boldsymbol{\varphi}_k^T \cdot \boldsymbol{K} \cdot \boldsymbol{\varphi}_j = \omega_j^2 \cdot \boldsymbol{\varphi}_k^T \cdot \boldsymbol{M} \cdot \boldsymbol{\varphi}_j \end{cases} \tag{4-6}$$

由$\boldsymbol{K}$和$\boldsymbol{M}$的对称性可知$\boldsymbol{\varphi}_j^T \cdot \boldsymbol{K} \cdot \boldsymbol{\varphi}_k = \boldsymbol{\varphi}_k^T \cdot \boldsymbol{K} \cdot \boldsymbol{\varphi}_j$，则有

$$(\omega_k^2 - \omega_j^2)\boldsymbol{\varphi}_j^T \cdot \boldsymbol{M} \cdot \boldsymbol{\varphi}_k = 0 \tag{4-7}$$

分析式(4-7)可知，当时$\omega_k \neq \omega_j(k \neq j)$，必有$\boldsymbol{\varphi}_j^T \cdot \boldsymbol{M} \cdot \boldsymbol{\varphi}_k = 0$。说明固有振型矩阵对于矩阵$\boldsymbol{M}$是正则正交的，可表示如下

$$\boldsymbol{\varphi}_j^T \cdot \boldsymbol{M} \cdot \boldsymbol{\varphi}_k = \begin{cases} 1 & (k = j) \\ 0 & (k \neq j) \end{cases} \tag{4-8}$$

由式(4-5)可知固有振型对于矩阵$\boldsymbol{K}$的关系可表示如下

$$\boldsymbol{\varphi}_j^T \cdot \boldsymbol{K} \cdot \boldsymbol{\varphi}_k = \begin{cases} \omega_k^2 & (k = j) \\ 0 & (k \neq j) \end{cases} \tag{4-9}$$

定义固有振型矩阵$\boldsymbol{\varphi} = [\boldsymbol{\varphi}_1 \quad \boldsymbol{\varphi}_2 \quad \boldsymbol{\varphi}_3 \quad \cdots \quad \boldsymbol{\varphi}_n]$，固有频率矩阵

$$\boldsymbol{\omega} = \begin{bmatrix} \omega_1^2 & & & & \\ & \omega_2^2 & & 0 & \\ & & \omega_3^2 & & \\ & 0 & & \ddots & \\ & & & & \omega_n^2 \end{bmatrix}$$

常用的模态提取方法有 Block Lanczos 法、子空间法、缩减法等。Block Lanczos 法应用在具有实体单元或壳单元的模型中，其将原矩阵化成对称三对角矩阵的特征值问题。

式(4-1)中载荷向量$\boldsymbol{Q}(t)$一般随时间变化，即

$$\boldsymbol{Q}(t) = \boldsymbol{Q}(s,t) = \boldsymbol{F}(s)q(t) \tag{4-10}$$

给定刚度矩阵$\boldsymbol{K}$、质量矩阵$\boldsymbol{M}$、载荷向量$\boldsymbol{Q}$，生成$x_i(i = 2,3,\cdots,r)$，求解

$$\boldsymbol{K}\hat{x}_i = \boldsymbol{M}x_{i-1} \tag{4-11}$$

将 $x_i$ 正交化

$$\hat{x}_i = \tilde{x}_i - \alpha_{i-1} x_{i-1} - \beta_{i-1} x_{i-2} \qquad (4\text{-}12)$$

其中

$$\alpha_{i-1} = \frac{\tilde{x}_i}{\beta_i} \qquad (4\text{-}13)$$

将 $x_i$ 正则化

$$x_i = \frac{\hat{x}_i}{\beta_i}, \quad \beta_i = \left(\hat{\boldsymbol{x}}_i^T \boldsymbol{M} \hat{\boldsymbol{x}}_i\right)^{1/2} \qquad (4\text{-}14)$$

将原求解部分特征值 $\Omega_r$ 和 $\varphi_r$ 的广义特征值问题 $\boldsymbol{K}\varphi_r = \boldsymbol{M}\varphi_r\Omega_r$ 转换为 Lanczos 向量空间内三对角矩阵 $\boldsymbol{T}$ 的标准特征值问题，即求解：

$$\boldsymbol{TZ} = \boldsymbol{Z}\lambda \qquad (4\text{-}15)$$

其中

$$\boldsymbol{T} = \begin{bmatrix} \alpha_1 & \beta_2 & & & & \\ \beta_2 & \alpha_2 & \beta_3 & & & \\ & \beta_3 & \alpha_3 & \beta_4 & & \\ & & \ddots & \ddots & \ddots & \\ & & & \ddots & \ddots & \ddots \\ & & & & \ddots & \ddots \end{bmatrix} \qquad (4\text{-}16)$$

求解标准特征值问题，得到 $\boldsymbol{Z}$ 和 $\lambda$

$$\boldsymbol{Z} = [z_1 \quad z_2 \quad \cdots \quad z_r], \quad \lambda = \mathrm{diag}(\lambda_i) \qquad (4\text{-}17)$$

计算原问题的部分特征解得到固有频率及振型

$$\varphi = \boldsymbol{XZ}, \quad \Omega_r = \lambda^{-1} \qquad (4\text{-}18)$$

即

$$\omega_i^2 = \frac{1}{\lambda_i} \quad (i = 2, 3, \cdots, r) \qquad (4\text{-}19)$$

## 4.4　疲劳强度的评价方法

### 4.4.1　Goodman 曲线

疲劳强度评定的主要方法是 Goodman 疲劳曲线，绘制关键是测定材料的强度极限，屈服极限和对称循环条件下的疲劳极限，通过几何绘图，即可以得到 Goodman 疲劳曲线图。例如，表 4-1 给出了车体铝合金材料基本性能参数，分别为两种可靠度下的材料强度。一般设备需要满足 90%～99% 可靠度，所以根据材料强度分布参数确定 95% 可靠度的强度取值并绘制 Goodman 疲劳曲线，用于评估车体疲劳强度。

车体材料基本性能参数　　　　表 4-1

| 可靠度（%） | 强度极限$\sigma_b$（MPa） | 屈服极限$\sigma_s$（MPa） | 疲劳极限$\sigma_{-1}$（MPa） | 杨氏模量（GPa） | 泊松比 | 密度（kg/m³） |
|---|---|---|---|---|---|---|
| 50 | 430 | 295 | 102 | 70 | 0.3 | 2700 |
| 95 | 308 | 218 | 75 | 70 | 0.3 | 2700 |

Goodman 疲劳曲线是一种疲劳破坏包络线，横坐标为平均应力$\sigma_m$，纵坐标是最大应力$\sigma_{max}$、最小应力$\sigma_{min}$，任何点应力位于疲劳曲线之外则表明结构经过 $10^7$ 次循环载荷作用后发生疲劳破坏。Goodman 疲劳曲线可以表现出平均应力对疲劳极限的上、下极限应力以及应力幅的影响。

### 4.4.2　多轴应力向单轴应力转化方法

选用最大主应力法将车体多轴应力转化为单轴应力：统计每个节点在所有工况下的主应力值及其方向向量，取所有工况中的最大主应力为计算应力，其方向为基本方向，将其他工况下的主应力投影到基本方向上，最小投影值为最小主应力，由投影所得最大、最小主应力计算平均应力和应力幅。基于此方法，利用有限元计算结果，完成应力投影，计算每个节点平均应力和应力幅值，若所有节点的平均应力和应力幅值均在 Goodman 疲劳曲线内，则车体满足疲劳强度要求。

### 4.4.3　安全系数计算方法

安全系数 $n$ 的计算公式：

$$n = \frac{\Delta s}{\Delta \sigma} \tag{4-20}$$

式中：$\Delta s$——Goodman 疲劳曲线许用应力；

　　　$\Delta \sigma$——最大主应力与最小主应力的差值。

$$\Delta\sigma = \sigma_{max} - \sigma_{min} \tag{4-21}$$

式中：$\sigma_{max}$、$\sigma_{min}$——分别为最大主应力与最小主应力。

一般来说，安全系数不得小于 1，即所有节点应力结果均在 Goodman 包络线以内。安全系数计算法示意图如图 4-4 所示。

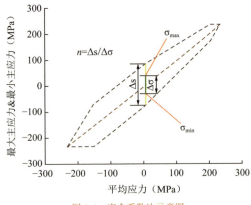

图 4-4　安全系数法示意图

AERODYNAMICS EFFECT
AND DESIGN COUNTERMEASURES OF
THE UNDERGROUND STATION

# 第 5 章

# 气动效应下的乘客舒适性

## 5.1 车内压力舒适性

### 5.1.1 人耳对压力波动的生理反应

高速列车通过隧道时司乘人员会出现耳部不舒服的感觉，即压力舒适性问题。压力舒适性问题源自人耳生理机能对急剧变化大气压力的反馈。人耳耳膜一侧通过外耳道与外界联通，一侧为鼓室并通过咽鼓管与鼻咽部连接，鼓室为一含气腔体。咽鼓管类似"止回阀门"，通常处于关闭状态，60~70s 开放 1 次，而有意识的通气动作则可将开放间隔缩短到 1 秒到几秒 1 次。外界压力变化时，一般通过启闭咽鼓管可平衡耳膜内外压差，缓解压力变化引起的耳膜不适。而外界压力变化剧烈咽鼓管无法及时动作时，就会引起压力不适症状。

对人耳生理机能的研究也表明，外界压力降低时，鼓室内压力相对较高。当鼓室内外压力差达一定限度后，鼓室内空气可自动由咽鼓管逸出，由此保持耳膜内外压力平衡。反之，外界压力升高时，鼓室内压力相对较低，鼓室内负压使得鼓膜内陷，空气难以冲开咽鼓管进入鼓室，相对外界环境降低时，更容易造成病理性损害。

除高速列车外、飞行器、高速及超高速电梯等高速运载工具均存在舱内压力舒适性问题，且随着运载工具运行速度的提高该问题越来越严峻。民航飞机均设置了增压座舱，并对座舱内空气总压、压差和压力变化速率等进行了较为严格的限制。表 5-1 给出了航空领域研究得到的不同大气压力作用于鼓膜所形成的耳部症状。飞行器运行海拔和大气压力变化剧烈，各国均采用座舱压力制度保证舱内压力波动的平稳变化。飞行器舱内压力的变化与海拔高度密切相关，而高速及超高速电梯轿厢内的压力舒适性主要与大阻塞比相关。山区高速铁路运行的高速列车车内的压力舒适性则需要综合考虑海拔和阻塞比的双重影响。无论何种载运工具，压力舒适性问题均与人耳生理构造对压力波动的反馈有关。

大气压变化与耳部症状　　　　　　　　　　　　　表 5-1

| 中耳腔压力增加（kPa） | 主客观反应 | 中耳腔压力下降（kPa） |
| --- | --- | --- |
| 0 | 无感觉，听力正常 | 0 |
| +0.4～+0.665 | 耳部发胀 | −0.4～−0.665 |
| +1.333～+2.0 | 耳部发胀，声强减低 | −1.333～−2.0 |
| +2.0～+4.0 | 耳部发胀，不适、耳鸣；当空气离开中耳时，如果出现"波波"声，症状即消失，耳音可清晰 | −2.0～−4.0 |
| +4.0 | 疼痛，耳鸣和眩晕加剧 | −4.0～−7.0 |
| — | 严重放射性疼痛，眩晕和恶心 | −7.0～−10.7 |
| — | 随意通气很困难或不可能 | −13.3 |
| — | 鼓膜破裂 | −26.6 |

早在 20 世纪 90 年代，欧洲和日本也分别针对高速列车运营环境进行了压力舒适性方面的研究，发现自动或通过生理反应，人为或被动地开启咽鼓管，建立中耳和外界的压力平衡所需的时间为 3～4s。压力舒适度标准所选定的时间间隔比咽鼓管打开的时间短时，才能够评价压力波动对人耳的影响。日本学者总结得到的压力波动对司乘人员压力舒适度的影响，如图 5-1 所示。

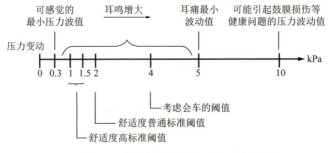

图 5-1　压力波动对司乘人员压力舒适度的影响

为缓减车内压力波动，保证良好的司乘人员压力舒适性，各国均从两方面入手：①抑制产生隧道压力波的根源——制定合理的隧道净空面积、设置减压竖井等辅助坑道；②阻断压力波动传播路径——采用气密性车体、加装车内压力保护装置等。隧道净空面积选取与工程造价密切相关，各国在高速铁路发展过程中均已制定了符合本国地理国情的高速铁路隧道净空面积规范。而列车方面的措施除不断提升车体气密性外，车内压力保护装置的种类也相对较为多样，典型的如日本新干线列车的压力保护装置。

## 5.1.2 国内外压力舒适性标准

高速列车司乘人员压力舒适性问题最早在 1964 年日本东海道新干线开通运营时出现。列车通过隧道时，司乘人员普遍感觉到耳膜疼痛等问题。随后调查发现，压力舒适性问题是由车内空气压力的剧烈波动引起的。国内外各研究机构和铁路组织通过实车试验和压力舱试验获取不同样本经历压力变化时的感受，结合本国实际情况制定了不同的压力舒适标准，舒适度标准以压力舒适性标准选用的控制指标类型，将高速列车压力舒适性标准分为三类：①压力变化量型，见表 5-2；②压力变化率和幅值复合型；③压力变化率和变化量复合型，见表 5-3。

压力变化量型舒适度准则　　表 5-2

| 国家/组织 | 铁路类型 | 单线 | 双线 | 车速（km/h） | 车辆状态 | 备注 |
|---|---|---|---|---|---|---|
| 英国 | 城际铁路 | — | 3.0kPa/3s | 160 | 未密封 | 1986 年前 |
| | 城际铁路 | — | 4.0kPa/4s | 200 | 未密封 | 1986 年 |
| | 海峡隧道 | 2.5kPa/4s | 3.5kPa/4s | 225 | 未密封 | |
| 英国（20 世纪 90 年代） | 隧线比<10% | | 2.5（4.0）kPa/4s | | 未密封 | |
| | 隧线比>25% | | 2.0（3.0）kPa/4s | | 未密封 | |
| | 隧线比>25% | | 0.8（1.25）kPa/4s | | 密封 | 高舒适性 |
| | 隧线比>50% | | 0.7（1.0）kPa/4s | | 未密封 | 包括地铁 |
| 欧洲铁道研究所（ERRI） | | 3.0kPa/4s | 4.5kPa/4s | | 未密封 | C218/RP1, 与 EN14067-5 非密封车一致 |
| | | | 1.0kPa/1s 1.6kPa/3s 2.0kPa/10s | 高速 | 密封 | |

续上表

| 国家/组织 | 铁路类型 | 单线 | 双线 | 车速（km/h） | 车辆状态 | 备注 |
|---|---|---|---|---|---|---|
| 德国 | | 0.80~1.25kPa/3s | | | | DS853（1993）|
| 德国 | | 0.5kPa/1s<br>0.8kPa/3s<br>1.0kPa/10s<br>1.5kPa/30s<br>2.0kPa/全程 | | 240~280 | 密封 | |
| 日本 | | 2.0kPa/4s | | | 未密封 | |
| 瑞士 | Rail2000 | 2.0kPa/4s | | | | |
| 韩国 | | 0.8kPa/3s | 1.25kPa/3s | 高速 | | |
| 法国 | | 0.5kPa/1s<br>1.0kPa/10s | | 高速 | 密封 | |
| 法国 | | 3kPa/4s | 4.5kPa/4s | | 未密封 | |
| 中国 | 平原地区/京沪高铁 | 2.0kPa/3s | 3.0kPa/3s | | | 隧线比<10%且每小时隧道<4 |
| 中国 | 山丘地区 | 0.8kPa/3s | 1.25kPa/3s | | | 隧线比>25%且每小时隧道>4 |
| 中国 | 350km/h 中国标准动车组 | | 0.5kPa/1s<br>0.8kPa/3s<br>1.0kPa/10s<br>2.0kPa/60s | | | 铁总科技〔2014〕50号 |
| 国际铁路联盟（UIC） | | 0.5kPa/1s<br>0.8kPa/3s<br>1.0kPa/10s<br>2.0kPa/60s 或 60s 以上 | | 高速 | 密封 | UIC 660 |
| 国际铁路联盟（UIC） | | 0.5kPa/1s<br>1.6kPa/4s<br>2.0kPa/10s | | | 密封 | UIC 779-11 |
| 欧洲标准化委员会 | | 1.0kPa/1s<br>1.6kPa/4s<br>2.0kPa/10s<br>3.0kPa/60s | | 高速 | 密封 | 《轨道交通 空气动力学 第五部分：隧道中空气动力学的要求和试验程序》（EN 14067-5）|
| 荷兰 | | 0.50kPa/1s<br>0.85kPa/4s<br>1.40kPa/10s<br>2.00kPa/20s<br>2.40kPa/30s<br>2.80kPa/40s<br>3.20kPa/50s | 0.85kPa/1s<br>1.35kPa/4s<br>2.10kPa/10s<br>3.00kPa/20s<br>3.60kPa/30s<br>4.20kPa/40s<br>4.80kPa/50s | | | |

压力变化率和幅值型/变化量型舒适度准则　　　　表 5-3

| 国家 | 铁路类型 | 单线 | 双线 | 车速（km/h） | 车辆 | 备注 |
|---|---|---|---|---|---|---|
| 英国 | 海峡隧道 | $\Delta p <0.45$ kPa | | | | 最大 0.7 kPa |
| 日本 | 新干线 | | $\Delta p <1$ kPa<br>$dp/dt <0.2$ kPa/s | 210，240，270 | 密封 | 汉诺威—维尔茨堡线 |
| 意大利 | FS | | $\Delta p <1.5$ kPa<br>$dp/dt <0.5$ kPa/s | 高速 | 密封 | |
| 美国 | 地铁 | $dp/dt <0.41$ kPa/s<br>0.7 kPa/1.7 s | | 80~100 | 未密封 | |
| 中国 | | | $\Delta p <1.0$ kPa<br>$dp/dt <0.2$ kPa/s | | | 铁运〔2008〕28号高速动车组整车试验规范 |

图 5-2 所示为压力变化量型舒适度准则。图 5-2 a) 中为单一指标压力舒适准则，如英国、韩国、中国、瑞士、日本及 ERRI（C218/RP1）等对非密封车的要求。图 5-2 b) 为复合指标压力舒适度准则，如德国、UIC、ERRI 和荷兰等对密封车的要求。由图 5-2 a) 可知，采用单一压力变化量指标时，各国时间间隔多采用 3s 或者 4s。图中以空心标记表示非密封车的压力舒适度阈值，而以实心标记表示密封车的压力舒适度阈值，同时标记的大小表示阈值大小。容易发现，非密封车的压力舒适度阈值均比密封车的压力舒适度宽松。而 3s 间隔的压力变化量和 4s 间隔的压力变化量阈值差异不大。图 5-2 b) 中，采用复合指标时，随着时间间隔的增大，压力变化量阈值越来越大。其中德国和 UIC660 标准最为严格。

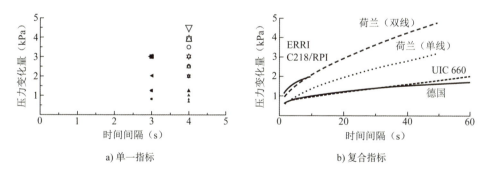

图 5-2　压力变化量型舒适度准则

除压力变化量型舒适度标准外，目前只有美国地铁采用压力变化率和变化量复合型舒适度标准。此外，日本和意大利采用压力变化率和幅值复合型标准，而日本标准更为严格。我国近年来公布的高速动车组整车试验规范规定的指标及要求与日本相同。日本国铁新干线的压力舒适度标准如图 5-3 所示。

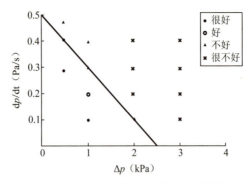

图 5-3　日本新干线舒适与不舒适的临界曲线图

### 5.1.3　气密指数法

常采用的高速列车车体气密性衡量指标有两种，日本和法国采用当量泄漏面积，而德国和我国采用气密指数。气密指数和当量泄漏面积是连接车外压力波动和车内压力波动的桥梁。气密指数τ的物理意义为将车内外压差降低到初值的 38% 所需的泄漏时间。日本高速列车密封试验规定车内压力由 4.0kPa 降低到 1.0kPa 的时间>50s，欧洲也曾采用该标准，但目前德国和意大利等采用从 3.6kPa 降低到 1.35kPa 的泄漏时间>18s。我国《动车组密封设计及试验规范》（TB/T 3250—2010）规定，将关闭门窗和空调进/排风口后给车内加压充气，车内外压差从 4.0kPa 下降到 1.0kPa 所需要的泄漏时间为气密指数，上述地面实验均测得"静态气密指数"。UIC 779-11 将反映列车运营时实际密封情况的密封指数称为"动态气密指数"。通常认为动态气密指数是静态气密指数的 1/3～1/2。我国列车车体和部件气密性设计标准主要依赖地面静态试验。

车外压力波动向车内传递一般来说取决于两个因素，即车辆的密封性和车体刚度。假设车体刚度无限大，当车辆完全不密封时 $p_i = p_e$，其中 $p_e$ 表示车外压力波动，$p_i$ 表示车内压力波动。当车辆完全密封时，即车内外空气无质量交换时，则车外的压力变化对车内无影响。实际上以上所说的两种极端情况均不存在。假设车内压力变化率与车内外压差成正比，即

$$\frac{dp_i}{dt} = -c_2(p_i - p_e) \tag{5-1}$$

（1）静态气密指数

地面静态试验时，车外压力为常数，对式(5-1)进行积分得到

$$p_d = p_{d0} e^{-\frac{1}{\tau}} \tag{5-2}$$

式中：$p_{d0}$——$t = 0$时刻的车外压力；

$\tau$——时间常数，$\tau = 1/c_2$。

地面静态试验时，车内压力变化与气密指数的关系如图 5-4 所示，图 5-4 中也示出了气密指数的物理意义。

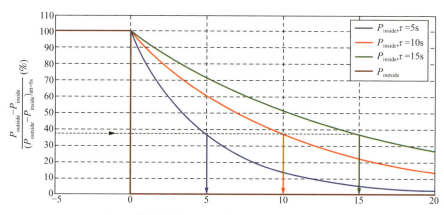

图 5-4 车辆静态气密试验时车内压力变化与时间的关系

（2）动态气密指数及其试验方法

列车在实际运营中，车外压力随时间变化，对于每一个离散的车外压力，可以假定特定时刻的车外压力 $p_e(t)$ 为常数，然后计算车内压力，即

$$p_i = \frac{1}{\tau} e^{-\frac{1}{\tau}} \left( \int e^{\frac{1}{\tau}} p_e(t) dt + K \right) \tag{5-3}$$

瑞士 HBI 公司的 RAVN 给出了国外典型列车的动态气密指数，见表 5-4。德国 DBAG 基于气密指数对车辆气密性能的定义，见表 5-5。

RAVN 对国外典型列车气密性的分类　　表 5-4

| 车辆类型 | 气密指数 $\tau$（$\tau_{dyn}$） |
| --- | --- |
| 不密封车辆（例如用于支线） | $\tau < 1s$ |
| 最低密封性（例如 Eurocity） | $1s \leqslant \tau < 6s$ |
| 密封较好（例如 ICE1，TGV） | $6s < \tau < 10s$ |
| 密封很好（例如 ICE3，Transrapid） | $\tau > 10s$ |
| 计算列车气动荷载时的密封假定 | $\tau = \infty$ |

DBAG 对车辆密封程度的定义　　　　　　　　　　表 5-5

| 车辆类型 | 气密指数 $\tau$（$\tau_{dyn}$） |
|---|---|
| 良好密封（ICE） | $\tau = 7 \sim 12s$ |
| 轻微密封 | $\tau = 2 \sim 4s$ |
| 不密封 | $\tau < 0.5s$ |

### 5.1.4 高速列车压力保护系统

目前各国高速列车车体均采用气密设计，主要措施有大型铝合金型材的全自动焊接、电控气动塞拉门及特制密封胶条、双层密封风挡、密封结构胶安装车窗风挡、加装风挡隔离门、加装客室端门、对地板上各种线缆、管道通过孔及排水孔、污物处理装置和通风换气装置等的气密设计及工艺等保证整车气密性。然而气密性能越好，车辆制造成本及工艺要求也越高。对于车体过线孔等孔洞、车门、车窗及风挡等，目前常通过各类工艺提高其密封性能。而对于运营中必须与外界联通的通风换气装置，则需要采用压力保护技术隔离或缓减车外的剧烈压力波动。

日本在新干线列车提速过程中，由于隧道净空面积的限制，在高速列车压力保护装置方面做了较多改进，逐步发展了多种类型的保护方式，形成了许多实用性很强的发明专利。德国、法国、韩国及我国等借鉴日本发展高速铁路的经验，采用异于日本的加大隧道净空面积的技术路线，高速列车车体压力保护系统形式较为单一。目前，国内外高速列车车内压力保护系统主要可分为如下两种类型。

（1）压力截止阀中断换气的被动式压力保护系统

德国、法国、韩国及我国高速列车和日本早期新干线 0 系列车多采用此类压力保护系统。日本早期新干线 0 系列车采用截止阀关闭进排风口方式减缓列车通过隧道时的车内压力波动。控制压力截止阀的信号源有两种来源，日本 0 系列车和韩国 KTX 高速列车通过位于隧道附近的地面设备发送信号，而德国 ICE3 和法国 TGV 则采用车载压力传感器发送信号。高速列车通过长隧道时为保证车内空气品质，则定时开启截止阀恢复车内通风换气。

我国引进的车体 CRH1（源于瑞典）、CRH3（源于德国）和 CRH5（源于法国）均采用被动式压力保护系统，只有 CRH2（源于日本）采用高静压风机主动式保护系统。在我国高速铁路大隧道净空面积技术路线下，自主研发的

CRH380 系列动车组均采用结构简单、性能可靠的压力截止阀式压力保护系统。我国最新研制的中国标准动车组 CR400AF 和 CR400BF 客室也均采用该方式。

（2）高静压风机或节流变风量控制的连续换气的主动式压力保护系统

在新干线提速过程中，日本为解决冈山地区长隧道内新干线列车的通风换气问题，不得不采用主动式压力控制装置来提高车内压力舒适性，如采用高速高压风机的 100 系列车。随着车速进一步提高，单纯依靠高速高压风机已难以满足通风换气和压力舒适性的更高要求，日本 300 系列车在高速高压风机基础上增设了弹性板簧元件被动控制进排气风道开度，日本 500 系列车及 700 系列车在高速高压风机基础上增设了电控元件主动控制进排气风道开度，以此进一步提高车内压力舒适性。早期主动式压力保护系统风扇风机同时控制进排气风扇，日本川崎重工开发的连续换气装置采用独立控制的进排风扇持续向车内供应新鲜空气，并将车内废气排到车外，如图 5-5 所示。该装置被广泛用于日本 E4、E5、E7、700 系、800 系和 H5 系列车，以及台湾 700T 列车上。

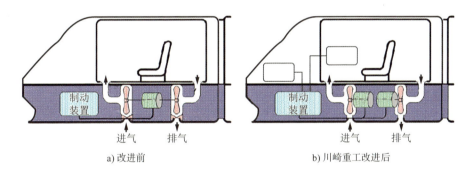

a) 改进前　　　　　　　b) 川崎重工改进后

图 5-5　日本新干线连续换气装置示意图

## 5.2　气 动 噪 声

### 5.2.1　产生机理

行驶中的列车和空气发生相互作用，在列车外部形成复杂的绕流场。由于列车外形的复杂性，气体流动多是不平顺的，在列车车身表面的拐角处会发生流动分离现象，形成复杂的涡流流动，正是这些复杂的涡流流动产生了很高的脉动压力，进而诱发了极大的振幅和频率杂乱的声音，即为气动噪声。

早期的电力牵引车组的噪声主要来自轮轨噪声和受电弓摩擦及放电噪声，

随着机车的更新与技术进步，该类噪声大大降低。对于高速列车气动噪声，其产生的原因较为复杂，但主要产生于列车表面装置和特殊结构的特定位置。现有研究结论表明，不同位置的气动噪声，其产生机理也不同，大致可归纳为由于气流流经结构部件表面产生的噪声和湍流流动产生的噪声两大类。前者包括受电弓、车辆连接处、车顶百叶窗、转向架和空调通风设备；后者包括车身表面的涡流附面层、头车边界层的分离和尾车的非稳态尾流。

（1）受电弓

①在受电弓处产生气动噪声的机理是：构成受电弓的各种杆件引起非稳态气流，进而形成周期性的涡旋脱落，从而产生噪声。

②噪声特点：随速度的增加以速度的 6 次方成比例增大，与列车气动噪声一致；列车前部机车上的受电弓气动噪声大；其频率成分以 300~600Hz 的低频带为主。

（2）车辆连接处和车顶百叶窗

车厢连接部位和车顶百叶窗可以被看作是"敞开的"槽穴，槽穴的长宽比 $l/h=7:8$，在这种情况下会发生两种现象。

①当 $l/h>1$ 时：由于声波和剪切边界层振荡的耦合而导致自持振荡，即所谓的气动反馈。

②当 $l/h<1$ 时：槽穴比较深，因而仅发生声音共振现象。

（3）转向架

在高速列车的转向架处会产生较明显的气动噪声，尤其是在头车前转向架部位。转向架部位的气流非常复杂，对转向架部位气动噪声的产生机理至今还没有很合理的解释。从列车的侧面看，转向架部分是一个很大的豁口，由于这个豁口的存在，不但转向架本身会引起底部严重的气流分离，产生旋涡，而且两侧下部流向底部的气流在豁口处也受到严重的干扰，当车轮旋转时，产生明显的旋涡区，干扰并阻碍侧面下部和底部的气流顺畅地流动，使气动阻力增大，从而加大了气动噪声。

（4）列车车身表面、头车和尾车

由于高速列车车身表面存在湍流层，在车身表面产生的气动噪声是所有气动噪声中最低的，对总的车外辐射噪声影响较小，但也是最难以抑制的，而且，随着列车速度的进一步提高，它会越来越显著甚至起到主导作用。另外，车身表面湍流流动会对车体形成波动载荷，使其强迫振动，进而使车身结构产生振动声辐射，对车内噪声产生较大影响。由于头车车头附近有很多集中的表面状态变化，而且沿表面的气流大，从而导致在该处产生剧烈的空气湍流并形成噪声，其噪声频谱呈连续分布特性；利用平滑流线型表面可使噪声降低 10dB 左右。列车尾流不仅对行车安全和周边环境带来不利影响，还会产生尾流气动噪声。高速列车尾流气动噪声相对其他气动声源所产生的不利影响要小，但作为高速列车气动噪声来源之一，须在设计阶段给予相应重视。

### 5.2.2 气动声学理论

气动声学的诞生是以 Lighthill 波动方程和声类比理论的建立为标志的，基于 Lighthill 声类比理论的气动声学基本方程则揭示了声与流动相互作用的本质，是高速列车外部气动噪声场数值分析的理论基础。

1955 年，Lighthill 直接从 N-S 方程（黏性不可压缩流体动量守恒的运动方程）和流体的连续性方程出发，没有做任何简化和假定，把方程左边表达成为经典的声学波动方程，而把所有偏离声学波动方程的项都移到了方程的右边，并视为源项，即 Lighthill 方程。

$$\frac{\partial^2 \rho'}{\partial \tau^2} - c_0^2 \nabla^2 \rho' = \frac{\partial^2 T_{ij}}{\partial y_i \partial y_j} \tag{5-4}$$

式中：$T_{ij}$——Lighthill 张量，其值 $T_{ij} = \rho u_i u_j - e_{ij} + \delta_{ij}(P') - c_0^2 \delta_{ij}(\rho')$；

$u_i$、$u_j$——流体速度；

$e_{ij}$——黏性应力张量；

$\delta_{ij}$——单位张量；

$\rho'$——流体密度波动量，$\rho' = \rho - \rho_0$，$\rho$ 为流体密度，$\rho_0$ 为未受扰动的流体密度或均值；

$P'$——流场压力脉动量，$P' = P - P_0$，$P$ 为流场压力，$P_0$ 为未受扰动时流场压力或其均值；

$\nabla$——Hamilton 算子，$\nabla = \vec{i}\frac{\partial}{\partial y_1} + \vec{j}\frac{\partial}{\partial y_2} + \vec{k}\frac{\partial}{\partial y_3}$。

观察式(5-4)可以看出，Lighthill 方程两边的变量是互相包含的。原则上可以从这一方程出发，由解析或数值方法获得其解，然而，实践证明这种方法在绝大多数情况下均是行不通的。其原因在于$\rho'$是空气流场中一极小的量，即使数值计算发展到今天，要从该方程获得收敛解，并保证$\rho'$具有适当的精度几乎是不可能的。因此，Lighthill 提出：把方程左边表达成为经典的声学波动方程，而把所有偏离波动方程的项都移到了方程的右边，并视为源项，而这些源项是可以通过试验或数值计算的途径（例如，从流体力学基本方程出发，采用直接模拟法或采用大涡模拟法，甚至是利用湍流模式理论进行数值计算）获得。则声场可以视为声源所产生的声波在静止介质中进行传播，于是就可以用已成熟的古典声学方法来获得其解，这就是 Lighthill 的声类比理论（Aeroacoustics analogy）。声类比理论在实际问题中得到了广泛的应用，气动声学从此翻开了崭新的一页。

### 5.2.3　影响因素

（1）列车运行速度

在一般情况下，高速列车气动噪声的大小主要取决于列车的运行速度，大约正比于运行速度的6～8次方。随着列车速度的提高，气动噪声将急剧增加。低速运行时，列车阻力中空气阻力所占比例极小，但当速度达到 200km/h 和 300km/h 时，所占比例将分别上升到 70% 和 80% 左右。

（2）列车外形

列车外形越复杂，偏离流线型越远，则气动噪声越严重。

### 5.2.4　降噪措施

气动噪声的产生机理不同，相应的降噪措施也不同。若不对高速列车的气动噪声进行有效控制，将对乘客及沿途居民产生严重的噪声污染。此外，如果高速列车的气动噪声大，也表明它的气动外形设计不尽合理。因为湍流噪声的产生机制和气动阻力的产生机制是相同的，都与物体表面上的边界层流动密切相关，特别是取决于其湍流状态。这就是说，高速列车的气动噪声大，其气动阻力必然大，高速列车所需的动力也就要增大。因此，减少高速列车的气动噪声，不仅是改善高速列车运行环境的需要，也是减小高速列车运行阻力的需要。

（1）降低受电弓气动噪声的措施

①受电弓附近安装受电弓罩。采用受电弓罩的目的：一是它由前后板和侧板构成，前后板具有降低受电弓及其附近突起物的风速功能，侧板有分担受电弓罩以内及屏蔽来自受电弓上部产生噪声的功能，可降噪 6dB；二是将气流引向上方，降低气流冲击受电弓的速度。然而，受电弓罩本身也会产生气动噪声，因此要采用合适的受电弓和受电弓罩结合方式。

②改进受电弓杆件的结构。受电弓结构的圆柱、角柱等相同截面材料，产生周期性涡流带来的噪声，而制成不均匀断面来抑制这种噪声。

③减少受电弓数目。

④设置受电弓沟槽。对于 TGV 列车来说，受电弓并不是简单地安装在车厢的顶部，而是安装在车厢的凹槽内（即所谓的受电弓沟槽），其装置能够遮掩受电弓产生的气动噪声，而 ICE 列车的受电弓是直接安装在车厢的顶部，其产生的噪声级要大于 TGV 列车产生的噪声级。

⑤采用低噪声的受电弓和受电弓罩。

（2）降低车厢间连接部位及百叶窗气动噪声的措施

①车厢的连接处安装风挡。试验结果表明，空气流经小风挡位置或没有风挡时，有较强的流动分离现象，因此会产生很大的气动噪声。采用大风挡和全封闭风挡可明显减少列车的气动噪声，其中大风挡比小风挡列车气动阻力减小 18.9%，全封闭风挡比小风挡列车阻力减小 30.9%。

②连接风挡处采用韧性材料。在日本新干线列车的侧墙上部有多种形式的换气用的窗口，装有百叶窗的纵向格子结构有时产生明显的气动噪声。百叶窗产生的气动噪声由格子杆件的断面大小与车速决定，具有显著的频率成分。目前采用横向格子的措施，大幅度降低了百叶窗的噪声。

（3）降低转向架气动噪声的措施

对转向架进行整流的主要措施是设置裙部。裙部一般在转向架外侧适当高度处，设置在沿列车两侧下部，其结构形式通常取平板形，外形面与车体竖向和纵向的形面协调一致。当转向架外侧加上裙部后，裙部使纵向向后流动的气流顺畅流动，并隔离了列车下部周围气流涌向列车底部，起到减阻作用，同时对改善横向绕流特性也有利。试验研究表明，在头车和尾车转向架外侧加上裙部后，可使其气动阻力系数减小 3%，也降低了其气动噪声。

## 5.3　公共区域风速舒适性

在地铁系统中,《地铁设计规范》(GB 50157—2013)中规定"站厅和站台的瞬时风速不宜大于 5m/s"和"阻塞和火灾时通风风速不得大于 11m/s"。北京地铁和上海地铁的实测结果显示,行人出入口和站台与站厅连接的楼梯处最大风速在 4.5~5.0m/s 之间。日本学者福井正宪对新宿线和 12 号线的区间隧道、站台、站台楼梯、集散厅、地面出入口和站台端部联络通道等部分的风速和风压进行了实测,并研究了活塞风对人的影响程度。1983 年 2 月在已建地铁车站内观察了旅客对列车活塞风的动态反应,从而调查了列车活塞风对旅客的影响程度。调查结果如下:①风速 6.5m/s 左右直至列车停站,大部分旅客甚至于正在看书报的人没有反应;②风速 7~7.5m/s 时,可看到有人用手按头发、揿衣裙等诸如此类的自卫反应;③风速 8.5m/s 左右时,脸背着风向、手揿衣服以防"吹裙"的人增加。观察结果得出:列车活塞风对旅客的影响程度除高风速持续时间、季节、衣着而有所差别外,还与人们生理反应有关,众口难调,难以得出统一的极限风速。

在国铁系统中,国外主要采用现场实测的方法来制定列车风标准。日本最早提出以 17m/s 作为人体的危险风速,这个数值大体上等于里氏 7 级风的上限,成为东海道新干线建设中的一个标准,用来确定施工面的基本宽度。后来日本利用一维超声风速仪,实测列车时速为 170km 时站台上的列车风速度,从而得出风速与侧向距离的关系曲线,再通过理论推算出列车时速 250km/h 时的关系曲线,规定站台人员允许承受的列车风速度为 9m/s。英国同样采用现场实测的方法,实测了高速列车通过时线路侧向不同距离的列车风速,也用风速作为判定依据,规定站台人员允许承受的风速为 11m/s,轨侧铁路员工允许承受值为 17m/s。德国和法国都以气动力作为判定依据,规定人体允许承受的气动力为 100N。我国徐鹤寿等测量了高速列车运行时对线路侧人员的气动作用,研究人体的气动荷载的变化规律和影响因素,并采用类比法确定了准高速列车的轨侧人员和站台人员的安全距离。我国根据普速列车全尺寸试验结果,认为站台人体允许的最大气动力标准为 100N,轨侧作业人员允许的最大气动力为 130N。王韦、王建宇等在已知隧道断面风速极值的基础上,建立了隧道中人员安全避让距离与风速标准、隧道断面底宽等因素之间的关系,建议对于站台乘客的最高避让风速不能大于 14m/s，对于隧道内的乘客和铁路工作人员的最高避让风速不能大于17m/s。

各国对隧道内以及站台人员的列车风极值要求见表5-6。总的来看，各国采用的研究方法和判定依据均不相同，主要是采用平均风速和气动力来判断。中国铁道科学研究院（简称"铁科院"）通过对各种风速和力标准的修正，得到100N的对应结果包含在风速标准 9~11m/s 结果的范围内，大致上相当于允许风速10m/s对应的气动力，即10m/s的风速大致对应人体表面受气动力100N。

各国关于铁路列车风的标准　　　　表5-6

| 序号 | 国家 | 参考依据 | 指标 量值 | 指标 单位 | 备注 |
| --- | --- | --- | --- | --- | --- |
| 1 | 美国 | 风压 | 7 | 蒲福风级 | |
| | | | 0.2 | psi | |
| 2 | 日本 | 风速 | 11 | m/s | 轨道侧 |
| | | | 9 | m/s | 站台 |
| 3 | 德国 | 气动荷载 | 100 | N | |
| 4 | 法国 | 气动荷载 | 100 | N | |
| 5 | 英国 | 风速 | 17 | m/s | 轨道侧 |
| | | | 11 | m/s | 站台 |
| 6 | 中国 | 风速（风力） | 17（130） | m/s（N） | 轨道侧 |
| | | | 10（100） | m/s（N） | 站台 |

注：1psi = 6.895kPa。

此外，国内外还有一些其他的风环境评价标准，研究人员在同时考虑平均风速和脉动风速的情况下，提出了行人的舒适感与风速之间较为具体的关系，见表5-7。该表与日本学者福井正宪在日本地铁站调查观测结果基本一致。调查统计还显示：在建筑物周围行人区，若平均风速$v$>5m/s出现频率小于10%，行人不会有什么抱怨；频率在10%~20%之间，抱怨将增加；频率大于20%，则应采取补救措施以减小风速。

**风环境与行人举止舒适感关系**　　　　　　　　　　　表 5-7

| 有效风速（m/s） | 舒适性 | 定性描述 |
| --- | --- | --- |
| <6 | 舒适 | 基本没有影响 |
| 6~9 | 开始感到不舒适 | 行动受影响 |
| 9~15 | 不舒适 | 严重影响动作 |
| 15~20 | 很不舒适 | 影响步履的控制 |
| >20 | 不能忍受 | 危险 |

当风速达到一定限值以后，不仅会使人产生不舒适感，还会威胁到人的生命安全。所以，人员防风标准还有必要对安全性做出适当评估。在已有研究中，通常以不使人失去平衡的风速作为安全风速。根据 Durov 的定义，当人的初始状态改变时，便失去了平衡，此时，需通过调整步伐或移动脚步以避免跌倒。在人员安全风速方面，Penwarden，Penwarden 等，Hunt 等，Murakami 和 Deguchi 及 Jordan 都做了大量试验研究。Penwarden 等在试验中发现风速 5m/s 以上开始出现不舒适，8~10m/s 内使人不愉快，10m/s 以上被认为绝对不舒服，20m/s 时非常危险，人可能被吹倒；但也发现有少部分人员在风洞或自然风中步行或站立时，当风速高于 10.8m/s 时走路不稳。Jordan 发现风速高于 12m/s 时 7 岁小孩有摔倒风险，Hunt 认为在 9m/s 不会对人员行动有影响。表 5-8 中列出了不同学者提出的人员于未摔倒状态的临界风速。应当指出的是，其中许多参数是根据被试验人员对试验条件做出的某些主观回应而得出的，故在使用表中参数时，应考虑到各试验的具体限制条件。

**各文献人员安全风速标准汇总**　　　　　　　　　　　表 5-8

| 文献 | 安全临界风速（m/s） | | 备注 |
| --- | --- | --- | --- |
| | 阵风 | 稳定/平均风 | |
| Melbourne | 23 | | 10m/s 内大多数人可以接受 |
| Durov | 20 | | 源自蒲氏风级中"影响步履控制" |
| Peters | 12.5~20.0 | | 依据阵风持续时间而定 |

续上表

| 文献 | 安全临界风速（m/s） | | 备注 |
|---|---|---|---|
| | 阵风 | 稳定/平均风 | |
| Hunt 等 | 20（阵风[①]）<br>13～20（非平稳风[②]） | 13～15（平稳风[③]）<br>20～30[④] | |
| Soligo | 22.0～27.8 | 11.9～15.0 | 地面以上 1.5m 高度的改进的蒲氏风级标准 |
| Penwarden | | 15～20 | 感到不舒适的临界值，$u=8\sim10$m/s；感到不愉快的临界值，$u=5$m/s |
| Bottema | | 15 | 老年人 |
| BRB | 17<br>18 | | 适用于轨道旁的工作人员；适用于月台上的旅客 |
| Lawson | | 17.2（小时平均） | 实际上即蒲福风级 >7 级（14.1～17.2m/s） |
| Freys | | 11 | 德国铁路规范：对旅客严禁，对员工违规 |
| NS-Holland Rail-consult Best | | 11 | 适用于月台上的乘客 |
| 伦敦地铁 | | 8 | 适用于长时间站立的员工 |

注：[①]表示 $u<9$m/s 时的临界风速；
[②]表示 2m 高度处的临界风速；
[③]表示漫步时的临界风速；
[④]表示步行安全界限位置的临界风速。

AERODYNAMICS EFFECT
AND DESIGN COUNTERMEASURES OF
THE UNDERGROUND STATION

# 第6章

# 地下车站空气动力学效应研究

## 6.1 研究内容

高速铁路作为一种高效、准时、环保的交通方式，已经被越来越多的国家所接受并大力发展。最近十年，我国通过六次提速和高速铁路的大发展，运营列车最大速度已达 300km/h，而高速运行的列车进入隧道或地下车站时会产生一系列的空气动力学问题，由此引发的气动效应已引起业内的高度重视。高速列车进入隧道或地下车站时产生的空气动力学效应主要有瞬时压力波动、隧道出口位置产生的微压波、列车经过站台产生的列车风、列车的行车阻力剧烈增大等问题。

## 6.2 研究方法

### 6.2.1 实车试验

现场实车试验是研究高速铁路隧道空气动力学问题最直接的手段，可以检验数值模拟计算和模型试验方法及结论的正确性。图 6-1 所示为测试中的隧道。

欧洲铁路联盟、日本等国都采用现场实车试验手段开展了大量的研究。在中国，最早由铁道部科学研究院铁建所何德昭等在山西南同蒲下行线许家站 1

号隧道进行过列车通过隧道的全过程实车测试。之后随着既有线提速和高速铁路大规模修建，中国铁道科学研究院结合提速综合试验与高速铁路联调模式，对多条线路进行了现场隧道气动效应实车试验。铁道部在 2005 年 5 月 16 日至 6 月 5 日在遂渝线进行了 200km/h 提速综合试验，对列车通过隧道时，列车车体表面、车厢内部、隧道壁面的空气压力变化，隧道口微压波、隧道内列车风和隧道壁面振动加速度等参数进行了测试。2009 年 10 月 7 日至 10 月 10 日，我国在武广线九子仙隧道和大瑶

图 6-1　测试中的隧道

山隧道内进行了两列 CRH2 动车组高速列车的隧道会车试验，这是我国首次进行高速列车隧道会车试验。梁习锋、田红旗等对 200km/h 动车组会车的空气压力波进行了实测。陈厚嫦、张沿及何德华等研究时速 350km 高速铁路隧道气动效应的基本规律以及隧道气动效应对动车组动力学行为、车体结构强度和人耳舒适性的影响进行了实车研究。

通过测试动车组高速通过隧道或隧道内交会时的瞬变压力、微压波与列车风的特性及变化规律，验证数值模拟计算结果、完善数值模拟计算模型和参数；验证隧道断面参数和缓冲结构设置的合理性；研究不同形式缓冲结构对瞬变压力和微压波的影响；确定隧道内合理的列车交会速度；检验列车通过隧道时隧道口附近微压波对环境的影响；研究气动荷载作用对车体强度、车内舒适度、隧道内辅助设施产生的影响，确保行车安全，为系统开展高速铁路车隧耦合空气动力效应研究奠定基础。高速铁路隧道空气动力学测试系统的创建，解决了长大隧道全长范围内空气动力学测试难点，实现了车上车下与隧道各个测点同步、无线、远程测试技术的突破。

### 6.2.2　模型试验

实车试验要求试验者具有已建成的高速铁路，实车试验条件与试验费用较高，试验工况有限。相对于列车的现场实车试验，缩尺模型试验具有以下优势。

①能够比较精确地控制列车运行环境；

②容易修改模型的几何构造，在对问题进行参数研究时，花费较低；

③能够在既定条件下进行大量的测试工作。

模型试验分为浅水槽法和发射式列车模型法两种方式。

（1）水槽法

根据流体力学性质，在可压缩的两种流体中，只要马赫数相等，即可保证有相似的力学性质。如果在空气中进行试验，声速不容易改变，要是马赫数相等，必须使模型列车与实际列车的速度一致，这就使得试验装置比较复杂。因此，根据流体的上述性质，可用另一相同马赫数的流体来模拟空气，但这种流体波的传播速度须能自由变化和便于测量，为了达到这一要求，便采用水槽。通过改变浅水波的传播速度，就可以用模型列车以较低的速度，得到与实际运行列车相同的马赫数，从而达到模拟实际运行高速列车的目的。水槽法试验装置简单，易操作，但测试数据及试验效果不理想。

20世纪60年代中期，美国麻省理工学院学者MILLS和WILSON利用浅水槽模型试验定性模拟了高速列车通过隧道时的运行情况。日本学者木川田一弥修建了一个2m×1m的浅水槽模型试验平台，可以用它来模拟超高速列车通过隧道所产生的空气动力学问题。西南交通大学也曾采用水槽法开展过相关研究，但效果不是很理想。

（2）发射式列车模拟法

发射式列车装置可模拟高速列车进出隧道的运行状态，以便测定不同工况下的压力波动、低频噪声及其他空气动力学现象。为了使测试数据具有可比性和有效性，进行模型试验时必须根据相似原理来确定模拟系统。在模拟隧道内气体流动时，最重要的两个参数是马赫数和雷诺数。只要模型列车与实际列车的速度一致，就可保证马赫数相同。根据雷诺相似准则以及"自模区"的性质，可认为不一定要保证雷诺相似条件，这样，就可确定高速列车进出隧道模型实验中的基本变量，并可根据π定理确定相似模型比例。发射式列车模型试验装置相对复杂，但测试数据相对可靠。

法国曾经使用风洞试验对列车的空气动力学问题进行研究。装配有移动带的风洞用来模拟列车和隧道壁之间的环状空间内的气流情况。对于远场气流情况（如压缩波在隧道内的传播和隧道出口的声爆问题）的研究，要求试验平台包含有一个产生压缩波的设备，以产生类似于列车进入隧道时的初始压缩波。

维也纳大学的 Prof H Socket 采用一套活塞系统来产生类似的初始压缩波。Matsuo 开发了一套通过快速启动阀来产生压缩波的试验设备，从而在试验中能够比较精确地控制压缩波的波形，便于对隧道内的压缩波情况进行研究。

英国铁路部门研制了一套移动列车模型试验平台，可对许多空气动力学问题进行研究，列车运行速度最高可达 300km/h。列车运行速度在测量段的降低率在 5%以下，模型在大气压下运行。通过在隧道模型底部增加一条轨道，可以对列车会车情况进行研究。英国铁路部门已经使用该试验平台进行了大量的试验研究工作，如确定列车的几何参数，对新开发的数值计算模型进行验证和指导隧道结构的设计等。另外，英国苏格兰敦提大学教授 Vardy A E 和 Dayman B 共同开发了一套名为 TUNNEL 的试验平台。用滑膛枪炮来发射列车模型，通过这种驱动方式，列车模型的最高速度可以达到 1100km/h，阻塞比变化范围为 0.1~0.6。通过该设备可以研究列车进入隧道所产生的近流场的压缩特性。

日本铁路综合技术研究所研制的试验平台由两套反向旋转的转轮对列车模型进行加速，列车模型由一根和隧道模型轴线重合的绷紧钢丝来引导方向，列车和隧道模型均采用轴对称形式，模型的缩尺比为 1∶60，最高速度达到 360km/h。该试验平台主要用来研究列车进入隧道所产生的空气动力学问题。

在我国，西南交通大学、中铁西南科学研究院、中南大学等借鉴国外的研究方法也分别建立了隧道空气动力学模型试验平台，开展了一系列探索性研究。中南大学依据英国 AEA 铁路技术研究所的动模型试验系统建立了 350km/h 动模型试验系统；而西南交通大学建立的空气炮试验系统与日本铁道技术研究所建立的试验系统类似。琚娟等通过动模型试验，研究高速列车通过隧道时压力变化与列车速度、阻塞比之间的关系；李伦贵运用动模型实验研究了隧道缓冲结构对隧道压力波的影响；王英学等运用动模型试验研究了压缩波的传播规律，列车车速与压缩波最大压力大小的关系。

广深港客运专线福田站位于福田中心区益田路与深南大道交叉口，近邻市民中心，鉴于深圳市中心城区现状，福田站必须完全修在地下。由中铁第四勘察设计院集团有限公司立项《大型地下车站内气动特性研究》对高速列车通过福田站时所产生的气动效应进行了专项研究；王英学等采用西南交通大学土木学院岩土中心的高速列车模型试验台对该地下车站内的气动效应和设置减压竖井的效果进行了研究，得到了该车站在有无屏蔽口、不同竖井开口率等多种工况下的气动特性。

图 6-2 所示为列车模型试验。

图 6-2 列车模型试验

### 6.2.3 数值模拟计算

数值模拟计算是研究高速铁路隧道空气动力学问题的基本手段，通过理论数值分析，国内外开发了可以针对不同车速下的隧道参数设计的软件技术。

日本及许多西方国家做了大量的理论和仿真研究，理论研究最先采用一维模拟。虽然高速列车在隧道中运行时引起的气流是不稳定的三维瞬态湍流，但在多种情况下隧道长度远大于隧道断面的水力直径，因此可以将隧道内复杂的三维瞬态湍流流动简化为一维流动，并将车头、车尾、隧道端口处因流道截面突变而形成的强烈三维流动近似地简化为一维流动。日本学者原朝茂等最早利用一维假设建立了隧道压力波的一维流动理论和特征线求解方法。在假定环状空间中空气流速不变的条件下，列车驶入隧道过程中，环状空间中某点的压力与进口端的距离成正比。该结论是基于一维定常流动模型得到的，但对于长大列车或阻塞比大的隧道是不准确的。山本彬也、Fox、Vardy 等人还分别研究了喇叭形隧道入口对初始压缩波的影响，以及列车在隧道中运行时压力波的变化情况和隧道出口产生的微压波问题等。Woods 分析了不同头型对初始压缩波的影响，提出了空气动力学效应阻塞比的求取方法。Vardy 采用考虑摩擦的等熵非定常流动模型，利用一维特征线法发展了会车压力波数值模拟软件，并利用该软件进行了压力变化的参数研究。Valensi 利用不可压缩稳定流动模型提出了地铁系统中两列车交会和双孔双线隧道压力波的理论预测方法。饭田雅宣探索了 0 系列车隧道会车压力波的数值模拟方法。Steinruck 模拟了德国 ICE 列车会车压力波波动规律。

随着计算机硬件技术和计算方法的快速发展,逐渐发现在列车进入隧道的入口处引起的复杂压力场,用一维分析远远不能反映实际状况,开始采用二维、三维有限体积法、有限差分法、有限元法进行研究。Aita 分别采用二维和三维有限元方法,在 Convex 超级计算机上模拟了法国 TGV 高速列车驶入隧道入口时初始压缩波的产生过程。Fujji 和 Ogawa 对两列在隧道中相会和列车进入隧道时引起的三维流动,采用求解欧拉方程或 N-S 方程的方法进行模拟。FOSTER 采用有限差分法对隧道内两列列车车头交错瞬间所引起的压力波动。Gregoire、Pahlke 应用不定常三维欧拉方程求解列车进入隧道所引起的空气动力学问题,由于 CFD 得到的压力系数随时间的变化规律和模型试验结果相吻合。韩国学者 Kwon H B 和 Shin C H 通过求解三维雷诺平均 N-S 方程,对列车进入隧道和隧道中运行时的流场变化过程进行了模拟。

中国主要采用商业软件和自主开发的软件进行数值模拟计算。商业软件有 CFD、FLUENT、STARCD 等。西南交通大学采用一维可压缩流动,编制了计算隧道内瞬变压力的一维数值模拟程序;中南大学通过数值计算对列车空气阻力、表明压力分布及列车交会、列车过隧道和尾流等方面的动力学问题进行了研究。中国铁道科学研究院采用 CFX 基于有限元的有限体积法,在保证有限体积法守恒特性的基础上,吸收了有限元的数值精确性,建立了隧道与列车取实际尺寸的模型。测试数据与计算结果误差在 6% 以内,能满足隧道内气动效应计算精度要求。计算表明,隧道内各压力波的传递和叠加时刻与隧道长度、列车速度紧密相关。

世界首个列车高速驶过地下车站及其临接隧道的案例出现在我国台湾高铁上,台湾高铁桃园站为一个全部建于地下的高速铁路车站,站内布置有 4 条轨道,中间两条轨道为快速通过车道,供运行速度为 300km/h 的列车通过,两侧的两条轨道为桃园站到发线,供乘客上下列车使用。台湾高速铁路公司对设计者提出的高速列车过站时产生的气动效应非常重视,对此专门立项研究。2001 年,柏诚国际(亚洲)受台湾高速铁路公司委托对桃园站及其临接隧道的环控系统进行了详细的设计，其中包括有列车高速过站的气动效应及列车进入隧道时的声震分析。经过对世界各国的标准研究外加人体舒适性的生物学统计结果，柏诚国际提出了适用于桃园站的压力舒适度目标值；通过对桃园站使用计算流体力学程序进行计算后，得到了桃园站的站内瞬变压力值；为了降低列车高速通过时产生的气动效应，提出了在车站内安装隔离墙，使快速通过的过站列车与到发线以及站台分开。

大陆地区首个高速列车驶过地下车站的案例出现在海南东环线美兰机场隧道车站，美兰机场站是海南东环线连接机场与市区的重要通道，其建设不仅可使人们的交通更加便捷，而且对提升海南旅游城市的形象，提高城市综合交通能力都具有重要意义。该隧道初步设计长度为 5570m，施工图设计长度为 3700m，后变更设计长度为 4600m，列车最高运行速度达到 250km/h，采用双岛式车站。2006 年，受中国中铁二院集团工程有限公司委托，由西南交通大学高波教授和王英学副教授带领的高速铁路隧道空气动力学问题研究团队开始对美兰机场高速铁路地下隧道的气动问题和缓解措施进行研究。研究团队根据国内外的相关研究资料，拟定了美兰机场站的乘客舒适度标准及站台控制风速值；通过数值计算和模型试验，确定了不设屏蔽口、减压井、缓冲措施的情况下，隧道车站站内瞬变压力值、站台风速值等重要数据；研究了减压竖井对缓解车站气动效应的效果，并针对该车站的减压井数量、位置、开口率等进行了优化研究；通过数值计算和模型试验，研究了该车站设置屏蔽口的必要性，并对设置屏蔽口后车站内的气动压力状况进行了计算和试验。

北京交通大学骆建军团队以京霸高速铁路北京新机场地下车站为工程依托，采用 FLUENT 有限元软件，对高速铁路地下车站的空气动力学相关问题进行仿真模拟。分析并总结了列车驶入地下车站站前隧道时，引起隧道以及地下车站内空气压力变化的基本规律；模拟了列车分别从不同方向单线运行时，在不同阶段中对地下车站以及屏蔽门附近产生的气动效应的影响，结果表明列车进站前产生的压力波成为造成屏蔽门及其周围空间气动压力达到极值的首要因素。研究了地下车站站内隔离墙对站台位置处气动效应的保护作用，并模拟了高速列车在地下车站不同位置交会时对地下车站的气动效应的影响，结果表明交会的两辆高速列车所产生的压力波在车站内相互叠加或相互抵消是影响地下车站内屏蔽门位置处气动效应的主要因素。

## 6.3 研究现状

地下车站最早是作为地铁车站运营使用的，但地铁运营速度一般较低，其气动效应产生的影响较小，相关的研究也较少。随着地铁运营速度的不断提高，城际铁路建设的逐步完善，地下车站也面临越来越多的问题，如列车突入地下车站时会产生压缩波及膨胀波，进而导致空间内部气压强度增大，对站台上的屏蔽门等设施产生低应力高周期疲劳损伤，使得在设计屏蔽门等设施时必须将这些因素考虑进去；列车进站过程中产生活塞风，对车站工作人员或者乘客产生影响；列车进入隧道时，列车内部压力波动很大。此外还会有列车交会、列车过站等恶劣工况出现气动效应，因此急需对地下车站气动效应展开研究。

### 6.3.1 地下车站的空气流动

（1）高铁隧道活塞风的研究现状

对于地下隧道活塞风特性方面，国内外相关研究较多。研究主要通过理论分析、数值模拟和模型试验的方法。研究大多采用非定常可压缩流动模型，建立列车通过高速铁路隧道时产生的活塞风的计算方法，并分析了隧道活塞风的各种影响因素。

史宪明采用一维非定常可压缩流动模型和特征线法，建立了列车通过高速铁路隧道时产生的活塞风的计算方法，同时通过不同阻塞比、列车速度、列车长度和隧道长度时的组合计算，进一步得出各主要因素对活塞风的影响程度，即从大到小分别为列车速度、阻塞比、列车长度和隧道长度。

贺江波采用非恒定流活塞风计算理论，按列车行驶在单线无竖井隧道中的不同位置，对列车部分进入隧道、列车全部进入隧道、列车部分驶出隧道、列车全部驶出隧道后活塞风的衰减过程建立了简化的活塞风分析数学模型。通过 MATLAB 软件进行数值求解，得到列车经过某区间隧道时的活塞风速度变化情况，分析了列车运行速度、列车长度、列车对隧道的阻塞比及区间隧道长度对活塞风的影响。

顾红生等通过理论分析认为活塞风速随隧道长度的增长而单调地减小，但是这变化非常平缓，活塞风速随列车的长度增长而增大，且影响较大。活塞风速随隧道截面积的增大而减少，活塞风速随行车速度的增大而增大。

王韦等人针对高速列车在隧道中不同位置处行驶时，分三种情形建立了非恒定流活塞风计算公式，并建立了适用于非恒定流的空气阻力计算方法。通过对两个备选方案计算结果的分析，从降低空气阻力的角度出发，认为京沪高速铁路采用大断面隧道方案更合理。

韩华轩对美兰机场的隧道长度和站台屏蔽门的设置对站内气动效应的影响规律进行了研究。通过对地下车站屏蔽门的不同工作状态下的站内各项空气动力学效应进行模拟，分析实验结果中的压力峰值和压力波动曲线所表现的规律，得出屏蔽门对地下车站气动效应影响规律。

赵文成等人通过有限体积法求解三维可压缩 Navier-Stokes 方程，对高速列车突入隧道所引起的瞬变压力场进行数值模拟，并与英国帕奇韦隧道的原型试验进行了成功对比。

（2）地下车站内活塞风分布规律及影响因素

很多学者研究地铁隧道内流场特性以及列车运动形成的活塞风对站内舒适的影响，并分析了地铁半高安全门系统站内的热环境，一些学者研究了地铁车站内的隧道通风及环控节能方面，但对于高铁地下车站内的研究相对较少。

甘甜等人利用 Fluent 软件采用动网格对地铁活塞风进行计算，并与 Kim J Y 试验结果进行比较，证明了应用动网格计算能够更加精确地对活塞风进行模拟，并应用于地铁活塞风相关研究中。

贾力等人应用计算流体力学（CFD）方法对地铁列车的进站、出站过程进行了瞬态模拟，得到了不同工况下地铁车站内的气流场分布，分析了列车的运行对车站内流场的影响。模拟结果表明，列车运行形成的活塞风对车站内的气流组织影响显著。

尹奎超等人通过对某地铁车站的现场实测和对安全门系统和带风口屏蔽门系统分别做了 CFD 模拟，得出带风口屏蔽门系统在过渡季节可带走大量余热，且能满足舒适性要求。

韩孟微等人通过研究对地铁安全门高度对车站气流的影响，采用数值模拟的方法，并分析了几种不同高度安全门的影响。

（3）风环境对人员安全性的研究

国内外一些学者还对地铁的行车阻力和站内人员安全性，以及活塞风对人员的压力作用和对基础设施的压力作用进行了研究。

李人宪等人采用计算流体力学的数值方法和动网格模拟计算方法，研究不同车头形状、不同车速、不同人车距离条件下列车风对人体的气动作用力，提出列车风对人体最大水平作用力计算关系式和人体附近最大列车风速计算关系式。通过计算得出结论：车头形状越钝，列车风对附近人体产生的作用力越大，作用力随人车距离的增大而减小。

Adylkhodzhayev 等人通过理论分析的方法，研究了活塞风对站台的影响以及对基础设施构件的压力变化。推导了符合标准要求的安全风速最小安全距离。

Hunt J C R 等人通过试验测试的方法，对 40 名志愿者在实验室的风洞中进行了测试。志愿者们在风速为 4m/s 和 8.5m/s 的有无湍流的情况下，完成了一些日常工作，当志愿者进入隧道并上下走动时，测量他们步行的稳定性和方向。从试验中得出什么样的风速和风速的变化是可以忍受的，以及风是否影响人们走路时的平衡性的结论，并提出了新的可接受的风速标准。

羊玢等人分析了地铁车辆在隧道中运行的动力学特性、气动特性、压力分布及其阻力系数，优化了车头流线型造型，达到了既减小车头气动阻力又使车头美观大方的目的。

### 6.3.2　地下车站的压力波

北京大兴国际机场地下高铁车站是早期开展设计建设的地下车站之一，河北工业大学左咏梅团队根据车站设计资料，按照设计实际尺寸建立地下车站及高速列车数值模型，采用数值计算的方法，对地下高铁车站内站台屏蔽门气动效应进行深入研究，分析了列车风压分布特性。主要研究内容包括：①对长度分别为 200m、400m 的列车以 350km/h 的速度通过地下车站时，研究不同车长产生的列车风对地下高铁车站内站台屏蔽门气动效应的影响。②高速列车分别以 250km/h、300km/h、350km/h、400km/h 的速度通过地下车站时，研究不同车速产生的列车风对地下高铁车站内站台屏蔽门气动效应的影响。③两列高速列车在地下车站内交会时，研究交会速度（350km/h、400km/h）、交会状态（等速、不等速）对地下高铁车站内站台屏蔽门气动效应的影响。

北京交通大学骆建军团队对北京大兴国际机场地下高铁车站以及列车组的数据进行整理及分析，提取出数值模拟过程中的关键参数，运用数值仿真软件建立精细化的三维模型，并与实际工况进行比较，调整相关计算参数，使数值模拟结果与实际情况相符合。主要研究内容包括：①研究列车进入地下车站过程中，列车产生的压力波对车站内气动效应的影响，并以此分析了造成车站内气动压力到达极值的因素。②研究并分析地下车站站内结构在列车进站过程中所起到的作用及造成的影响。③研究并分析列车在不同位置交会对地下车站内以及屏蔽门位置处气动效应产生的影响，归纳总结出最不利交会情况；通过数值模拟多种工况下的站内气动压力、站内压力峰值，由此进一步分析出屏蔽门最不利工况，并以此为依据为地下车站的屏蔽门设计提供参考。

西南交通大学与中铁二院工程集团有限责任公司联合对美兰机场高速铁路车站气动效应进行了研究分析，探讨隧道长度对车站内瞬变压力等气动效应的影响规律。研究内容包括：①研究车站隧道的"最不利隧道长度"是否存在，以及如何存在，对不同隧道长度下列车通过地下车站进行数值模拟。②分析有无隔离墙对站台内气动环境的影响，探究隔离墙长度对站台内气动环境的影响规律，研究会车位置对隔离墙地下车站气动环境的影响，分析各种运营工况下隔离墙地下车站的气动环境运营效果。③分析缓冲结构及其形式对站台内气动环境的影响特性，分析洞身减压竖井设置参数对站台内气动环境的影响特性，并对二者综合应用时地下车站内气动效应进行数值模拟。

# 地下车站缓解气动效应设计对策

地下车站空气动力学
效应及设计对策

AERODYNAMICS EFFECT
AND DESIGN COUNTERMEASURES OF
THE UNDERGROUND STATION

AERODYNAMICS EFFECT
AND DESIGN COUNTERMEASURES OF
THE UNDERGROUND STATION

# 第 7 章

# 京张高铁八达岭长城站

## 7.1 工程背景

随着我国北京冬奥会基础设施深入规划和建设、京津冀一体化战略稳步推进实施和"一带一路"倡议逐步深入启动，实施过程中三者相互支撑、相互促进的思路逐渐清晰。京张高铁是国家重点建设项目，是京包兰快速客运通道的重要组成部分，是2022年冬奥会的重要交通保障线，是京津冀一体化发展的经济服务线，是京张百年历史的文化传承线，是展示中国高铁先进技术理念的示范线，是落实"一带一路"倡议的政治使命线。

八达岭长城站是京张高铁上唯一的地下车站，位于八达岭长城景区山体下方约102m处，是目前国内埋深最大的高铁地下车站，其周围分布着世界文化遗产八达岭长城、明十三陵、百年京张铁路等诸多国宝文物。八达岭长城站不仅能满足使用功能，而且还能够传承百年京张的历史、文化，展示中国高铁先进技术、理念，成为让"世界了解中国高铁，让中国高铁走向世界"的窗口，以支撑"一带一路"倡议的尽快实现。图7-1为建成后的八达岭长城站。

北京冬奥会期间，大量的国内外游客因观看赛事来到北京，而八达岭十三陵景区距离近、知名度高，必然是另一个参观热点。京张高铁和八达岭长城站本身就具有一定的知名度，加上高铁舒适便捷的特点，京张高铁必然是国内外游客的主要交通选择之一，其中不乏各国政府、公司的高层。因此，车站设计需要考虑春节、冬奥会期间客流和其他旅游客流相互叠加、相互影响而形成的集中超大客流的安全问题，还需要具备一定的舒适性和艺术性，以体现我国高铁基础设施建设"以人为本"的先进设计理念。图7-2为八达岭长城站总布局设计效果图。

图7-1 建成后的八达岭长城站

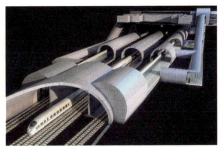

图7-2 八达岭长城站总布局设计效果图

## 7.2 工程概况

### 7.2.1 车站总体布置

八达岭长城站位于北京市境内八达岭滚天沟停车场内，京藏高速公路及国道G110线北侧。车站中心里程DK68+050.000，到发线有效长650m，车站有效站台长450m，车站总长470m，地下部分建筑面积为40583$m^2$，地面部分建筑面积约为9000$m^2$，总建筑面积约为5万$m^2$。

车站每个侧站台设2个进站口到达进站通道层，2个出站口到达出站通道层。进站通道层与地面站房地下一层相接，出站通道层与地面站房地面层相接，进出站通道层各设置一部斜行电梯。车站中心处线路埋深约102.55m，地面站房布置在停车场东侧山脚下，长城博物馆北侧。站台至地面站房全程提升高度61.77m。车站设2组地面风亭，风亭均设在滚天沟停车场西侧山坡中，如图7-3所示。

车站站场采用中间正线2条，两侧到发线2条，侧式站台车站方案，4条渡线，如图7-4、图7-5所示。

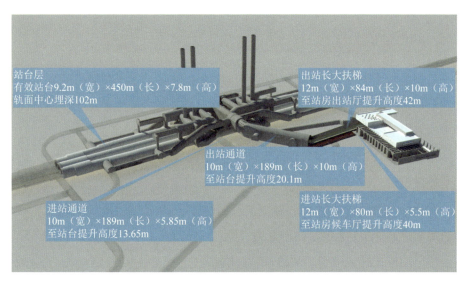

图 7-3 八达岭长城站三维图

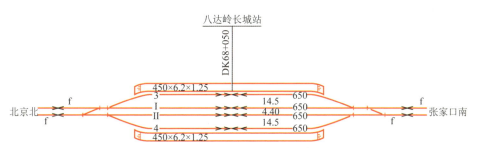

图 7-4 八达岭长城站站场布置示意图（数字单位：m）

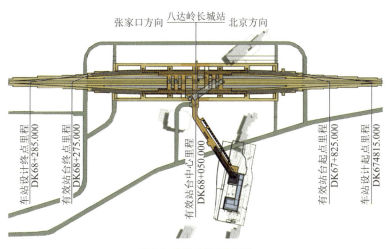

图 7-5 车站总平面布置图

## 7.2.2 站台层布置

站台层为 3 洞格局，中洞为正线洞室，2 侧洞各设置 1 条到发线和 1 座侧式站台。站台两端布置少量设备用房，中部为乘车区。站台宽 6.2m，站台设置安全门，安全门退离站台边 1.2m。站台层公共区装修后净高为 4.5m。

每个侧站台均设置 2 个 10m 宽的进站口、2 个 10m 宽的出站口、2 个 6.5m 宽的疏散出口，以及 2 个 5m 宽的紧急事故救援出入口。

车站站台进站口设置 6.5m 宽（1 部 2m 宽楼梯和 2 部 1m 宽扶梯）的楼扶梯通道与进站通道层相接；站台出站口设置 6.5m 宽（1 部 2m 宽楼梯和 2 部 1m 宽扶梯）的楼扶梯通道与出站通道层相接。

站台东端布置有照明配电室、民用通信机房。西端布置有照明配电室、民用通信机房。站台中部设置有通往进、出站层的垂直电梯、强电间、弱电间。图 7-6 为站台层平面布置图。

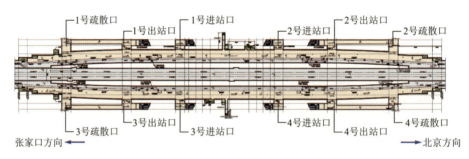

图 7-6　站台层平面布置图

## 7.2.3 进站通道层布置

进站通道层位于车站站台层中部正上方，横跨站台层，宽 10m。南北两侧各设置 2 组楼扶梯（1 部 2m 宽楼梯和 2 部 1m 宽扶梯）与站台层相接，提升高度为 13.65m。

进站通道层内设置一组斜行电梯及扶梯（3 部 1m 宽扶梯和 1 部载重 1t 的斜行电梯）与地面站房地下一层相接，一级提升，全程提升高度为 39.22m。

图 7-7 为进站层通道平面布置图。

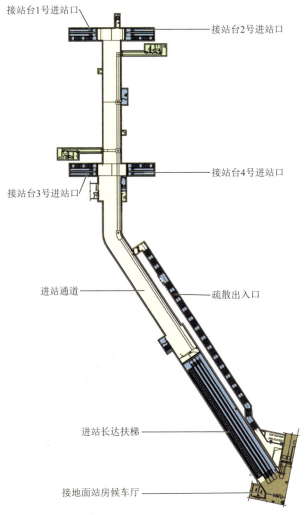

图 7-7　进站层通道平面布置图

## 7.2.4　出站通道层布置

出站通道层位于进站通道正上方，与进站通道叠合布置，宽 10m。南北两侧各设置 2 组楼扶梯（1 部 2m 宽楼梯和 2 部 1m 宽扶梯）与站台层相接，提升高度为 20.1m。

出站通道层内设置一组斜行电梯及扶梯（3 部 1m 宽扶梯和 1 部载重 1t 的斜行电梯）与地面站房地下一层相接，一级提升，全程提升高度为 38.77m。

出站通道层东、西两侧为设备及管理用房区，布置有环控机房、环控电控室、照明配电室、综合变电所等。

进、出站通道层之间设置2部疏散楼梯间（其中一部楼梯间直通地面），当一条通道发生紧急情况时，可通过防火门进入另一条通道疏散至地面。

图7-8为出站通道平面布置图。

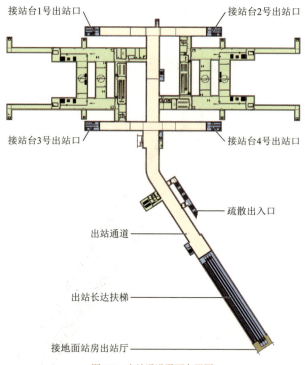

图7-8　出站通道平面布置图

### 7.2.5　竖向布置

八达岭长城站地下部分共三层。进、出站通道层叠合布置，横跨车站站台层主体中部正上方。车站中心里程处埋深约102m。站台层至地面站房地面层全程高度为61.77m。

八达岭长城站地下部分，由上至下竖向顺序依次为出站通道层、进站通道层和站台层。进站通道层与地面站房地下一层相接。出站通道层与地面站房一层相接。车站主要设备管理用房设置在站台层中心正上方出站通道层的东、西两侧。

图7-9、图7-10所示为车站剖面图。

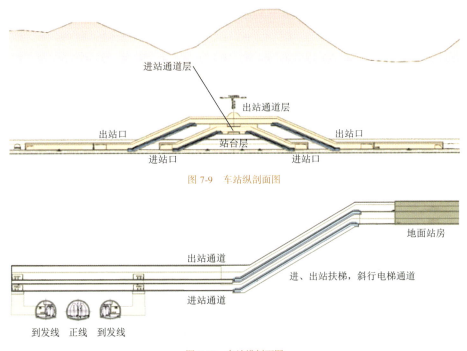

图 7-9　车站纵剖面图

图 7-10　车站横剖面图

## 7.2.6　进出站客流流线

进站：乘客在八达岭长城站地面站房一层购票，经安检，进入站房候车区，通过进站通道下至站台乘车。

出站：乘客到达后，通过站台两侧横向楼扶梯通道上至出站通道，通过出站通道扶梯上至车站地面站房出站厅出站。

图 7-11 为进出站客流流线图。

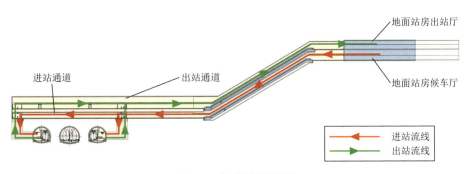

图 7-11　进出站客流流线图

AERODYNAMICS EFFECT
AND DESIGN COUNTERMEASURES OF
THE UNDERGROUND STATION

第8章

# 八达岭长城站气动效应测试

## 8.1 测试内容

随着列车运行速度的提高，列车与周围空气的动力作用明显加剧，一方面气动力对列车本身和列车运行产生作用，另一方面列车高速运行引起的气动现象对周围环境产生影响，这势必会对高速列车运行安全、旅客乘车舒适度、铁道周围环境噪声、洞内附属设施安全等问题产生一定的影响。通过测试动车组高速通过隧道、地下车站或在列车交会时的车内外瞬变压力、隧道内瞬变压力、洞口微压波、隧道内列车风、附加阻力及气动力，完善数值模拟计算模型和参数，考核动车组运行的安全性，评价气压变化环境下人体舒适性，验证隧道断面参数和缓冲结构设置的合理性，研究不同形式缓冲结构对瞬变压力和微压波的影响，对高速铁路隧道和地下车站的设计、运营提出相关措施和建议。

（1）隧道瞬变压力测试

对于长大重点隧道，为研究压力波在隧道内的传播过程及其引发的空气动力效应，特别是八达岭隧道两个咽喉区的压力波传播规律，沿隧道长度在同一侧间隔一定距离布置同一类型的气压传感器，确保各传感器的状态为统一标准，做到信号同步采集，便于数据的分析。研究表明，一般隧道中央1.1m高位置的边壁所受气动压力变化具有鲜明的代表性，能充分揭示隧道内气动压力场的发生和发展全过程，所以在测试中压力传感器一般布置在此高度。

(2)车站公共区风速及温度

由于空气的黏性作用,列车在地面高速运行时将带动列车周围空气随之运动,形成一种特殊的非定常流动,通常称为列车风。列车风的大小与隧道有效断面面积、列车外形尺寸、长度、速度等因素有关。对于高速列车通过隧道时在八达岭长城站内引发的列车风效应,特别车站人行通道风速的传播规律进行风速测量,测量不同季节车站内站台、进出站人行通道及车站出入口处的风速和温度,用以分析列车运行对车站内空气流动的影响。

## 8.2 测试系统

以隧道瞬变压力测试为例。其测试系统通常由传感器、多芯屏蔽信号线、放大器、A/D 转换器、触发器及计算机等部分组成,如图 8-1 所示。各传感器将测得的压力信息经放大器、AD/DA 转换记录在计算机中进行处理。

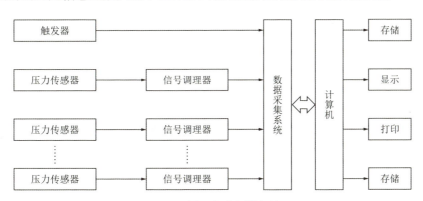

图 8-1　动态压力测试系统框图

压力测试系统采用的是 8 通道数据采集仪 iPotest-08A,每通道最高采样率 20kHz 的同步电压采集模块,以及 100M 以太网传输接口,仪器外壳可根据现场固定方式进行设计加工。8 通道数据采集仪外观如图 8-2 所示。

图 8-2　8 通道数据采集仪

数据采集仪中 4 通道采集模块主要技术参数见表 8-1。

数据采集仪 4 通道采集模块参数　　　　　表 8-1

| 项目 | 参数 |
| --- | --- |
| ADC 类型 | 24 bit delta-sigma，内置抗混叠滤波器 |
| 采样率 | 1KSPS、5kSPS、20KSPS 每通道，同步采样 |
| 电压输入量程 | ±100mV、±1、±5V、±10V 多档软件可选 |
| 耦合方式 | DC、AC |
| 示值误差 | 直流电压（DC）热机工作半小时后，0.1%FS（DC，FS = ±10V，DC 为直流输入信号）；交流电压（AC）热机工作半小时后，0.2%FS（RMS） |
| 抗混滤波 | 具有自动抗混叠滤波功能，根据采样率调整滤波截止频率，过滤干扰信号 |
| 最大不失真电压（RMS） | ≥8.5V |
| 通道串扰 | ≥75dB |
| 共模抑制比 | ≥50dB |
| 输入阻抗 | 1MΩ |
| 本底噪声 | ≤1.2mV（5kHz 采样率，输入正负短接） |
| 信噪比 | ≥77dB |
| 最大功耗 | 3W |
| 质量（kg） | 1 |
| 结构尺寸（mm） | 105×31×114 |
| 通信接口 | 100M RJ45 |
| 输入端子 | 采用 4 芯航插，2 芯作为传感器信号输入，另 2 芯为传感器供电正负极 |
| 输入端子供电电压（DC）（V） | 12～24 |
| 抗冲击 | 50g（6ms） |
| 储存温度（℃） | −40～80 |
| 工作温度（℃） | −40～70 |

采集分析软件安装在计算机中，特点如下：

①软件参数可设置：通道选择、工程单位、量程选择、采样率设置、传感器参数设置、激励电压设置、触发条件、采样通道等功能，如图 8-3 所示。

②在线显示界面支持数据时域波形图、快速傅里叶变换（FFT）、倍频程等显示形式。

③信号处理支持统计分析、数据计算（一次积分、二次积分）、频率分析、滤波等操作。

④可将传感器参数设置，试验触发条件等进行保存，后续试验直接根据保存配置。

⑤数据文件可导出的文件格式：dat、txt、excel、csv、Matlab、unv 等二进制格式。

⑥提供用户软件二次开发接端口，可用 C# 编程。

图 8-3 采集分析软件界面

## 8.3 测点布置

### 8.3.1 压力测点

隧道压力测点分别沿隧道长度方向布置。根据隧道具体结构、长度及其断面变化情况确定测试断面及测点位置，共布置 11 个测试断面，如图 8-4 所示。其中断面 6、断面 7、断面 8 各布置 2 个压力测点，分别布置在到发线与中间正线的隧道侧壁面，测量列车越行及停站时的压力变化情况；其余 8 个断面各布置 1 个压力测点，布置在隧道壁面。各段面的测点距疏散平台顶面 1.0m，如图 8-5 所示。

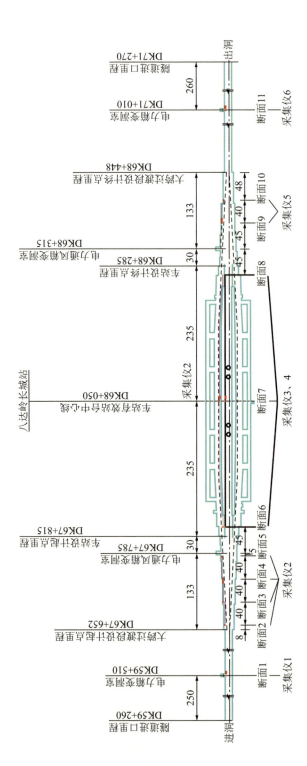

图 8-4 隧道压力测点布置断面（尺寸单位：m）

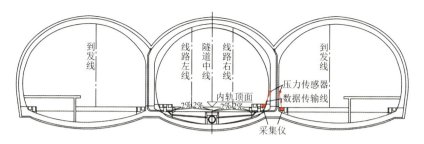

a) 站台三联拱断面测点

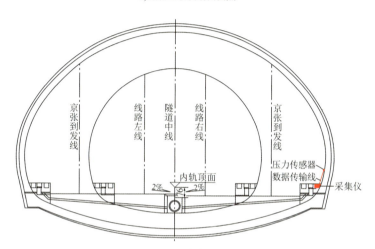

b) 咽喉区渐变断面测点

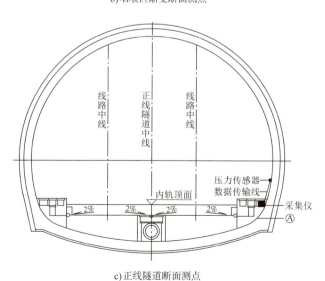

c) 正线隧道断面测点

图 8-5 测试断面测点布置示意图

隧道共设置 14 个压力测点，根据测试断面间距和数据线长度，需要 6 个数据采集仪。根据图 8-4 中各采集仪负责记录的断面，将同一个采集仪需要采集数据的测点依次连接，将采集仪放置于图 8-5 中各弱电电缆槽内，数据连接线采用穿管线的方式连接到采集仪，以保障列车安全运行。

测试断面的里程及供电方式见表 8-2。采集仪 3 和采集仪 4 由于布置在中间正线，需要采用蓄电池进行供电，而其他采集仪可就近利用检修电源。设备安装期间接触网不需要断电。

隧道内压力测点里程　　　　　　　　　表 8-2

| 压力传感器布置 | 隧道设计里程 | 运营里程 | 数据配置采集仪 | 供电方式 | 提供电源洞室 | 洞室设计里程 |
|---|---|---|---|---|---|---|
| 断面 1 | DK59+510 | K67+666 | 采集仪 1 | 检修电源 | 电力箱变洞室 | DK59+510 |
| 断面 2 | DK67+660 | K75+816 | 采集仪 2 | 检修电源 | 电力通风箱变洞室 | DK67+785 |
| 断面 3 | DK67+700 | K75+856 | | | | |
| 断面 4 | DK67+740 | K75+896 | | | | |
| 断面 5 | DK67+780 | K75+936 | | | | |
| 断面 6 | DK67+830 | K75+986 | 采集仪 3、4 | 蓄电池 | — | — |
| 断面 7 | DK68+050 | K76+206 | | | | |
| 断面 8 | DK68+270 | K76+426 | | | | |
| 断面 9 | DK68+360 | K76+516 | 采集仪 5 | 检修电源 | 电力通风箱变洞室 | DK68+315 |
| 断面 10 | DK68+400 | K76+556 | | | | |
| 断面 11 | DK71+010 | K79+166 | 采集仪 6 | 检修电源 | 电力箱变洞室 | DK71+010 |

上述压力测点布置仅为满足测试的最小值，考虑到测试结果的相互验证与备份，在满足安装和测试条件的情况下，可根据现场情况考虑在每个测试断面增加 1~2 个测点。

## 8.3.2　风速及温度测点

进出站通道的测试断面和测点布置如图 8-6～图 8-9 所示，测点现场实际布置如图 8-10 所示。

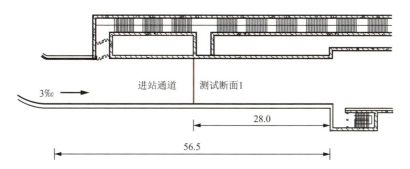

图 8-6　进站通道风速测点布置断面（尺寸单位：m）

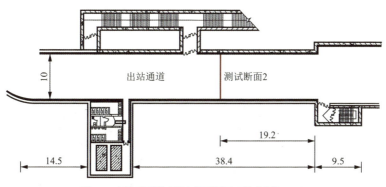

图 8-7　出站通道风速测点布置断面（尺寸单位：m）

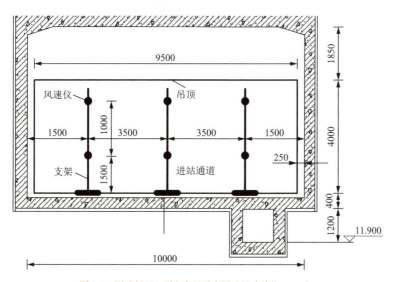

图 8-8　测试断面 1 测点布置示意图（尺寸单位：mm）

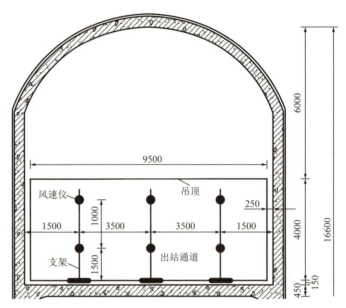

图 8-9　测试断面 2 测点布置示意图（尺寸单位：mm）

图 8-10　进出站通道现场测点布置图

冬季在站台各进出站口门、检票口门、出站和进站大厅出入口风速取门的位置 1.5m 高度处测点，各测点采用手持式风速仪进行测试。

夏季分别在站台处、出站 1、进站 1 处设置测点，监测活塞风的大小。出站 3，进站 3 处，两道门分别仅开启一小扇门，如图 8-11 所示。

由于出站厅和进站过厅电动窗的设置，夏季在出站厅和进站过厅窗户处设置测点,用于研究自动窗的泄压作用。

在出站厅的 2 扇门处放置压力采集器,监测出站厅压力变化。

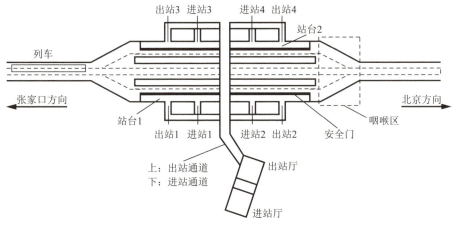

图 8-11 站台处测点位置分布示意图

## 8.4 测 试 设 备

### 8.4.1 压力测试设备

1)传感器的选择

压力传感器选用高频响表面脉动压力传感器,型号为 E810G-010,测量范围±10kPa,精度等级 0.5 级。其表面安装外廓尺寸为$\phi$190mm × 28mm,如图 8-12 所示。

a)外形

图 8-12

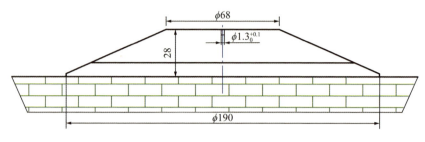

b)传感器安装图

图 8-12　E810G-010 压力传感器（尺寸单位：mm）

该传感器的具体技术参数如下：

①型号：E810G-010；

②测量介质：无腐蚀性空气；

③测量范围：0~10kPa（表压，过载能力150%）；

④输出（FSO）：0~5V；

⑤频响范围：0~5kHz；

⑥固有频率：0~50kHz；

⑦上升时间：<20μs；

⑧精度等级：0.5 级；

⑨供电电源：12~24V（DC）；

⑩适用温度：−20~80℃；

⑪防护等级：IP67；

⑫安装方式：螺栓固定，螺栓型号M8×60；

⑬使用要求：按要求的供电范围提供传感器激励和接地屏蔽，预热 30min 传感器达到最佳稳定度。

与该压力传感器相连的专用电缆外径为 7.5mm，四芯；电缆按现场要求定制长度、一体化集成，电缆最小弯曲半径不小于 R30mm。建议正常工况下传感器的电缆长度不大于 100m。

2）设备安装及固定

（1）压力传感器安装及固定

隧道内压力传感器设置于疏散平台顶面 1.0m，采用 2 颗 M8 膨胀螺栓直接固定在隧道壁面上，螺栓长度 6cm。传感器位置及安装如图 8-13 所示。

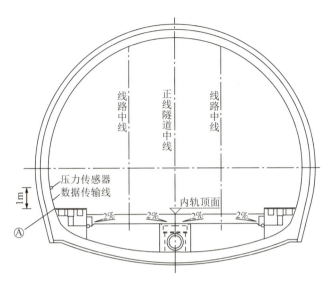

a) 压力传感器现场安装位置

b) 压力传感器现场安装图

图 8-13 压力传感器安装大样图和实际现场安装图

微压波测量设置压力传感器，位于隧道出口线路外侧斜向 45°，距离 20m，需单独制作安装支架固定传感器，采集系统与隧道压力测试采集系统相同。

（2）传感器数据线安装及固定

隧道内传感器数据线设置于隧道侧墙底部，疏散平台上方，安装位置如图 8-14 中所示，采用卡扣固定，卡扣应用膨胀螺栓固定在隧道混凝土壁面。测试完毕后，拆除传感器及线缆固定螺栓、卡扣，孔洞采用化学锚栓密封胶封堵。

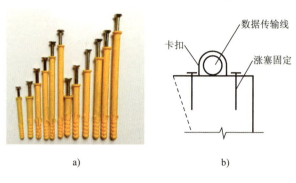

图 8-14 传感器连接线的固定

（3）数据采集仪安装及固定

隧道内数据采集仪放置于疏散平台弱电槽内，传感器数据线接至采集仪。

（4）供电线安装及固定

供电线电源从电力箱变等洞室疏散照明插座引出；敷设方式同传感器数据线。

## 8.4.2 风速测试设备

风速测试系统主要采用德图 405i 无线热线式风速仪，如图 8-15 所示。风速仪可直接与手机相连，无线传输。

图 8-15 风速测试仪

其技术参数如下：

①测量范围：-20～+60℃；

②测量精度：±0.5℃；

③分辨率：0.1℃；

④风速测量范围：0～30m/s；

⑤测量精度：±（0.1m/s + 5%测量值）（风速 0～2m/s）；

±（0.3m/s + 5%测量值）（风速 2～15m/s）；

⑥分辨率：0.01m/s。

为保证该风速仪的测量精度，将所有风速仪放入小型风洞进行校正，如图 8-16、图 8-17 所示。通过风洞校正得到校正曲线，现场实测的值采用此校正曲线进行修正。

a) b)

图 8-16 风速测试仪校正现场

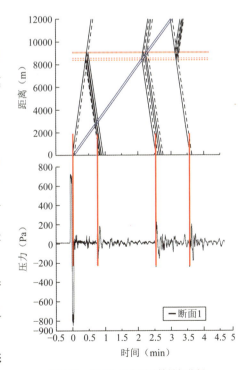

图 8-17 风速仪校正曲线

## 8.5 测试结果与分析

### 8.5.1 隧道瞬变压力

1）隧道瞬变压力测试结果

以北京开往张家口方向的越行列车为例，各断面隧道瞬变压力的测试结果如下。

（1）断面 1

断面 1 为距隧道入口 250m 处，当列车以 240km/h 的速度进入隧道入口时，在隧道入口处产生压缩波，并以声速沿隧道方向向前传播，因此断面 1 处的压力值在压缩波到来时突然增大，直至列车车头经过，列车高速通过带来较低的负压。当列车完全驶过，随之压力变得相对平缓，如图 8-18 所示。

列车进入隧道产生的压缩波与膨胀波传播至车站咽喉区遇到截面突变

图 8-18 断面 1 压力测试结果与分析

的情况时会产生反射，反射回来的压力波动如图 8-18 中所示 1min 处。当列车进入越行线时，相当于再次进入隧道，将再一次产生压缩波与膨胀波，在 2.5min 时传播至断面 1，因此产生了图中的压力波动。当列车驶出隧道时产生了压缩波与膨胀波，在 3.5min 时传播至断面 1。

（2）断面 2—断面 5

断面 2—断面 5 位于截面不断增大的咽喉区，此处由于截面积的变化，压缩波和膨胀波将在咽喉区内不断传播、反射、叠加，产生复杂的压力波动，如图 8-19 所示。从图 8-19 可以看出，随着断面面积的增大，列车驶过时产生的压力波动在不断变小（1.6min 处）。

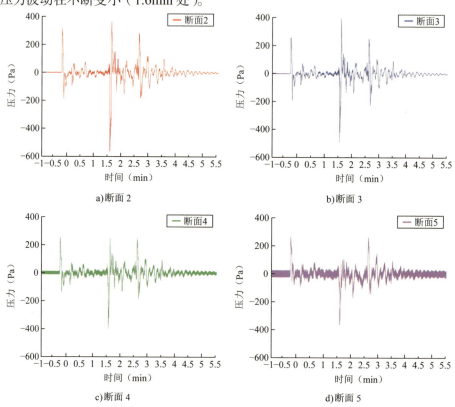

图 8-19　断面 2—断面 5 压力测试结果

（3）断面 6—断面 8

断面 6—断面 8 位于地下车站站台及越行线、到发线并行的区域，压力测试结果如图 8-20～图 8-22 所示。从图中可以看出，在列车以 240km/h 高速越行的工况下，各个断面到发线压力变化均小于越行线，越靠近站台中心位置（断面7），其压力波动越小。

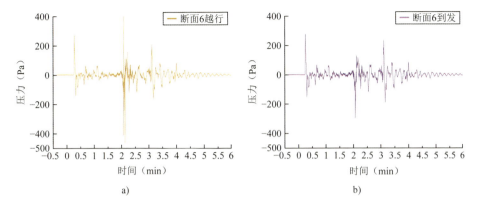

图 8-20 断面 6 压力测试结果

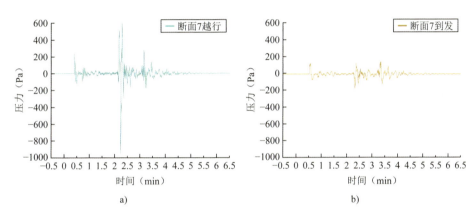

图 8-21 断面 7 压力测试结果

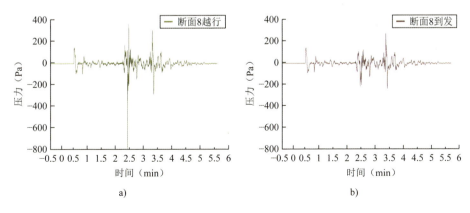

图 8-22 断面 8 压力测试结果

（4）断面9—断面10

断面9—断面10同样处于隧道咽喉区，其压力波动情况与断面2—断面5相似，均由波的反射与叠加导致，如图8-23所示。

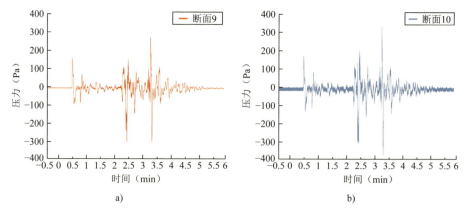

图 8-23　断面9—断面10压力测试结果

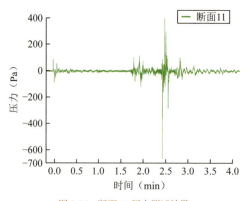

图 8-24　断面11压力测试结果

（5）断面11

断面11位于距隧道出口260m处，压力测试结果如图8-24所示。由图可以看出，列车在2.4min处经过断面11时产生了最大的压力波动。0min处的压力波动是由于列车驶入隧道时产生的压缩波膨胀波传播到隧道出口后再经反射造成的，1.8min处的压力波动是由于列车经过咽喉区产生的压缩波与膨胀波传播至断面11处造成的。

对各个断面的压力极值进行统计，得到表8-3。由表可以看出，列车在通过距隧道出入口较近的断面、越行线断面时产生了较大的压力波动，这是由于这些断面的横截面积相对较小；由于摩擦阻力的存在，列车进入隧道入口产生的压缩波在沿隧道方向传播的过程中逐渐减弱。

各断面压力极值　　　　　　　　　　　　　　　表 8-3

| 断面编号 | 列车进入隧道入口产生的压缩波极值（Pa） | 列车通过断面测点 | | | |
|---|---|---|---|---|---|
| | | 正压极值（Pa） | 负压极值（Pa） | 变化范围（Pa） | 通过时间（s） |
| 1 | 710 | 696 | −844 | 1540 | 3.2 |
| 2 | 412 | 375 | −604 | 979 | 3.1 |
| 3 | 344 | 389 | −531 | 920 | 3.1 |
| 4 | 317 | 220 | −413 | 633 | 3.1 |
| 5 | 332 | 34 | −366 | 400 | 3.1 |
| 6 到发 | 284 | 133 | 302 | 435 | 3.1 |
| 6 越行 | 301 | 439 | −512 | 951 | 3.1 |
| 7 到发 | 145 | 125 | −178 | 303 | 3.0 |
| 7 越行 | 305 | 635 | −983 | 1618 | 3.0 |
| 8 到发 | 192 | 143 | −242 | 385 | 3.0 |
| 8 越行 | 183 | 382 | −830 | 1212 | 3.0 |
| 9 | 218 | 168 | −334 | 502 | 3.0 |
| 10 | 230 | 207 | −298 | 505 | 3.0 |
| 11 | 119 | 476 | −733 | 1209 | 3.1 |

2）结论

通过测试列车以 240km/h 高速越行通过八达岭长城站产生的瞬变压力可以得出：列车在进入或离开隧道出入口时将产生最大的压力波动；列车在通过咽喉区时截面积增大会减缓压力波动，截面积减小压力波动会增加；在到发线、站台等人员通行区域，由于该区域断面横截面积很大，在列车越行通过时其压力波动相比越行线小得多。

### 8.5.2　车站公共区域

1）进出站通道风速测试结果

（1）冬季 1 月 2 日风速测试结果

对进出站通道风速数据进行校正后，取通道内 6 个测点数据的平均值，下面将 1 月 2 日测试的进出站通道风速结果列出，如图 8-25 和图 8-26 所示。

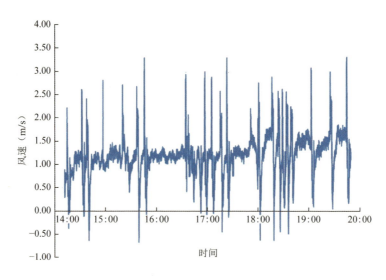

图 8-25　出站通道测点平均风速

图 8-25 中风速突变值即为列车过站时在出站通道中产生的较大风速,该值基本在 2.5～3.3m/s 之间,最大可达 3.3m/s,与单车以 250km/h 速度越行时前期模拟报告的结果较为接近。还可以发现无列车时通道内有背景风速约 1.2m/s,主要是由于站内温度高、站内高度提升明显,隧道温度低,气流路径上产生的热压作用强。

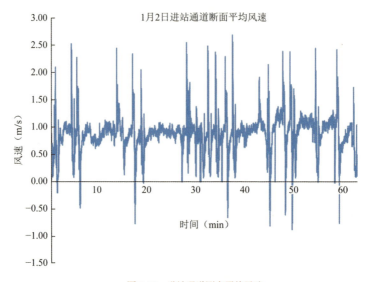

图 8-26　进站通道测点平均风速

图 8-26 中风速突变值即为列车过站时进站通道内产生的较大风速,该值基本在 2.0~2.5m/s 之间,最大可达 2.7m/s。相比出站通道,进站通道风速普遍不大,与其开门面积小、阻力大有关。

将进出站通道风速不同时刻的极值取出,得到图 8-27。进站通道和出站通道风速平均值分别为 2.32m/s 和 2.77m/s。采用之前建立的一维数值计算模型,修改参数以保持跟实测条件一致,模拟得出 1 月 2 日进出站通道风速分别为 1.92m/s 和 2.79m/s。对比实测数据和模拟数据,出站通道风速非常接近,进站通道有一定误差,主要是由于进站通道的气流路径上有很多连外界的门会有漏风,如进站过厅处的门,造成实际运行时进站通道的风速会大些。

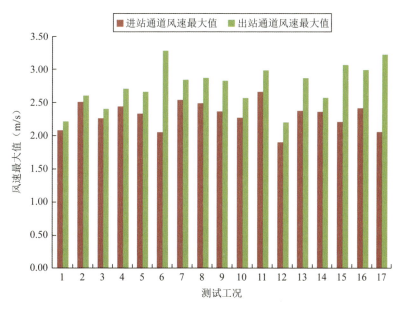

图 8-27 进出站通道平均风速最大值

为了进一步分析列车越行时通道内风速的变化过程,选取工况 1 和工况 5 的进出站风速进行分析,如图 8-28 和图 8-29 所示。从逐时风速来看,进出站通道风速变化趋势基本一致。通过分析 14:13 和 15:36 左右的两个最大值,发现该最大值是列车车头运行到车站前的咽喉区时产生第一个峰值,待车尾通过另一个咽喉区时产生第二个峰值,车离站后风速慢慢衰减。

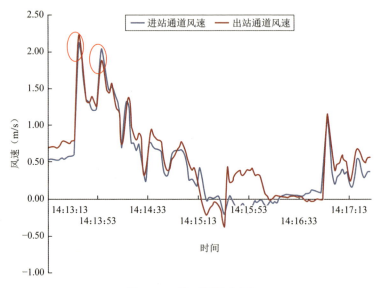

图 8-28　工况 1 通道风速变化

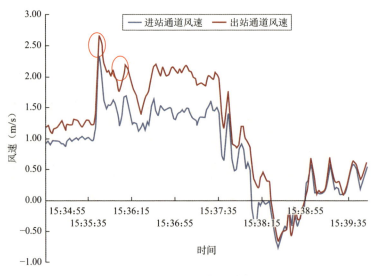

图 8-29　工况 5 通道风速变化

（2）冬季 1 月 3 日风速测试结果

同理，将 1 月 3 日测试的进出站通道风速结果列出，如图 8-30 和图 8-31 所示。

由于 1 月 3 日车站实际运营时，室外温度低，车站大部分门都关闭，使通道内风速普遍较低。图 8-30 中风速值基本在 1.5～2.0m/s 之间，最大可达 2.0m/s。

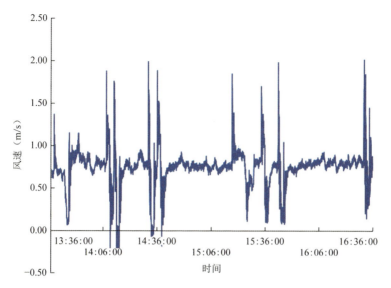

图 8-30　1 月 3 日出站通道平均风速

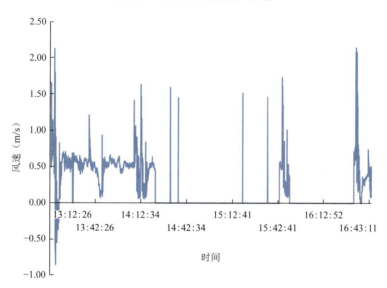

图 8-31　1 月 3 日进站通道平均风速

图 8-31 中风速值基本在 1.5~2.2m/s 之间，最大可达 2.2m/s，该值是正好检票口开启了 2 扇门的结果。由于地面站房进出口都仅开启了一扇门，且进站过厅检票口处基本只开了一扇门，进站通道气流路径上的阻力稍大些。比较图 8-30 和图 8-31 可看出，进站通道风速稍小，与其气流阻力大有关。

同样，将进出站通道风速不同时刻的极值取出，得到图 8-32。进站通道和出站通道风速平均值分别为 1.57m/s 和 1.83m/s。采用之前建立的一维数值计算模型，修改参数以保持跟实测条件一致，模拟得出 1 月 3 日进出站通道风速分别为 1.47m/s 和 1.33m/s。对比实测数据和模拟数据，通道风速有一定误差，主要是由于进出站通道的气流路径上有很多连外界的门会有漏风，造成实际运行时进站通道的风速会更大。而且在风速较小时，测量误差也会大些。

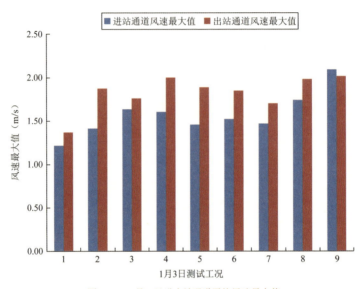

图 8-32  1 月 3 日进出站通道平均风速最大值

（3）冬季通道风速分析

冬季通过实测数据可知，列车越行时出站通道风速多数在 2～3m/s 之间，进站通道风速在 1.5～2m/s 之间，风速较小。其原因如下：

①从前期的数值模拟结果来看，最不利工况发生在 16 节编组列车并在隧道中部会车时。而此次的测试，仅有 8 节编组列车越行，并且没有出现会车工况。当有 8 节编组列车运行时，进出站通道风速普遍在 2～3m/s 范围，本次测试的出站通道风速值在该范围内。

②进站通道风速较小，最主要的原因是过厅下沉庭院的门全部关闭，起到较大的阻力作用，而模拟时是考虑了过厅上空开启百叶风口的。同时，各处门开启数量少，与设计的开启数量不一致。

夏季和冬季由于热压风的不同，也将影响车站内及人行通道的风速大小。冬季，车站内热压风方向由站台流向地面进出站口，与列车到来时活塞风方向相同；夏季，车站内热压风方向由地面进出站口流向站台，与列车离开车站时的活塞风方向相同。这就导致了冬季列车进站前引起的活塞风略大于夏季，更容易造成车站内部分地点风速过大的情况，影响乘客舒适性。在实际进行开窗泄压时，要考虑冬季开启的泄压窗要比夏季更多。

（4）夏季8月4日风速测试结果

对进出站通道风速数据进行校正后，取通道内6个测点数据的平均值绘制风速变化曲线，下面将8月4日测试的进出站通道风速结果列出，如图8-33和图8-34所示。（横轴数据为时间，数值单位为2s）

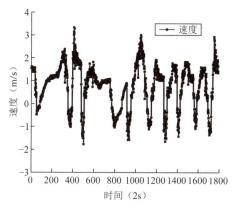

图8-33 进站通道断面平均风速

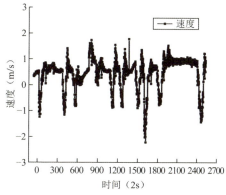

图8-34 出站通道断面平均风速

图8-33中，正向表示由地面层流向隧道，风速突变值即为列车过站时在进站通道中产生的较大风速，该值基本在1.2~3.m/s之间，最大可达3.4m/s。当隧道无列车时通道内有背景风速约1.2~1.8m/s，方向由进出站口流向站台。背景风形成的主要原因是站内温度高、站内高度提升明显，隧道温度低，气流路径上产生热压作用。

图8-34中风速突变值即为列车过站时出站通道内产生的较大风，该值基本在1.5~2.0m/s之间，最大可达2.0m/s。相比进站通道，出站通道由于窗面积小，风速普遍不大，最大值与其开门面积小、阻力大有关。

将进出站通道风速不同时刻的极值取出，得到图8-35和图8-36。进站通道和出站通道活塞风速度平均值分别为1.21m/s和1.03m/s。列车离开时流向站台的活塞风为2.0m/s和1.5m/s。由于热压作用由地面站房流向车站，所以列车离开时的活塞风速度稍大。

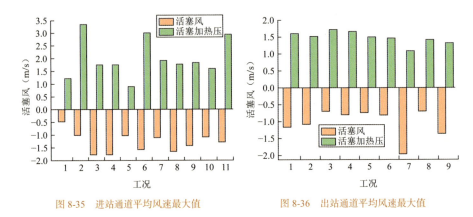

图 8-35 进站通道平均风速最大值　　图 8-36 出站通道平均风速最大值

从图 8-35 和图 8-36 中可以看出，列车进站时的活塞风略小于离开时的活塞风，引起的差异由热压风造成。无列车时，热压风从地面层流向站台，所以第一次活塞风略小于第二次。与进出站通道相比，进站通道略大于出站通道的风速，原因在于风通过进站通道流向进站过厅，进站过厅的窗面积约为 30m²，而风从出站通道流向出站口，出站口的窗为 20m²。进站通道和出站通道各段沿程阻力和局部阻力也不完全相同，也是进出站通道存在差异的原因。

对通道风速测试的同时，对 1 站台处进出站口进行测试，取各个工况出现的风速最大值，修正后的结果如图 8-37 和图 8-38 所示。

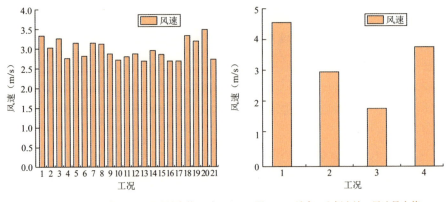

图 8-37 站台 1 左侧进站口风速最大值　　图 8-38 站台 1 左侧出站口风速最大值

站台 1 左侧进站口背景风为 0.8～1.3m/s，出站口背景风为 0.8～1.2m/s。进站口风速整体略大于出站口风速，与进出站通道处结果相似。

取进站通道工况 11，绘制通道内风速变化曲线图，如图 8-39 所示。取出站通道工况 4，绘制通道内风速变化曲线图，如图 8-40 所示。

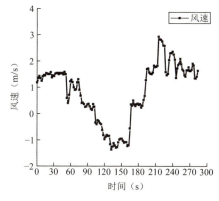 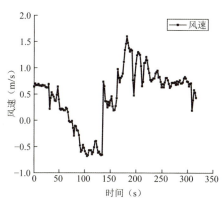

图 8-39　进站通道工况 11 风速变化图　　图 8-40　出站通道工况 4 风速变化图

2）冬季各门处的风速测试结果

对比分析及实测情况：目前车站位于活塞风通路上实际开启的门数量与设计工况并不完全一致。进站过厅处未按设计预想设置百叶，以进行活塞风泄压。会导致过厅、出站地面厅风压高，在检票口后的门处的风速高难以关上，进站地面厅门关闭状态下难以推开，出站地面厅风压高、门口风速大。

对各开口处的风速采用手持式风速仪进行测试，测试结果如下。

（1）冬季地面站房出入口风速

如图 8-41～图 8-43 所示，1 月 2 日各处开门较多时，在地面站房的出入口的门处，最高风速可达 7m/s 以上。而在 1 月 3 日，各处开门较少的情况下，地面站房出站厅门仅开启 1 扇，列车越行时最高风速可达 14m/s。该风速较大，测试时可明显感觉出该风速难以忍受。

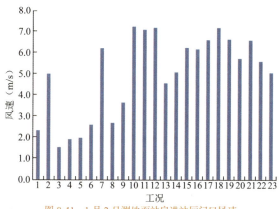

图 8-41　1 月 2 日测地面站房进站厅门口风速

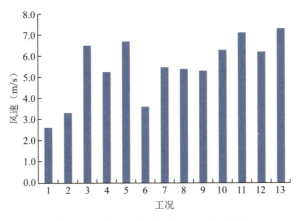

图 8-42　1 月 2 日测地面站房出站厅门口风速

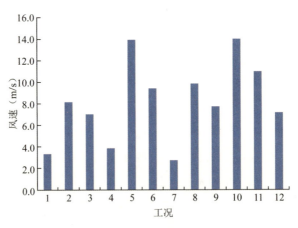

图 8-43　1 月 3 日测地面站房出站厅门口风速

（2）冬季站台进出站口风速

在车站站台的进站口和出站口防火门处分别选取某一位置，有车越行时，对门处的风速进行测量。数据如表 8-4 和表 8-5 所示，每处的瞬时风速都小于 4m/s。

1 月 2 日测的站台进出站口风速　　　　　　　　　　表 8-4

| 时间 | 18:30 | 18:39 | 19:02 | 19:27 |
| --- | --- | --- | --- | --- |
| 进站口风速（m/s） | 3.8 | 3.3 | 2.5 | 3.5 |
| 出站口风速（m/s） | 3.6 | 2.3 | 2.3 | 3.5 |

1月3日测的站台出站口风速  表 8-5

| 时间 | 14:03 | 14:12 | 14:30 | 14:39 |
|---|---|---|---|---|
| 出站口风速（m/s） | 3.6 | 2.9 | 2.8 | 4.2 |

（3）冬季站台救援通道处风速

1月3日对站台救援通道处的风速进行测量，结果如下：

①1号站台张家口侧救援通道处，14:10无车通过，风速1.6m/s，风向由救援通道流向站台；14:32有车越行时，风速0.9m/s，风向由站台流向救援通道。

②1号站台北京侧救援通道处，无车通过时，风速0.9m/s，风向由站台流向救援通道。

③2号站台张家口侧救援通道处，无车通过时，风速1.2m/s，风向由救援通道流向站台；有车越行时，风速3.3m/s，风向由站台流向救援通道。

④无车时，张家口侧救援通道（无论1/2站台）均有较强气流由救援通道隧洞内流向站台。有车越行时，向救援通道隧洞内的泄压效应也较明显。站台上空气自然流动风速并不十分明显（小于1m/s）。

⑤结合温度测试情况，还发现张家口侧站台温度较北京侧低，因其离隧道出口更近。

3）夏季各处窗的风速测试结果

由于电动窗的设置，活塞风对站房出站口的影响大大减少。对出站口和进站过厅的窗进行风速测试，测试结果如图8-44和图8-45所示。

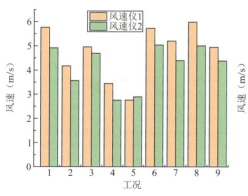

图 8-44　出站口窗风速最大值

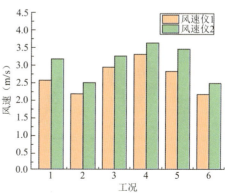

图 8-45　进站过厅窗风速最大值

以上风速的最大值出现在列车驶出车站,活塞风与热压风共同作用的结果。出站口不设置电动窗时,冬季活塞风达到 8～14m/s,影响站厅的热环境和旅客的舒适性。当增加电动窗后,大部分活塞风直接从窗户侧流出,门处风速大大减小,门处风速约为 3m/s,旅客的舒适性得到改善。

当进站过厅不设电动窗时,风经过过厅处门时的速度为 2～3m/s,会吹开过厅处的门,存在安全隐患。该电动窗明显改善了活塞风对候车厅的影响,大量窗户的开启,增大了流通面积也明显改善了风速的大小;由于窗户位置较高,对行人区域影响小,乘客舒适性得到提高。

4)压力波测试结果

八达岭长城站开通初期由于夜间车站关闭,夜间列车越行时无泄压通道泄压,在出站厅内造成较大的压力波动,出站厅的门受反复的力作用,经常会坏。经过开窗泄压后,没有出现过门损坏现象。在 8 月进行夏季风速测试的同时,测试了出站厅 2 处在门不同开启情况下的压力变化。

测点 1 为出站口电动窗下方,测点 2 为出站口东侧门,高度均为 0.3m,测点 2 的压力波变化明显大于测点 1。由于高度影响和活塞风到来时部分门被开启,导致整体测量压力波略小。测试分两种情况,工况 1 为出站厅的窗户均处于开启状态,即车站正常运行状态;工况 2 为出站厅门窗均关闭。分别取两类工况的典型压力分布,压力波的变化如图 8-46 和图 8-47 所示。

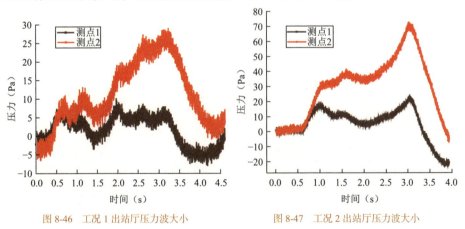

图 8-46 工况 1 出站厅压力波大小　　图 8-47 工况 2 出站厅压力波大小

从图 8-46、图 8-47 来看,开窗泄压后,门处的压力波动明显减小,所以在后期开启窗户后，泄压效果明显增强，站内各处受风压作用减弱。由于测点位置太低，压力波测试值受一定影响。在列车驶向站台时，活塞风将出站厅部分门吹开，也会影响压力波数据的准确性。

5）温度测试结果

在冬季初期试运营中发现，夜间站台温度很低，有造成水专业消防管线冻裂的危险。经初步分析，因八达岭长城站地面站房与正线隧洞高差较大，温差造成的自然通风效应很强，2020年1月2日晚10:00测试时，斜行救援通道向站台的局部风速达 3m/s。正洞隧道、斜行救援通道与站台、进出站通道之间有较强的空气流动，加之白天运营时，进站厅开门后，加剧了这种烟囱效应。因此整个正线隧道及车站内温度会慢慢下降。鉴于此情形，考虑进行两种工况测试比对后确定优化措施。一是按目前实际运营情况进行温度测试，从夜间收车后到凌晨发车前，每隔30min时测试一组数据；二是夜间本站无越行车后，将所有站台防火门及救援通道处防火卷帘落下，使正线隧洞与车站无空气流动，从夜间收车后到凌晨发车前，每隔 30min 测试一组数据。

测试由 2020 年 1 月 2 日晚 10:13 开始，2020 年 1 月 4 日凌晨 5:40 结束，共放置 5 个温湿度自计仪。站台处 3 个（置于吊顶上），出站通道内 1 个，室外 1 个。站台处测点布置如图 8-48 所示。

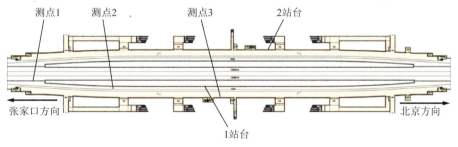

图 8-48　站台温湿度自记仪放置位置

（1）冬季室外温度测量结果

室外的温湿度自记仪放置地面站房外，测试数据如图 8-49 所示，从图中可以看出室外空气最低温度为$-5℃$，出现时刻为凌晨 5:30。

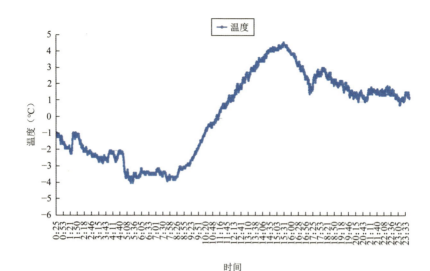

图 8-49　2020 年 1 月 3 日室外空气温度变化

（2）冬季站台温度测量结果

①测点 1

测点 1 位于 1 号站台的张家口方向端部，结果如图 8-50 所示，空气最低温度 2.6℃，出现时刻凌晨 5:18—5:36。

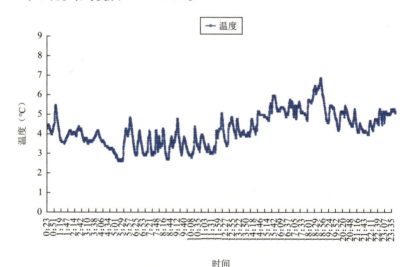

图 8-50　2020 年 1 月 3 日测点 1 空气温度变化

②测点 2

测点 2 的温度变化如图 8-51 所示，最低温度为 4.5℃，出现时刻为上午

10:11—10:21。

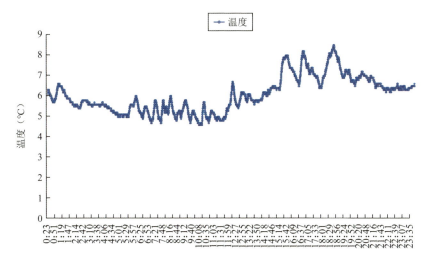

图 8-51 2020 年 1 月 3 日测点 2 空气温度变化

③测点 3

测点 3 处的温度变化如图 8-52 所示，空气最低温度 5.7℃，出现时刻为上午 11:42。

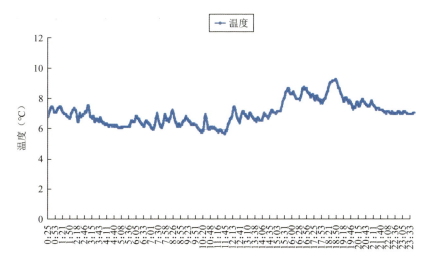

图 8-52 2020 年 1 月 3 日测点 3 空气温度变化

（3）冬季站内温度测试结果

冬季对车站内各处进行温度测试，测试结果如图8-53所示。

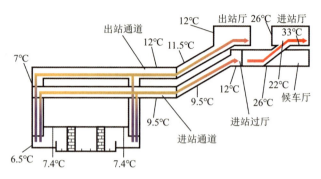

图8-53　冬季站台壁面温度和空气温度分布图

冬季时，室外温度较低，隧道内的墙温度较高，该地下车站温度自室外、隧道、咽喉区、站台、进出站通道、出站厅、候车厅和进站厅依次上升。热压风呈现出由隧道经过车站流向室外；夏季时，由于墙具有蓄热性强，隧道内温度较低，室外温度高，该地下车站温度自室外、隧道、咽喉区、站台、进出站通道、出站厅、候车厅和进站厅依次下降。热压风从室外通过隧道流向车站内部。

（4）夏季站内温度测试结果

夏季对车站内各点的壁温和空气温度进行测试，结果如图8-54和图8-55所示。从测试结果可以看出，夏季时站内温度呈现从隧道→站台→进出站通道→候车厅→出站厅依次升高的趋势。主要是由于目前隧道还处于初期运营，列车散热少，隧道内温度受土壤热库的影响，温度较低；而列车运行会引起活塞风和站内气流流动，进出站厅受室外高温的影响更大，故进出站厅温度更高。

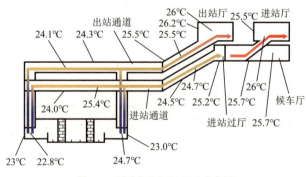

图8-54　夏季车站内壁面温度分布图

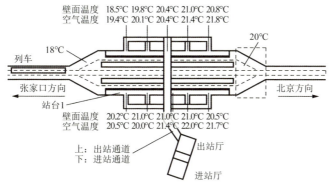

图 8-55 夏季站台壁面温度和空气温度分布图

6）结论

①冬季当列车 8 节越行地下车站时，列车车头经过咽喉区，进出站人行通道内出现最大风速，分别为 2.68m/s 和 2.97m/s，与此同时地面站房进出站口风速达到 7.20m/s 和 6.75m/s，风速最大值与气流流通路径开启情况有关。当列车车尾驶离车站经过第二个咽喉区，出现又一次风速变化，但由于热压作用，最大风速略小于第一次风速最大值。

②冬季当进站过厅门关闭，出站厅仅开启一扇门，有列车越行时，导致地面出站口风速过大，瞬时风速可达到 14.0m/s，将可能对乘客的安全性造成影响，通过尽量多地开启出站站房门，增大流动面积，减小风速，可有效避免此问题；进站通道侧可尽量开启进站过厅连通室外的门和窗，使更多的活塞风直接流入室外，避免活塞风对候车厅和进站厅空调系统的影响。

③冬季站台层的壁面平均温度为 7.3℃，温度随着高度的提升而增加，空气从隧道流经站台，到达进出站通道，最后从地面站房流出，出站通道和出站厅处温度达到 12℃。由热压引起的通道内平均风速在 0.8~1.2m/s 之间，风速大小与地面层的门窗开闭情况有关。

④夏季时，由于车站的进站过厅和出站厅新开了电动窗户，站内气流特别是门处风速明显减小。进站和通道风速最大分别可达 3.4m/s 和 2.0m/s，站房门处风速约 3m/s。从压力波测量结果来看，电动窗的泄压作用非常明显。

⑤夏季时站内温度呈现从隧道→站台→进出站通道→候车厅→出站厅依次升高的趋势。隧道内温度受土壤热库的影响，温度较低；而列车运行会引起活塞风和站内气流流动，进出站厅受室外高温的影响更大，进出站厅温度更高。

AERODYNAMICS EFFECT
AND DESIGN COUNTERMEASURES OF
THE UNDERGROUND STATION

# 第 9 章

# 缓解气动效应的建筑设计

## 9.1 洞口缓冲结构

### 9.1.1 洞口缓冲结构介绍

为了减缓列车突然进入隧道产生的空气动力学问题，在隧道洞口设置缓冲结构是国内外普遍采用的措施之一。洞口缓冲结构对气动效应的缓解效果最好而且最经济，其基本原理是通过降低压缩波的最大值以及压力梯度的最大值来缓解高速列车突入隧道时产生的气动效应。

隧道洞门的设计应综合考虑洞门本身功能、环保与景观意义。从功能上讲，隧道洞口的主要作用如下：

①基本作用。也就是力学作用，即承受洞门上部或背部的土压力，稳定洞口附近的围岩结构，保护线路免受落石、滑坡、雪崩、泥石流等地质危害的影响，同时更好地进行防排水，从而为列车进入隧道创造一个安全、舒适的环境。

②舒适作用。铁路隧道洞口应该能够缓和因高速进入隧道中光线较暗部分而产生的心理紧张感以及压力急剧变化产生的不适感，缓和洞口内外的光线的明暗差异及空气压力波的影响，确保乘客的舒适性。

③景观作用。通过隧道洞门自身结构的美感，并与洞口周围的自然环境相协调一致，尽量少破坏或甚至不破坏原有的生态环境和自然景观。

在当前对环境保护和结构美观要求越来越高的情况下，洞口的设计，既要满足结构安全稳定、环境美观的要求，又要满足减缓空气压力波影响的要求，斜切式洞口结构就成为主导的洞口形式，如图 9-1 所示。这种洞口为隧道衬砌向外延伸到仰坡以外形成环框，减少洞口附近的刷坡，甚至不刷坡，保护周边环境。而开口型缓冲结构就是在洞口侧面或顶部设置泄压孔，如图 9-2 所示。

a)

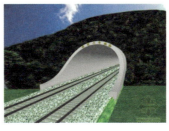
b)

图 9-1　斜切式洞口示意图

a)

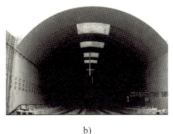
b)

图 9-2　开口型缓冲结构示意图

切削式洞门根据切削方式的不同及一些功能上的要求，铁路隧道洞口结构的基本形式包括直切、正切、倒切、弧形挡墙等，如图 9-3 所示。根据洞口与山体的相交关系又分为正交和斜交两种情况；在基本形式的基础上，洞身延出式的斜切形式又分为平面和曲面斜切两种。

a) 直切式

b) 正切式

c) 倒切式

d) 弧形挡墙式

图　9-3

　　e)曲线正切式　　　　　f)喇叭口式　　　　g)倒切直线渐变式　　　　h)变异式

图 9-3　各类型洞门设计

洞口形式的选择应根据拟建造洞口的洞口段地形、地质、水文条件及洞外有关工程，同时考虑人文历史因素。不同洞口形式的适用条件也略有不同：直切式适用于洞口山体坡度较陡，或距离城市较近或有风景要求的隧道，隧道洞口采用加檐或喇叭口排水形式；倒切式适用于洞口岩石稳定、整体性好、洞口山体坡度很陡或峭壁岩体处的隧道，倒切式隧道洞口最好采用喇叭口排水形式；正切式适用于洞口山体坡度较缓，或距离城市较近，或有风景要求或桥隧相连的隧道，隧道洞口采用加檐或喇叭口排水形式；如果洞口山体坡度很缓，且洞口外设有路堑边坡时可以考虑采用弧形挡墙式，让弧形挡墙与路堑边坡有机连接，弧形挡墙式隧道门采用加檐排水形式。

### 9.1.2　断面扩大无开口型缓冲结构

1）断面扩大无开口型缓冲结构缓解气动效应原理

为了便于分析，采用无量纲形式的压力（$C_p$）、时间（$t_q$）和压力梯度（$K_{gr}$），计算公式如下：

$$C_p = \frac{p - p_0}{\frac{1}{2}\rho_0 v_{\text{train}}^2} \tag{9-1}$$

$$t_a = \frac{v_{\text{train}}(t - t_c)}{L_{\text{ref}}} \tag{9-2}$$

式中，$t_c = (L_h + X_\mu)/c_0$，$L_h$ 为缓冲结构长度，为测点与隧道入口之间的距离。

$$K_{gr} = \frac{dC_p}{dt_a} \tag{9-3}$$

通过模型试验对隧道入口未设缓冲结构（即无缓冲结构的情况）和设置无开口型缓冲结构的情况进行了模拟，图9-4列出了隧道中压力的测试结果。

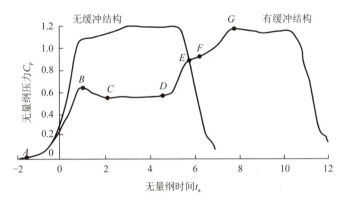

图9-4 设置断面扩大无开口型缓冲结构后的压力曲线

由图9-4可以看出：

①无缓冲结构时测点处的压力曲线是比较光滑的，设置了无开口型缓冲结构后，初始压缩波中压力上升分成了两个阶段。

②有缓冲结构时，从压力上升时刻开始到压力达到最大值时刻所经历的时间段长度明显大于无缓冲结构时的情况。

当缓冲结构的长度足够长，列车通过缓冲结构入口和隧道入口之间的时间间距比较大时，列车周围的流出受到这二者的影响之间的耦合关系基本可以忽略，因而，可以将缓冲结构看作一条短隧道。

当列车头部突入缓冲结构时，由于缓冲结构边壁对列车周围流场区域的限制，列车头部附近的流体将受到压缩，从而产生第1个压缩波，该压缩波从缓冲结构入口向隧道入口处传播。当到达隧道入口处时，由于流域横断面积的缩小，该压缩波将在此处产生1个向缓冲结构入口传播的压缩波，同时该压缩波本身将被放大并继续沿着隧道轴线向前传播（图9-4中AB段曲线所示）。

在图9-4中，由于缓冲结构较长，该压缩波相对比较独立，从图中能明显地分辨出来。当列车头部完全进入缓冲隧道后（即第一个压缩波完全形成时），列车头部的压力将会有一定的下降，由图中第1个压缩波的波尾B点处的压力下降到C点处的压力，并在一段时间内保持为定值。

当列车头部在缓冲结构内运行一段距离后，列车头部区域的流场开始与隧道入口相接触并产生相互作用，相应地，隧道内的第 2 个压缩波开始产生（图 9-4 中所示的 DE 段曲线）。

当列车头部开始进入隧道入口时，将会产生 1 个向缓冲结构入口传播的膨胀波。该波到达缓冲结构入口后，将会向隧道入口反射回 1 个近似等值的压缩波，该压缩波使得第 2 压缩波的压力值进一步增大。当该压缩波到达隧道入口处时，同样会产生 1 个向缓冲结构入口处传播的压缩波，同时该压缩波本身将被放大并继续沿着隧道轴线向前传播，即形成图中所示的第 3 个压缩波（图 9-4 中 FG 段曲线所示）。缓冲结构内及隧道内的压缩波和膨胀波在隧道入口和缓冲结构入口之间不断发生发射和传播，使得其压力值不断衰减，直至完全消失。

从图 9-4 中可以看到，断面扩大无开口型缓冲结构对于最大压力值和最大压力梯度值均有比较明显的减小作用。其中，无开口型缓冲结构对于最大压力梯度值的减小作用明显优于最大压力值。由图中还可以看到，随着列车速度的提高，缓冲结构对于最大压力梯度值的削减效应也明显减弱了，也就是说，在缓冲结构入口横断面积和长度不变的情况下，当列车达到某一速度值后，缓冲结构对列车—隧道系统空气动力学效应的缓解效果通常会逐渐减弱（这里指相对于最大压力值和最大压力梯度值的减小比例关系）。这个速度值与隧道的阻塞比、列车头部形状等因素有关。

只要缓冲结构不会太短且横断面积保持在一定范围内（大于隧道横断面积，但又不会过大，以保证能对列车头部附近流场产生足够的影响），第 1 波 AB 段和第 2 波 DE 的出现基本上是必然的，但是第 3 波 FG 的出现是有条件的。只有当缓冲结构达到一定长度时（通常要大于 3.5 倍隧道直径），第 3 波 FG 才有可能被观察到，而只有缓冲结构足够长时（通常要 6 倍隧道直径以上），第 3 波 FG 才能够比较明显地被观察到。当缓冲结构太短时，列车头部进入隧道入口所产生的向缓冲结构入口传播的膨胀波在隧道入口和缓冲结构入口之间的传递和反射时间太短，第 3 波 FG 基本上和第 2 波 DE 重叠在一起，所以很难分辨出来，当缓冲结构长度短到一定程度之后，第 1、2、3 波就几乎完全重叠，从曲线上看来，几乎成为 1 个压缩波了。

2）缓冲结构缓解气动效应参数分析

（1）缓冲结构长度对压缩波波形的影响

如上所述，当缓冲结构足够长时，由于每一个压缩波都相应于列车头部进入缓冲结构入口或隧道入口的情形，各个压缩波所经历的时间也基本上是一致的，可以近似取这个时间为$t_{\text{front}} = \beta D_{\text{tunnel}}/v$。第1个压缩波$AB$和第2个压缩波$DE$之间的时间间隔（图9-4中$BD$段所经历的时间）相应于列车头部在缓冲结构内运行所需的时间$t_1 = L_{\text{h}}/v_{\text{train}}$，因此，如果第1个压缩波$AB$和第2个压缩波$DE$完全区分开来，则要求$t_1 > t_{\text{front}}$，即

$$\frac{L_{\text{h}}}{v_{\text{train}}} > \frac{\beta D_{\text{tunnel}}}{v_{\text{train}}} \tag{9-4}$$

从而可以取缓冲结构长度$L_{\text{h}}$的最小值$L_{\text{ht1}}$满足

$$\frac{L_{\text{ht1}}}{L_{\text{ref}}} = \beta \tag{9-5}$$

通过模型试验可以确定$\beta$的取值（这里取$L_{\text{ref}} = D_{\text{tunnel}}$），通常情况下$\beta$的取值在1.5~2之间，则由式(9-5)得到的最小缓冲结构长度$L_{\text{ht1}}$的值为$1.5L_{\text{ref}}$~$2L_{\text{ref}}$。

第2个压缩波$DE$和第3个压缩波$FG$之间的时间间隔取决于列车头部进入隧道入口所产生的向缓冲结构入口传播的膨胀波在隧道入口和缓冲结构入口之间来回反射所经历的时间$t_2 = 2L_{\text{h}}/c_0$。如果要保持这两个压缩波之间的相互独立，则要求$t_2 > t_{\text{front}}$，从而缓冲结构长度$L_{\text{h}}$的最小值$L_{\text{ht2}}$满足

$$\frac{L_{\text{ht2}}}{L_{\text{ref}}} = \frac{\beta}{2\text{Ma}} \tag{9-6}$$

式中，列车马赫数$\text{Ma} = v/c_0$。可见，这个最小缓冲结构长度$L_{\text{ht2}}$依赖于列车头部的长度和马赫数。如果取马赫数$\text{Ma} = 0.2$（即列车速度为250km/h），则由式(9-6)得到最小的缓冲结构长度$L_{\text{ht2}}$的值为$3.75L_{\text{ref}}$~$5L_{\text{ref}}$；如果取$\text{Ma} = 0.13$（即列车速度为160km/h），则由式(9-6)得到最小的缓冲结构长度$L_{\text{ht2}}$的值为$5.8L_{\text{ref}}$~$7.9L_{\text{ref}}$，与图9-4中6倍隧道直径相接近。

（2）缓冲结构长度对压缩波的压力和压力梯度的影响

为了研究缓冲结构长度对于各个压缩波的压力和压力梯度的影响，分别定义各个压缩波的压力和压力梯度值如图9-5和图9-6所示。对于图9-6中的压力梯度峰值的区分，通常认为当两个压力梯度峰值之间的最小值小于第1个压

力梯度峰值的$c$倍时（这里取$c = 0.6$），则第2个压力梯度峰值成立，否则认为只存在第1个压力梯度峰值，而第2个不存在。

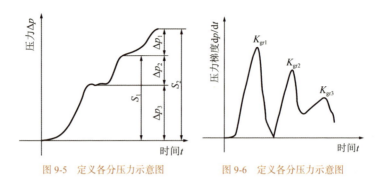

图 9-5 定义各分压力示意图　　图 9-6 定义各分压力示意图

取$S_1 = \Delta p_2 + \Delta p_3$，$S_2 = \Delta p_1 + \Delta p_2 + \Delta p_3$。图 9-7 记录了不同缓冲结构长度条件下各个压缩波的压力分量的数值，图 9-8 记录了不同缓冲结构长度条件下各个压缩波的压力梯度分量的数值。从图中可以看到，当缓冲结构长度小于$L_{ref}$时，第2压缩波难以观察到，所以只有第1压缩波的压力值$C_{p1}$，无量纲压力梯度值$K_{gr1}$随着缓冲结构长度的增加而逐渐减小。当缓冲结构长度达到$L_{ref}$时，就出现了第2个压缩波。此后，随着缓冲结构长度的增加，无量纲压力值$C_{p1}$和$C_{p2}$基本上保持不变，无量纲压力梯度值$K_{gr1}$也保持稳定，而$K_{gr2}$的值则逐渐减小。直到缓冲结构长度达到$3.5L_{ref}$时，第3个压缩波开始出现，$C_{p1}$基本上仍然保持不变，$C_{p2}$减小。其后，随着缓冲结构长度的继续增加，$C_{p1}$、$C_{p2}$和$C_{p3}$的值基本上不再变化，而$K_{gr1}$和$K_{gr2}$也保持稳定，$K_{gr3}$略有减小，但基本上处于稳定状态。$S_1$和$S_2$一般保持不变。

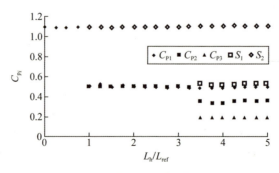

图 9-7 压缩波最大压力值和缓冲结构长度的关系

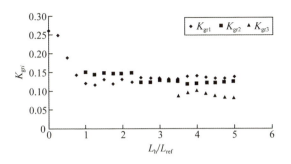

图 9-8 压缩波最大压力梯度值和缓冲结构长度的关系

（3）缓冲结构断面扩大率对压缩波的压力和压力梯度的影响

为了研究缓冲结构断面扩大率对各压缩波的压力和压力梯度的影响，选取了 3 种断面扩大率 $r = 1.3$、$r = 1.5$ 和 $r = 1.7$ 来进行试验研究。图 9-9 和图 9-10 所示为相应的模型试验结果。由图中可以看出，第 2 和第 3 个压缩波的出现与缓冲结构断面扩大率 $r$ 基本无关。在采用不同的缓冲结构断面扩大率时，保证第 2 和第 3 个压缩波出现的缓冲结构长度是相同的。总压力值 $S_2$ 对于断面扩大率 $r$ 的取值并不敏感。通常情况下，可以将缓冲结构看作一条短隧道，则列车头部进入缓冲结构入口产生的压力值 $C_{p1}$ 就主要依赖于缓冲结构段的阻塞比，缓冲结构断面扩大率 $r$ 越大，这个阻塞比就越小，从而压力值 $C_{p1}$ 也越小，$S_1$ 的值则相应增大。

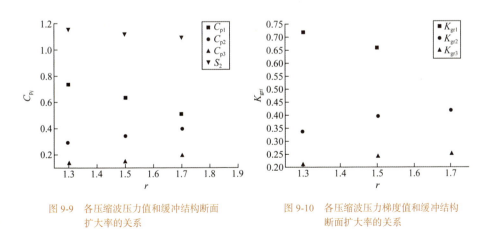

图 9-9 各压缩波压力值和缓冲结构断面扩大率的关系

图 9-10 各压缩波压力梯度值和缓冲结构断面扩大率的关系

也就是说，缓冲结构断面扩大率只改变各压缩波的压力和压力梯度分量值，而不改变整个压缩波的波形。随着缓冲结构断面扩大率的改变，各压力分量 $C_{pi}$

和压力梯度分量$K_{gri}$均随之而改变。对比图中各种条件下的结果，可以看到比值$K = C_{p2}/C_{p3}$与缓冲结构断面扩大率无关，该比值仅与隧道阻塞比、列车速度和缓冲结构长度相关。

3）小结

①在设置了断面扩大无开口型缓冲结构后，初始压缩波中压力上升分成了两个阶段。第1个阶段是列车突入缓冲结构时造成的，列车头部进入缓冲结构一段距离后，压力的变化便逐渐趋于平缓，第2阶段是列车头部从缓冲结构突入隧道产生的，这两个连续的阶段压力变化的过程比较近似。也正是因为将压力上升分为了两个阶段，从而使得压力梯度的峰值得以明显减小。

②在缓冲结构入口横断面面积和长度不变的情况下，当列车达到某一速度值后，缓冲结构对列车—隧道系统空气动力学效应的缓解效果通常会逐渐减弱（这里指相对于最大压力值和最大压力梯度值的减小比例关系）。这个速度值与隧道的阻塞比、列车头部形状等因素有关。

③只要缓冲结构不会太短且横断面积保持在一定范围内，第1波和第2波的出现基本上是必然的，只有当缓冲结构达到一定长度时（通常要大于3.5倍隧道直径），第3波$FG$才有可能被观察到，而只有缓冲结构足够长时（通常要6倍隧道直径以上），第3波$FG$才能够比较明显地被观察到。

④如果第1个压缩波和第2个压缩波要完全区分开来，则要求缓冲结构长度$L_h$的最小值$L_{ht1}$满足$L_{ht1}/L_h = \beta$，通过模型试验可以确定$\beta$的取值，通常情况下$\beta$的值介于1.5~2之间，则最小缓冲结构长度$L_{ht1}$的值介于1.5~2倍$L_{ref}$之间。如果第2个压缩波和第3个压缩波要完全区分开来，则要求缓冲结构长度$L_h$的最小值$L_{ht2}$满足：$L_{ht2}/L_h = 0.5\beta/Ma$，可见这个最小缓冲结构长度$L_{ht2}$依赖于列车头部的长度和列车马赫数。

⑤当缓冲结构长度较小时，只有第1个压缩波的最大压力梯度值随着缓冲结构长度的增加逐渐减小。

⑥缓冲结构断面扩大率只改变各压缩波的压力和压力梯度分量值，而不改变整个压缩波的波形。随着缓冲结构断面扩大率的改变，各压力分量$C_{pi}$和压力梯度分量$K_{gri}$均随之而改变。对比图中各种条件下的结果，可以看到比值$\delta = C_{p3}/C_{p2}$与缓冲结构断面扩大率无关。该比值仅与隧道阻塞比、列车速度和缓冲结构长度相关。

⑦初始压缩波的最大压力值仅仅依赖于阻塞比和列车速度，与是否设置缓

## 9.1.3 喇叭形缓冲结构

喇叭形缓冲结构根据纵向抛物面的母线形式不同,可以分为直线形和曲线形两类:

① 直线形(L形),母线方程为 $y = ax + b$。

② 曲线形(C形),母线方程为 $y = a\cosh bx$。

直线形的喇叭形缓冲结构又称为圆锥形缓冲结构,由于其浇筑模板容易加工和制作,因此在实际工程中易于实现。曲线形母线的喇叭形缓冲结构其浇筑模板需要按一定曲线展开,加工制作较为复杂,因此在实际工程中较难实现。两种形式的缓冲结构缓解气动效应的原理基本上是一致的。

(1)喇叭形缓冲结构缓解气动效应原理

在列车突入隧道时,列车前面的空气将受到压缩,而且只能沿隧道向前流动或者通过列车与隧道壁之间的环状空间向后流动。

在列车头部要进洞之前,列车前端面与隧道洞口之间的有效流动面积逐渐减小,因此压力的升高不是瞬间产生的,而与车头形状和隧道断面积的大小有关。这样产生的压缩波以相对于当地气流的声速沿隧道传播,并将列车前方隧道中的空气压缩和加速。随着列车进一步移动入隧道中,环状空间的长度逐渐增长,列车和隧道壁的摩擦力沿着环状空间形成压力梯度。因此,列车前端的压力逐渐升高,以维持这一压力梯度,直到列车的全长都进入隧道为止。

模型试验对隧道入口未设缓冲结构(即图中无缓冲结构情况)与设置 1D 及 2D(D 为隧道直径)长度喇叭形缓冲结构三种情况进行了测试,模型试验测点布置如图 9-11 所示,图 9-12 列出了这三种情况下的压力和压力梯度测试结果。

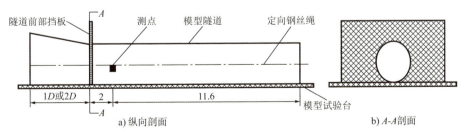

图 9-11 模型试验测点布置图(D 为隧道直径)(尺寸单位:m)

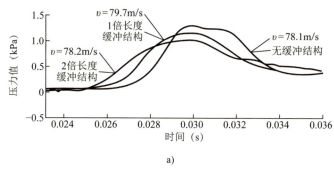

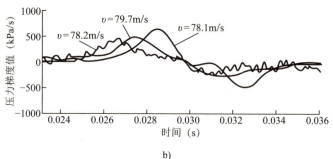

图 9-12 模型试验测量结果比较

通过对试验结果中的压力及压力梯度曲线进行分析,明确了喇叭形缓冲结构对于隧道入口处压缩波的影响机制,在该模型试验条件下可得出以下规律。

①在隧道入口设置了喇叭形缓冲结构后隧道内测点处的压力变化比较光滑,在隧道入口处基本上不存在隧道纵向的反射现象,无阶梯形压力曲线出现,从而在隧道入口处避免了压力突变现象的出现。

②设置了喇叭形缓冲结构后压力开始上升及最大压力值和最大压力梯度值出现的时间相对于无缓冲结构时明显提前了,从而相应延长了隧道入口处压力上升的时间,减小了压力梯度。

③在缓冲结构入口横断面积不变的情况下,缓冲结构越长,最大压力值和最大压力梯度值通常会越小,但是相对于缓冲结构长度增长的倍数而言,这种减弱效果增加的程度会变得越来越小。当采用 2D 长度的喇叭形缓冲结构时,预计隧道出口处的微压波峰值将会减小到无缓冲结构时的 50% 左右。

(2)喇叭形缓冲结构参数分析(曲线形母线)

考虑如图 9-13 所示的喇叭形缓冲结构(取缓冲结构入口的中心为原点,$X$ 轴与隧道的对称轴重合)。

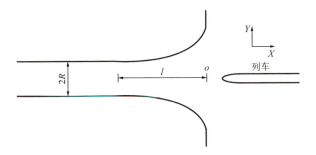

图 9-13　喇叭形缓冲结构轮廓示意图

隧道的横断面积
$$S(x) = A \equiv \pi R^2 \quad (x < -l) \tag{9-7}$$

缓冲结构的横断面积
$$S(x) = A \equiv \pi r^2 \quad (-l < x < 0) \tag{9-8}$$

对应横断面积的半径
$$r = f(x) \tag{9-9}$$

则缓冲结构入口处的半径
$$r = f(0) = R_E \tag{9-10}$$

入口处的横断面积
$$S(0) = A_E \equiv \pi R_E^2 \tag{9-11}$$

取 $\varphi$ 为相应的势函数，则由 HOWE 的声学理论可以得到隧道内压力的计算公式。

$$p(x,t) = \frac{\rho_0 v^2 A_0}{A}\left(1 + \frac{A_0}{A}\right)\left[\frac{\partial \varphi(x',0,0)}{\partial x'}\right]_{x'=-v[t]} \tag{9-12}$$

式中，$[t] = t + (x - l')/c_0$，$l'$ 为修正长度，通常取为 $0.425R$。

由 Landau 和 Liifshitz 在 1987 年得出的研究结论，可以得到以下的拉普拉斯方程。

$$\frac{1}{S(x)}\frac{\partial}{\partial x}\left[S(x)\frac{\partial \varphi^*}{\partial x}\right] = 0 \tag{9-13}$$

$\varphi^*(x)$ 可相应地用式(9-14)计算

$$\varphi^*(x) = A\int_0^x \frac{\mathrm{d}\xi}{S(\xi)} + a \quad (x < 0) \tag{9-14}$$

修正长度 $l'$ 可用式(9-15)计算。

$$l' = -a + \int_{-\infty}^{0}\left(\frac{A}{S(\xi)} - 1\right)\mathrm{d}\xi \tag{9-15}$$

这里取 $a = -R\sqrt{\dfrac{A}{A_\mathrm{E}}}$（满足 $\varphi^*(x)$ 沿隧道轴向的连续性）。

在隧道对称轴上，$\varphi^*(x)$ 可用式(9-16)计算。

$$\varphi^*(x) = -\frac{AR}{A_\mathrm{E}}\left[\left(\frac{A_\mathrm{E}}{A} + \frac{x^2}{R^2}\right)^{1/2} - \frac{x}{R}\right] \quad (x>0) \tag{9-16}$$

由式(9-16)可以看出，如果要使初始压缩波的形成时间达到最大，其最大压力梯度达到最小，$\dfrac{A_0}{S(-v[t])}$ 需要沿着隧道轴向保持线性增长，则相应地可得到优化喇叭形断面积函数

$$\frac{S(x)}{A} = \frac{1}{\dfrac{A}{A_\mathrm{E}} - \dfrac{x}{l}\left(1 - \dfrac{A}{A_\mathrm{E}}\right)} \quad (-l<x<0) \tag{9-17}$$

由式(9-17)可得

$$\frac{\partial}{\partial x}\left[\frac{A}{S(x)}\right] = -\left(1 - \frac{A}{A_\mathrm{E}}\right)\frac{1}{l} \tag{9-18}$$

从而可保证初始压缩波的压力值以线性规律增长。

但是对于任意的 $\dfrac{A}{A_\mathrm{E}}$ 值，$\dfrac{\partial^2 \varphi^*(x)}{\partial x^2}$ 在缓冲结构的入口处可能会出现突变现象，相对应的压力梯度值便会不连续。因此，为了消除这一现象，就必须保证 $\dfrac{\partial^2 \varphi^*(x)}{\partial x^2}$ 在缓冲结构入口处的连续性。则由此可以得到

$$\left(\frac{A}{A_\mathrm{E}}\right)^{3/2} = \left(1 - \frac{A}{A_\mathrm{E}}\right)\frac{R}{l} \tag{9-19}$$

求解方程式(9-19)得到 $\dfrac{A}{A_\mathrm{E}}$ 的计算公式

$$\frac{A}{A_\mathrm{E}} = \frac{\left(\dfrac{2R}{l}\right)^{2/3}}{\left\{\left[1 + \sqrt{1 - \left(\dfrac{2R}{3\sqrt{3}l}\right)^2}\right]^{1/3} + \left[1 - \sqrt{1 - \left(\dfrac{2R}{3\sqrt{3}l}\right)^2}\right]^{1/3}\right\}^2} \tag{9-20}$$

相对应的缓冲结构沿隧道轴向的半径为

$$r = f_0(x) = \sqrt{\frac{S(x)}{\pi}} = \frac{R}{\sqrt{\frac{A}{A_E} - \frac{x\left(1-\frac{A}{A_E}\right)}{l}}} \quad (9\text{-}21)$$

若取$l/R = 10$，可得$A_E/A = 3.35$，$R_E = 2.3R$。相对应的缓冲结构的半径沿隧道轴向的分布如图 9-14 所示，由图 9-14 可以看出，优化后的缓冲结构半径在入口附近变化得特别快，在缓冲结构入口处$R_E = 2.3R$，而到缓冲结构的中心处，$R_E = 1.35R$，该半径已经和隧道半径比较接近了。

相对应的优化后的缓冲结构的断面积随其长度的变化如图 9-15 所示，对应的缓冲结构入口处的半径如图 9-16 所示。可以看出，当缓冲结构长度$l$小于 6 倍隧道半径$R$时，缓冲结构入口处的半径随着其长度的增加而快速增加。当缓冲结构长度$l$大于 6 倍隧道半径$R$时，缓冲结构入口处的半径$R$随着其长度$l$的增加而近似线性增加。

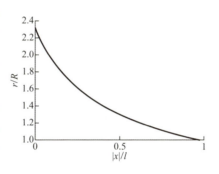

图 9-14 缓冲结构半径沿隧道轴向的分布

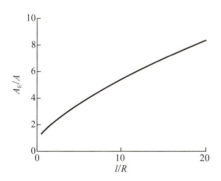

图 9-15 缓冲结构断面积随其长度的变化

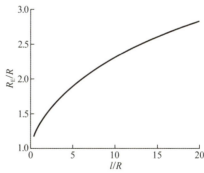

图 9-16 缓冲结构半径随其长度的变化

缓冲结构优化后隧道内的最大压力梯度为

$$\left(\frac{\partial p}{\partial t}\right)_{\max} = \frac{\left(1+\frac{A_0}{A}\right)\left(1-\frac{A}{A_E}\right)}{1-M^2}\frac{A_0}{A}\frac{\rho_0 V^3}{l} \quad (9\text{-}22)$$

无量纲化后可得

$$K_{\text{gr}} = \frac{\left(\frac{\partial p}{\partial t}\right)_{\max}}{\frac{\rho_0 v^3 A_0}{RA}} = \frac{\left(1 + \frac{A_0}{A}\right)\left(1 - \frac{A}{A_E}\right)}{1 - M^2} \frac{R}{l} \qquad (9\text{-}23)$$

若取 $l/R = 10$，则对应的隧道内的压力值和压力梯度值如图 9-17 所示。由图 9-17 可见，压力值在很大范围内保持线性增长，因而，压力梯度值基本上保持为一定值，此定值即为最大压力梯度值，该值相对于未设缓冲结构时的情况要小得多。

（3）喇叭形缓冲结构参数分析（直线母线）

母线为直线型的喇叭形缓冲结构又可称为圆锥形缓冲结构，如图 9-18 所示。取缓冲结构入口的中心为原点，$X$ 轴与隧道的对称轴重合。

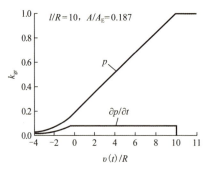

图 9-17　优化缓冲结构下压力场的分布

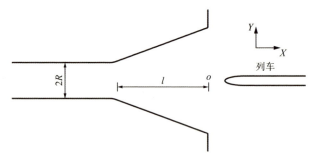

图 9-18　圆锥形缓冲结构的轮廓示意图

取缓冲结构的半径

$$r = f_1(x) = \left(1 + \frac{x}{l}\right)(R_E - R) + R \qquad (9\text{-}24)$$

取 $A/S(x)$ 对 $x$ 微分可得

$$\frac{\partial}{\partial x}\left[\frac{A}{S(x)}\right] = \frac{2R^2(R_E - R)}{r^3 l} \quad (-l \leqslant x < 0) \qquad (9\text{-}25)$$

由式(9-25)可以计算得到初始压缩波的压力梯度值

$$\frac{\partial p}{\partial t} = \frac{\rho v^3}{1 - M^2} \frac{A_0}{A}\left(1 + \frac{A_0}{A}\right)\frac{\partial}{\partial x}\left[\frac{A_0}{S(x)}\right] \qquad (9\text{-}26)$$

继而可以得到

$$\frac{\partial p}{\partial t} = \frac{\rho v^3}{1-M^2}\frac{A_0}{A}\left(1+\frac{A_0}{A}\right)\frac{2R^2(R_E-R)}{r^3 l} \tag{9-27}$$

化为无量纲形式

$$\frac{\left(\dfrac{\partial p}{\partial t}\right)_{max}}{\dfrac{\rho_0 v^3 A_0}{RA}} = \frac{2(1+A_0/A)(R_E-R)}{1-M^2}\frac{R^3}{r^3 l} \tag{9-28}$$

图 9-19 所示为在隧道入口处设置圆锥形缓冲结构之后通过理论计算得到的隧道内测点处的压力曲线和压力梯度曲线。从图 9-19 中可看出，最大压力变化值与无缓冲结构时基本一致，压力梯度曲线仍然显示出一个明显突出的峰值，但是，最大压力梯度值较无缓冲结构时已经减小了很多。

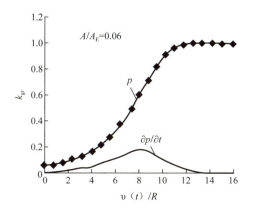

图 9-19　圆锥形缓冲结构下的压力场分布

（4）小结

①对高速列车通过设置喇叭形缓冲结构的隧道时的初始压缩波的形成过程进行了分析，明确了喇叭形缓冲结构对于隧道入口处压缩波的影响机制。

②通过优化喇叭形缓冲结构的母线形状，可以使得初始压缩波的形成时间达到最大，使其最大压力梯度达到最小。缓冲结构优化后隧道内的最大压力梯度为

$$\left(\frac{\partial p}{\partial t}\right)_{max} = \frac{\left(1+\dfrac{A_0}{A}\right)\left(1-\dfrac{A}{A_E}\right)}{1-M^2}\frac{A_0}{A}\frac{\rho_0 V^3}{l} \tag{9-29}$$

③对于圆锥形缓冲结构，初始压缩波的最大压力梯度值可按式(9-30)计算。

$$\frac{\partial p}{\partial t} = \frac{\rho v^3}{1-M^2} \frac{A_0}{A} \left(1 + \frac{A_0}{A}\right) \frac{2R^2(R_E - R)}{r^3 l} \tag{9-30}$$

### 9.1.4 开口型缓冲结构

1）断面扩大开口型缓冲结构作用原理分析

列车进入隧道所形成的压缩波和微压波问题主要是由列车从明线线路突入隧道时，列车周围的空间被限制，挤压列车周围的空气所形成的。

采用断面扩大开口型缓冲结构缓解气动效应的基本原理如下：

①让列车进入相对隧道断面较大的空间，再由缓冲空间进入隧道，在空间上使压力波动分成两个阶段；在时间上设置了扩大缓冲结构使得压力上升的时间也拉长了。

②通过在断面扩大开口型缓冲结构上设置开口，使列车进入缓冲结构时所产生的气动压力波得到部分释放。同时，需要合理选取开口面积，使缓冲结构内保持一定的压力，避免列车由于缓冲结构进入隧道时产生过大的二次波。下面通过试验测试曲线，对其过程进行细致分析。

试验中隧道阻塞比为 0.147，模型隧道全长 13.6m。测点设置在距离隧道入口 2m 处的模型隧道侧壁上，具体位置如图 9-20 所示。开口型缓冲结构入口的断面积为隧道断面积的 1.55 倍，沿纵向断面积保持不变，缓冲结构长度取为隧道直径的 1.5 倍。

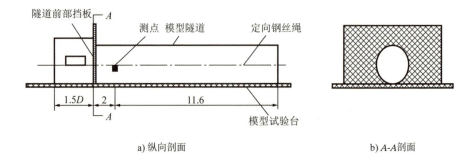

图 9-20 模型试验测点布置示意图（$D$ 为隧道直径）（尺寸单位：m）

根据相似准则，可以确定模型试验与实体测试结果的换算关系。其中模型比例为 $n = 1/65$，模型的阻塞比、列车的速度均与实体一致。空气的密度在不同地区差异不大，可以认为无变化。因而，通过相似准则可以得知，模型试验中测试到的压力值与实体列车进出隧道的压力值相等。模型试验中测试到的压力梯度值是实体列车进出隧道产生的压力梯度值的 $n$ 倍（$n$ 为模型比例）。

试验测试结果如图 9-21 所示，从测试曲线可以看出：

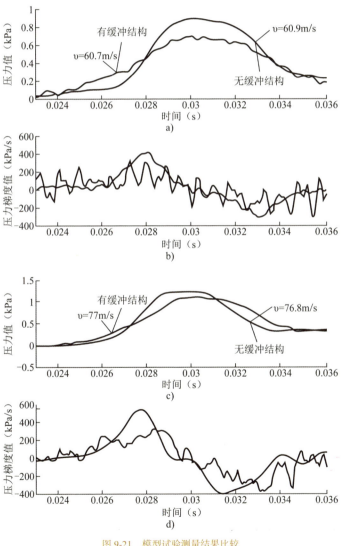

图 9-21　模型试验测量结果比较

①在设置了开口型缓冲结构后，初始压缩波中压力上升分成了两个阶段，从而使得压力梯度的峰值得以明显减小。

第一个阶段是列车突入缓冲结构时造成的，列车头部突入一段距离后，压力的变化逐渐趋于平缓。

第二阶段是列车头部从缓冲结构突入隧道产生的。这两个连续的阶段压力变化的过程比较近似，通常第二阶段的最大压力梯度值大于第一阶段。

②开口型缓冲结构对于最大压力值和最大压力梯度值均有比较明显的减小作用。其中，开口型缓冲结构对于最大压力梯度值的减小作用明显优于最大压力值。

③随着列车速度的提高，缓冲结构对于最大压力值的影响也明显减弱。也就是说，在缓冲结构入口横断面积和长度不变的情况下，当列车达到某一速度值后，缓冲结构对列车-隧道系统空气动力学效应的缓解效果通常会逐渐减弱（这里指相对于最大压力值和最大压力梯度值的减小比例关系）。这个速度值与隧道的阻塞比、列车头部形状等因素有关。

通过对试验结果中的压力及压力梯度曲线进行的分析，可得出如下结论：

④设置了开口型缓冲结构后压力开始上升及最大压力值和最大压力梯度值出现的时间相对于无缓冲结构时明显提前了。

⑤在隧道入口设置了开口型缓冲结构后，由于缓冲结构侧壁开口和隧道入口处横断面积的突变，在缓冲结构内产生了复杂的反射现象，从而使得隧道内测点处的压力出现比较明显的波动。

⑥在隧道设置了开口型缓冲结构后，初始压缩波中压力上升分成了两个阶段，通常第二阶段的最大压力梯度值大于第一阶段。

⑦在设置缓冲结构入口横断面积和长度不变的情况下，当列车达到某一速度值后，缓冲结构对列车-隧道系统空气动力学效应的缓解效果通常会逐渐减弱（这里指相对于最大压力值和最大压力梯度值的减小比例关系）。这个速度值与隧道的阻塞比、列车头部形状等因素有关。

2）开口型缓冲结构参数分析

（1）单个开口对于开口附近流场的影响

考虑在一个简单的可近似视为半无限长的隧道的侧壁开一个窗口，该窗口的中心距离隧道入口为$l_h = 10R$（$R$为隧道半径），开口沿隧道轴向长$l_x$，沿隧道

轴向长 $l_\theta$，列车沿隧道轴线进入隧道，则在这里可以将开口中心至隧道入口段看作一个单开口型断面不扩大的缓冲结构。列车进入一条长隧道所形成的初始压缩波的波形并不依赖于隧道长度，因而，在这种情况下就可以只考虑这个隧道侧壁上的开口所带来的影响，而不需要考虑由于隧道断面积突变等因素带来的反射作用。

隧道构造和列车头部进入隧道并经过开口处的流场如图 9-22 所示。

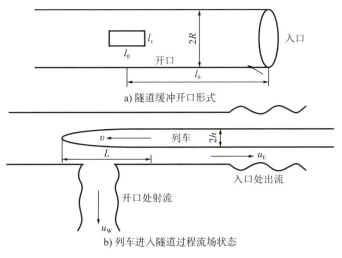

图 9-22 隧道构造和流场示意图

从图 9-22 中可以看出，当列车头部经过开口处时，开口处将会产生射流，隧道入口处也有比较明显的出流，并伴随有涡流的出现。这些出流都是由于列车头部排开了其前面的空气所致。当隧道阻塞比较小时，隧道入口处的出流速度 $v_E$ 大致为 $vA_0/A$，因此，其马赫数效应要远小于列车运行所带来的主要马赫数效应。开口处的射流速度 $v_W$ 也要小于列车速度，但处于同一量级之上，大致为 $v(2A_0/A)^{1/2} \sim 0.65v$。因此，可以预料到，开口处的射流将会对压缩波的形成产生比较明显的影响。观察显示，列车附近的剪切流的范围和大小随着列车头部逐渐进入隧道内而逐渐增加，最终形成湍流而与列车产生分离，并填充满列车头部末端至隧道入口之间的环状空间。这使得压缩波产生之后的压力逐渐缓慢增长，该压力的大小主要取决于列车和隧道的几何构造。在模型试验中，其作用主要在于列车尾部进入隧道之后。因此，在这里我们忽略了这一现象所带来的影响。

通常可以将压缩波的压力上升值分为列车所导致的无旋运动产生的压力上升和由于气流和列车表面分离导致的涡流产生的压力上升，可表示为

$$\Delta p = \Delta p_0 + \Delta p_\omega \tag{9-31}$$

式中，方程右边的第一项为无旋运动所产生的压力上升；第二项为涡流所产生的压力上升。

取开口的 Rayleigh 传导系数 $K$ 为

$$K = \left(\frac{1}{2}\sqrt{\frac{\pi}{A_w}} + \frac{l_w}{A_w}\right)^{-1} \tag{9-32}$$

式中：$A_w$——开口面积，$A_w = l_x l_\theta$；

$l_w$——隧道壁的厚度。

定义长度 $l_a$ 为

$$l_a = \frac{2A}{K} \tag{9-33}$$

当与 $e^{i(k_0 x - \omega t)}$ 成正比的平面波通过半无限长隧道时，窗口处决定隧道中平面波复杂反射及通过行为的反射系数 $\mathfrak{R}_w$ 和通过系数 $\mathfrak{T}_w$ 可分别计算如下：

$$\mathfrak{R}_w = \frac{-1}{1 - ik_0 l_a} \tag{9-34}$$

$$\mathfrak{T}_w = \frac{-ik_0 l_a}{1 - ik_0 l_a} \tag{9-35}$$

当列车头部进入隧道时，列车前面的压力不断上升。这个压力以声速传播至开口处，气体在压力的作用下开始从开口处流出。随着列车接近开口，开口处的高压得以维持在一个近似不变的值，气体则以一近似不变的流量从开口处流出隧道。当列车头部通过开口时，由于开口处压力的迅速下降，开口处气流向外的射流量也就减少了。

列车进入边壁开有单个开口的隧道时所产生的压缩波的形成可以分为两个阶段。

①列车进入隧道入口将会产生初始压缩波，该压缩波沿隧道轴线向前传播。当其到达开口处时，其一部分能量将会向隧道入口反射回去，反射波到达隧道入口处又发生反射，因而，该部分能量将会在隧道入口和开口之间被多次反射。另外，初始压缩波和反射波在开口处反射的同时也会有一部分能量通过

侧壁开口传递到隧道外的大气之中。初始压缩波除了一部分能量被反射回隧道入口和一部分通过侧壁开口传递到隧道外的大气之中的这两部分能量外，其余的能量继续向前传播，从而形成了隧道内测点处压力曲线上的第一个压力峰值。

②当列车头部逐渐接近侧壁开口，开口处的射流速度达到一个稳定值，开口处的压力也相应发生变化。列车通过开口的过程中产生的压缩波通过开口传向隧道深处，即形成隧道内测点处压力曲线上的第二部分。

隧道侧壁处的单个开口的作用相当于一个低频压力节点，它使得压缩波的具体波形较强地依赖于列车的马赫数。列车头部的逐渐靠近使得开口处的压力逐渐增加，从而在开口处形成一个向外喷射的高速气流，同时在开口的周边附近还会产生涡流，因而空气的惯性对于压缩波的形成会具有比较重要的影响。

开口处的射流将会反作用于隧道内的流场，产生一个局部的压力上升，该压力波动向隧道深处传播，成为压缩波压力变化的一部分。

（2）开口对于初始压缩波压力变化的影响

图9-23所示为测点处测得的压力曲线及压缩波在隧道内的传播和反射情况。

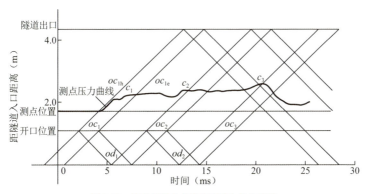

图9-23　测点处压力曲线及隧道内波的传播

直线$oc_{1h}$和直线$oc_{1e}$表示初始压缩波$oc_1$的波前和波尾的传播轨迹，该压缩波的峰值对应于图中的$c_1$。压缩波$oc_1$通过开口时将会产生一个向隧道入口传播的膨胀波$od_1$。由于惯性的原因，这个膨胀波的形成时间要略长于压缩波$oc_1$通过开口处的时间，因而其波长也要略长于压缩波$oc_1$的波长。但是由于在本试验条件下，开口长度$l_x$远小于初始压缩波$oc_1$的波长，这二者之间的区别很小。膨胀波$od_1$到达隧道入口处后又以压缩波的形式反射回来，形成反射压缩波$oc_2$，该压缩波的峰值对应于图中的$c_2$。反射压缩波$oc_2$在通过开口后所造成的压力上升值$C_{p2}$要小于初始压缩波$oc_1$造成的压力上升值$C_{p1}$。当反射压缩波$oc_2$通过开口时，又会产生一个向隧道入口传播的膨胀波$od_2$。膨胀波$od_2$到达隧道入口处后又以压缩波的形式反射回来，形成反射压缩波$oc_3$，它在测点处造成的压力上升值为$C_{p3}$。

测点处的压力曲线在经历了3个压力上升阶段之后，发生了一个明显的压力下降。该压力下降对应于初始压缩波$oc_1$到达隧道出口后反射回来的膨胀波和列车尾端进入隧道入口所产生的膨胀波。

从对图9-23中压力曲线的分析可以看出，开口的作用主要是将无开口时的初始压缩波分解成了几个小的压缩波。由于开口的作用，分解后的总的压缩波波长比起无开口时的初始压缩波的波长要长得多，因而新产生的3个小压缩波的压力梯度也要比无开口时的初始压缩波的压力梯度小得多。

（3）开口率对初始压缩波的影响

通常情况下，开口越大，通过率$\alpha$就会越小，反射波的压力值就会越大。因而，可以预计，随着开口面积的增大，通过率$\alpha$将会越来越小。图9-24是试验中得到的通过率$\alpha$与开口率的关系图。

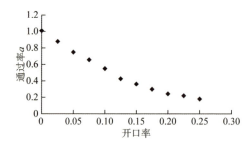

图9-24　通过率$\alpha$与开口率的关系

从图中可看出，通过率$\alpha$与开口率近似呈幂指数关系（幂指数约为$-6.7$，回归系数达到0.995）。当$S_{op} \approx S_{tunnel}/4$时，通过率$\alpha \approx 0.2$，这样的一个通过率已经非常小了，更大的开口所具有的实际意义不大（当然，列车速度非常高和阻塞比非常大的情况例外，因为其所需要的压力梯度减小率很大）。

图9-25所示为比值$\beta = C_p/K_{gr}$与开口率的关系，$\beta$值的变化基本上都保持在10%以内（以4为基准）。当开口率位于0~0.125之间时，$\beta$值要略大于4；当开口率大于0.15时，$\beta$值相对比较分散，这主要是由测量仪器的精度造成的。由于开口率的增大，开口处的压力通过率$\alpha$已经比较小（如开口率取0.25时，

通过率α只有0.2），从而使开口下游测点处测得的压力值比较小，而测量仪器受到各种因素的干扰，会具有一定的误差值。当测得的压力值比较小时，其测量精度也就会比较低，因而就会造成测量值的上下波动情况。

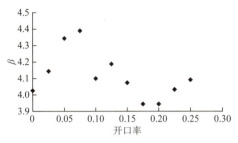

图 9-25　比值β与开口率的关系

如果按照前面的假设，取β为定值，则如果压缩波的压力值在经过开口后将会减小到原来的 0.5 倍左右，而压缩波的压力梯度值也会相应地减小到原来的 0.5 倍左右。因而，从这个角度来说，通常取通过率α ≈ 0.5是比较合适的，这时的开口率大致为0.1，相应的压力梯度值也只有初始压缩波的1/2 左右，隧道出口处的微压波情况将会在比较大的程度上得到缓解。

（4）断面积不变开口型缓冲结构的优化

从前面的分析可以看到，如果缓冲结构的各个参数均达到优化状态，则设置缓冲结构之后的初始压缩波的波长$l_h$/Ma将是缓冲结构长度$l_h$的 2 倍以上，因此，在通常情况下，可以将缓冲结构在声学上视为紧凑形式。这一观点在低列车马赫数的情况下是严格成立的。对于多开口的缓冲结构，远离缓冲结构入口的开口通常情况下产生的影响比较小，其减小压力梯度的效果可能会受到开口边缘的固气分离的影响，从而会产生涡流，这些都会减小有效开口面积，也可能会导致经过这些开口的压缩波的压力值难以预测。因此，在布置开口的大小和位置时，需要考虑到这一方面的影响。

最优化后的缓冲结构的基本特征是使得初始压缩波的压力主要以线性增长，这样就避免了在无缓冲结构和未优化缓冲结构情况下所产生的压力曲线的非线性增长，从而导致压力梯度迅速增加，使得缓冲结构的有效利用率大大降低。但是，在开口型缓冲结构的施工中，要使得开口沿隧道轴向以优化后的形状分布于缓冲结构的周壁是很困难的。通常典型的做法是，沿隧道轴向在缓冲结构的周壁设置数个相互独立的矩形窗口，通过这些窗口来释放压缩波所产生的高压气体。因此，在实际应用中，优化后的开口型缓冲结构所产生的初始压缩波通常都难以符合压力线性增长的最优化条件。在这样的实际条件的限制下，开口型缓冲结构得以优化的基本原则就是调整各个开口的大小、形状和位置，尽可能地使得初始压缩波在通过各个开口时产生的压力上升的压力梯度相等，从而使得压缩波的压力达到一种近似线性规律增长的状态，并保证在确定的缓冲结构长度下的最大压力梯度最小。

由于在多开口的情况下，不同开口大小、形状和位置的组合情况非常复杂，要完整考虑到这些情况几乎是不可能的。这里主要考虑各个开口中心沿隧道轴向均匀分布的情况，其均取为正方形，通过调整各个开口的大小来达到优化缓冲结构的目的。

取隧道阻塞比为 0.28，隧道半径 $R$ = 5.3cm，列车速度 $v$ = 61.5m/s，在隧道入口处设置断面不变开口型缓冲结构，其长度为 $10R$（$R$ 为隧道半径，后同）。缓冲结构边壁厚度为 0.2cm，在其侧面沿隧道轴向等距离设置 3 个正方形开口，开口中心分别距离缓冲结构入口 $10R/3$、$20R/3$、$10R$。可以计算得到优化后的各个开口的边长值分别为 $l_1$ = 2.9cm，$l_2$ = 1.3cm，$l_3$ = 0.8cm，考虑到小开口处实际气流与理论预测的区别，取 $l_2$ = 1.4cm，$l_3$ = 1.0cm。通过模型试验可以得到如图 9-26 所示的压力曲线图。

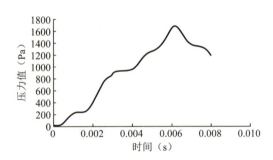

图 9-26　设置断面不变开口型缓冲结构后的隧道内测点处的压力曲线图

由图 9-26 所显示的压力曲线可以看到，在隧道入口设置优化的断面不变开口型缓冲结构后，隧道内产生的初始压缩波已被分解成了若干个小的压缩波，各个小压缩波的最大压力梯度值都是比较接近的，相对于未设置缓冲结构时初始压缩波的最小压力梯度值要小得多，这些结果表明缓冲结构的几何参数得到了充分的优化，从而使缓冲结构得到了充分的利用，隧道出口的微压波峰值也得到了充分削减。

（5）扩大断面开口型缓冲结构的优化

扩大断面开口型缓冲结构构造如图 9-27 所示，研究表明，在对缓冲结构优化后，开口距离缓冲结构越远，则开口边长越小。通过声学理论可以计算缓冲结构优化后隧道内测点处的压力和压力梯度曲线如图 9-28 所示，从图中可以看出，压力梯度曲线出现了一些小的脉动，但是最大压力梯度值比起未设缓冲结构时要小得多，压力也以近似线性的规律不断上升。但是，不论是否设置缓冲结构，或是否优化缓冲结构，隧道内出现的最大压力值基本上仍然保持定值，和无缓冲结构时产生的最大压力值大致相等。

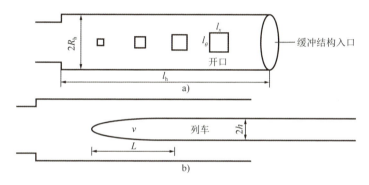

图 9-27 扩大断面开口型缓冲结构构造

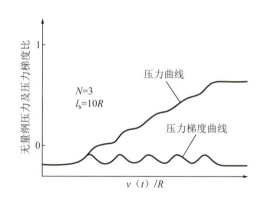

图 9-28 优化缓冲结构后的压力曲线和压力梯度曲线

取隧道半径 $R = 5.3$cm，隧道阻塞比为 0.28，缓冲结构与隧道断面积之比为 1.1，列车速度 $v = 60.9$m/s。缓冲结构长为 $10R$，边壁厚度为 0.2cm，在其侧面沿隧道轴向等距离设置 3 个正方形开口，开口中心分别距离缓冲结构入口 $2.5R$，

$5R$,$7.5R$。可以计算得到优化后的各个开口的边长值分别为$l_1 = 3.4$cm,$l_2 = 1.6$cm,$l_3 = 1.0$cm,考虑到小开口处实际气流与理论预测的分别,取$l_3 = 1.2$cm。通过模型试验可以得到如图 9-29 所示的压力曲线图。

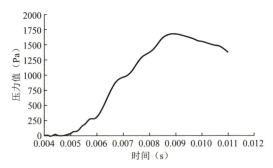

图 9-29 设置断面扩大开口型缓冲结构后的隧道内测点处的压力曲线图

由图 9-29 所示的压力曲线可以看出,在隧道入口设置优化断面扩大开口型缓冲结构后,隧道内产生的初始压缩波已被分解成了若干个小的压缩波,且各个小压缩波的最大压力梯度值都是比较接近的,相对于未设置缓冲结构时初始压缩波的最小压力梯度值要小得多,从而保证隧道出口的微压波峰值得到最大程度上的削减。

## 9.2 竖　　井

### 9.2.1 竖井缓解气动效应原理

高速列车通过含有竖井的隧道时,压力波的变化规律是比较复杂的,其过程大致可以分为五个阶段:列车驶入隧道、列车在隧道中行驶、车头通过竖井、车尾通过竖井、继续行驶至驶出隧道。

① 列车驶入隧道初期空气的传播规律与无竖井时一致,车头前方由于空间突然变小,空气被迅速挤压形成初始压缩波,车尾位置形成负压区产生膨胀波,压缩波和膨胀波都以声速沿着隧道方向进行传播。

② 当列车完全在区间隧道中行驶时,隧道内的压力波传播过程如图 9-30 所示,其中压缩波表示为 Ps,膨胀波表示为 Pz。当车头前方的压缩波$P_s$以声速到达竖井位置时,由于竖井的存在,此时压缩波分成三部分:第一部分经过竖井

的反射形成膨胀波 Pz1 并向着隧道进口方向传播，在隧道进口处一部分能量会被耗散掉，剩下的继续经过洞口反射向隧道出口处传播，如此反复直至完全衰减；第二部分沿着竖井出口继续进行传播即压缩波 Ps1，这部分压缩波部分能量会在竖井出口位置形成微压波，剩余的压缩波经过竖井出口反射形成反向的膨胀波 Pz，膨胀波 Pz 在经过竖井位置时又会分成三部分，分别是向隧道两端传播的膨胀波 Pz1 和 Pz2 及向上的反射压缩波，如此不断地循环直至完全衰减；剩余的部分压缩波继续沿着隧道轴向向前传播即 Ps2，这部分压缩波在传播到出口位置时，其中一部分能量以微压波的形式耗散了出去，另一部分以出口反射波的形式（即膨胀波 Pz3）向隧道进口方向传播，不断反复直到完全衰减。

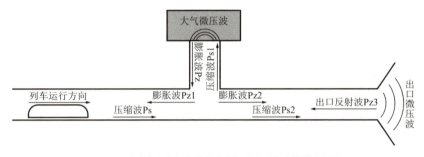

图 9-30　列车在含有竖井的隧道内行驶时压力波传播示意图

③当列车车头到达竖井前端时，由于断面的突然扩大导致列车前段压力峰值降低，同时在竖井前端处形成压缩波 Ps1，绕着车身与隧道壁形成的环状区域向车尾方向传播，而当车头经过竖井后端时，由于断面的突然缩小会形成二次压缩波 Ps2，二次压缩波沿着隧道方向继续向前传播，在隧道口时一部分以微压波形式耗散掉，一部分经洞口反射重新回到隧道中，如此不断往复，这一过程压力波传播如图 9-31 所示。

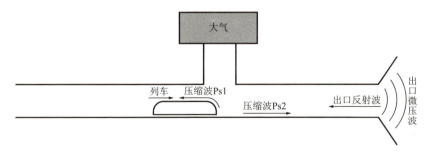

图 9-31　列车车头通过竖井时压力波传播示意图

④当列车车尾通过竖井前端时，压力波传播如图 9-32 所示，此时会产生一个向隧道入口方向传播的膨胀波 Pz1，而当车尾达到竖井后端时，会产生一个沿着车身外周环形区域向前传播的二次膨胀波 Pz2，该膨胀波一直传播至隧道出口并反射形成压缩波传回到隧道中。

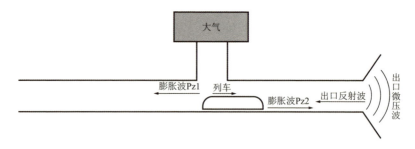

图 9-32　列车车尾通过竖井时压力波传播示意图

⑤列车经过竖井后至列车驶出隧道，隧道内压力变化情况主要由列车尾部的膨胀波、列车车头前的压缩波及各种反射波叠加形成，对隧道内的压力变化影响基本与不含竖井的隧道一样，在此不做具体分析。

通过以上对含有通风竖井的区间隧道内压力波传播规律的分析可以知道，隧道内设置通风竖井可以对压缩波进行有效的分流作用，能够明显降低气动效应造成的压力改变，即具有泄压作用。

### 9.2.2　列车通过竖井时的流场分布

通过模拟高速列车通过区间隧道时引起的压力波的传播过程，其结果如图 9-33～图 9-35 所示。

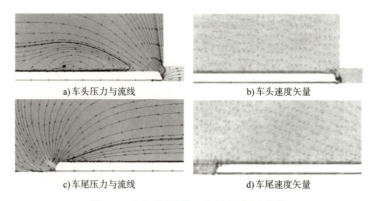

图 9-33　车头进隧道洞口时压力与速度矢量图

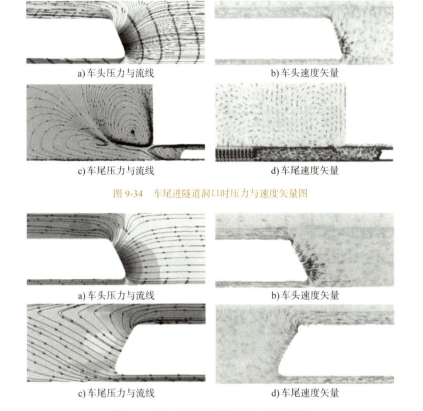

a) 车头压力与流线　　　　　　b) 车头速度矢量

c) 车尾压力与流线　　　　　　d) 车尾速度矢量

图 9-34　车尾进隧道洞口时压力与速度矢量图

a) 车头压力与流线　　　　　　b) 车头速度矢量

c) 车尾压力与流线　　　　　　d) 车尾速度矢量

图 9-35　列车未达到竖井前压力与速度矢量图

由图 9-33～图 9-35 可以看出，此阶段隧道内的压力云图与流场变化情况与无竖井时基本相同。

列车车头到达竖井位置以及车身与车尾经过竖井时隧道内的压力与速度矢量云图如图 9-36～图 9-38 所示。

当竖井存在时，可以明显看到隧道内流场的分布更加复杂，空气流体在竖井与隧道交叉口分成了两股，其中一股沿着竖井向上，另一股继续向前传播。实际上从列车进洞开始，空气流体刚运动到竖井口时已经发生了分流现象。随着列车车头逐渐靠近竖井，首先会在竖井入口处形成一个涡环，在竖井出口域位置沿着竖井中线两侧也会各形成一个比较大的涡环，且竖井左侧涡环比右侧涡环更密，说明此区域的压力梯度变化越大，隧道内气流主要顺着列车运行方向向外传播；在列车车体经过竖井的过程中，竖井入口处的涡环位置发生了改变向着左下方移动，同时竖井出口域两侧涡环也逐渐呈现出对称分布，此时流体仍主要经过车身绕流向着竖井出口传播；当列车车尾经过竖井口时，由于车尾负压区的形成导致气流朝着车尾位置运动，并且竖井出口域两侧涡环也发生了改变，右侧涡环压力梯度变化超过了左侧涡环。

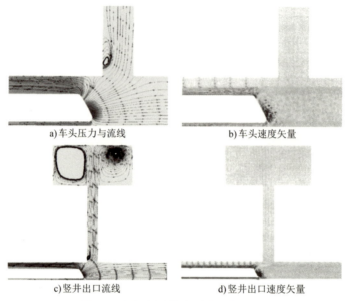

图 9-36　车头到达竖井时压力与速度矢量图

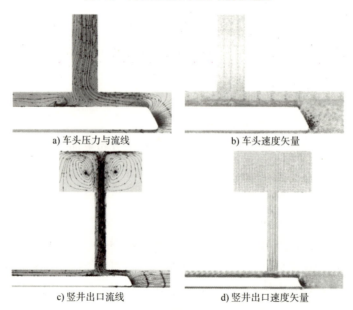

图 9-37　车身经过竖井时压力与速度矢量图

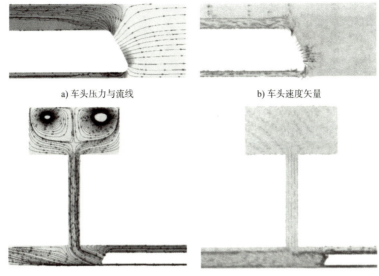

a) 车头压力与流线　　　　　b) 车头速度矢量

c) 竖井出口流线　　　　　d) 竖井出口速度矢量

图 9-38　车尾经过竖井时压力与速度矢量图

从图 9-38 可以看出，竖井两侧涡环的疏密程度随着列车通过竖井发生着不断变化，但涡环的旋转方向并未发生改变，整个过程中左侧涡环逆时针旋转，右侧涡环顺时针旋转，说明竖井内压力一直大于外界大气压强。

### 9.2.3　竖井缓解气动效应参数分析

采用如图 9-39 所示的仿真模型进行相关参数的分析计算，其网格划分和测点布置如图 9-40、图 9-41 所示。

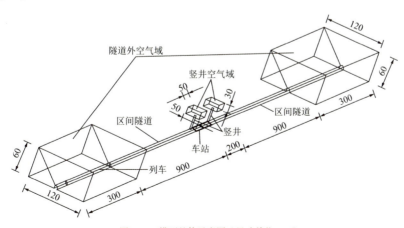

图 9-39　模型整体示意图（尺寸单位：m）

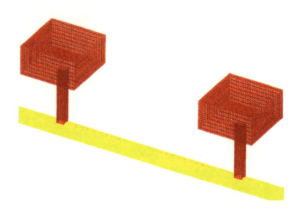

图 9-40 竖井位置处网格划分示意图

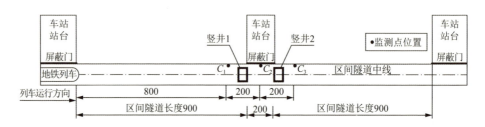

图 9-41 计算中竖井与测点布置示意图（尺寸单位：m）

（1）竖井开启方式对气动效应的影响

通过改变车站两端竖井不同的开启方式，得到了各个测点的压力时程曲线和首波压力梯度变化曲线，如图 9-42～图 9-44 所示。

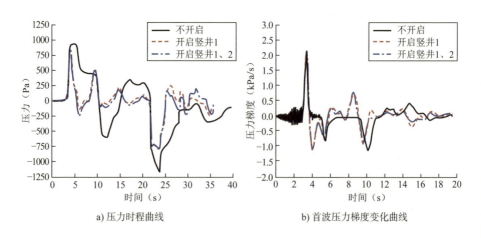

a) 压力时程曲线　　　　　　　　　b) 首波压力梯度变化曲线

图 9-42 测点 $C_1$ 压力时程曲线和首波压力梯度变化曲线

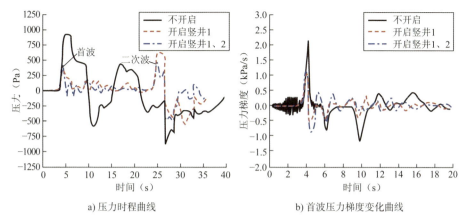

a) 压力时程曲线　　　　　　　b) 首波压力梯度变化曲线

图 9-43　测点$C_2$压力时程曲线和首波压力梯度变化曲线

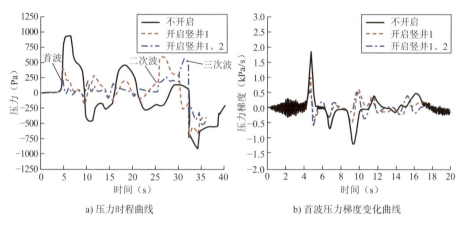

a) 压力时程曲线　　　　　　　b) 首波压力梯度变化曲线

图 9-44　测点$C_3$压力时程曲线和首波压力梯度变化曲线

将以上测点的首波压缩波峰值和首波最大压力梯度值进行提取，汇总成表 9-1、表 9-2。

**竖井不同开启方式下测点首波压缩波峰值统计表**（单位：Pa）　表 9-1

| 测点 | 竖井开启方式及降幅 | | | | |
|---|---|---|---|---|---|
| | 不开启 | 开启竖井 1 | 降幅（%） | 开启竖井 1、2 | 降幅（%） |
| $C_1$ | 930.7 | 885.9 | 4.80 | 885.6 | 4.80 |
| $C_2$ | 927.4 | 415.6 | 55.20 | 406.5 | 56.20 |
| $C_3$ | 923.9 | 399.8 | 56.70 | 203.9 | 77.90 |

竖井不同开启方式下测点首波压力梯度峰值统计表（单位：kPa/s）  表 9-2

| 测点 | 竖井开启方式/降幅 | | | | |
|---|---|---|---|---|---|
| | 不开启 | 开启竖井 1 | 降幅（%） | 开启竖井 1、2 | 降幅（%） |
| $C_1$ | 2.15 | 2.13 | 0.90 | 2.13 | 0.90 |
| $C_2$ | 2.09 | 1.13 | 45.90 | 1.13 | 45.90 |
| $C_3$ | 1.86 | 1.01 | 45.70 | 0.59 | 68.30 |

对于表 9-1 与表 9-2 中统计得到的首波压缩波峰值和最大压力梯度值，分别作出各个测点在不同竖井开启方式下的首波压缩波峰值降幅和压力梯度最大值降幅与竖井开启个数的关系曲线如图 9-45 所示。

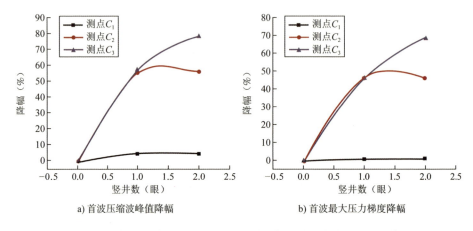

a) 首波压缩波峰值降幅　　　　　　　b) 首波最大压力梯度降幅

图 9-45　竖井不同开启个数时测点首波压缩波峰值和最大压力梯度降幅关系曲线

综合以上计算结果与统计数据，结合竖井布置位置和开启方式的不同，可以得出以下结论：

①竖井的存在能够显著降低竖井后方（测点 $C_2$、$C_3$）首波压缩波峰值和压力梯度最大值，单个竖井开启后首波压缩波峰值最大降幅可以达到 55.20%，首波最大压力梯度降幅可达 45.90%（竖井 1 开启后测点 $C_2$ 降幅），双竖井开启后首波压缩波峰值最大降幅可达 77.90%，首波最大压力梯度降幅可达 68.30%（竖井 1、2 开启后测点 $C_3$ 降幅），竖井开启后对于竖井前方区域的压缩波影响较小。

②从图 9-43 测点 $C_2$ 的压力时程曲线可以看出，当列车通过无竖井的区间隧道时，压缩波只有一个首波峰值；而当竖井 1 开启后，压力时程曲线出现了首波峰值和二次压缩波峰值。根据前面对竖井减压原理的介绍可以知道，二次压

缩波峰值的出现是由于列车在通过竖井时，突然再次由较大区域进入到较小区域中，空间的突变导致产生了新的压缩波并形成二次压缩波峰值，可以看到，此时的二次波峰值（626.8Pa）要大于首波峰值（415.6Pa）。当车站两端竖井同时开启后，车站测点$C_2$仍只有两个压缩波峰值，但二次波峰值从 626.8Pa 降低到了 469.2Pa，说明车站后方竖井开启不会在车站区域产生新的压缩波但对车站内的二次波具有削减作用，这主要是因为竖井 2 开启后竖井处返回的膨胀波与二次压缩波相叠加削弱了二次波峰值，这也说明从控制站台压缩波的角度来说，同时开启车站两端竖井的效果更好。

③观察图 9-44 中测点$C_3$的压缩波时程曲线可以看出，当同时开启竖井 1、2 时，压缩波时程曲线出现了首波峰值（203.9Pa）、二次波峰值（238.6Pa）和三次波峰值（570.7Pa），与测点$C_2$类似，这三个峰值分别是由列车突入隧道、经过竖井 1 和竖井 2 时产生的，二次波峰值经过竖井 2 反射膨胀波的削减，与首波峰值差别不大，三次波峰值由于新的压缩波的叠加作用表现为峰值要大于首波峰值。

④由于竖井的存在能较早地在竖井位置处产生膨胀波，反射回的膨胀波与压缩波叠加能够减少首波压缩波的持续时间。

⑤由图 9-45 可知，竖井的存在对于竖井后方首波压缩波幅值和压力梯度最大值的缓解作用表现出一致性，即随着竖井数目的增加，降幅越来越大且趋于平缓。

（2）竖井面积对气动效应的影响

通过上述对于测点$C_2$在竖井开启后的压力时程曲线分析可知，车站两端竖井的开启会导致车站内形成两次压缩波峰值，即首波峰值和二次波峰值，对比两者的形成原因可以知道，二次波峰值与竖井截面积的大小密切相关，随着竖井截面积的增大，二次压缩波峰值也会越来越大最终超过首波压缩波峰值，因此必然存在有竖井合理截面积，使得车站内首波压缩波降幅达到最大又不会导致二次波峰值超过首波峰值。通过设置 $9m^2$（开口率 21%）、$16m^2$（开口率 38%）、$25m^2$（开口率 62%）、$36m^2$（开口率 86%）4 种不同的竖井截面积来进行研究。

通过改变车站两端竖井截面积的开口率，得到各个测点的压力时程曲线和首波压力梯度变化曲线如图 9-46～图 9-48 所示。

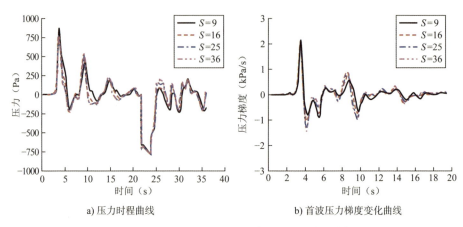

图 9-46　测点 $C_1$ 压力时程曲线和首波压力梯度变化曲线

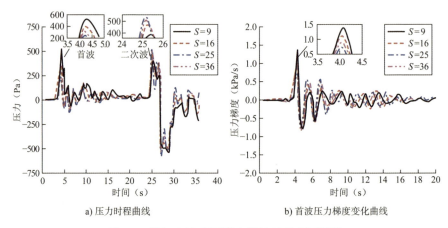

图 9-47　测点 $C_2$ 压力时程曲线和首波压力梯度变化曲线

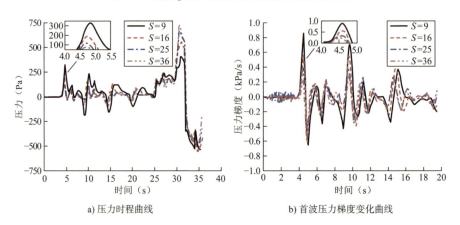

图 9-48　测点 $C_3$ 压力时程曲线和首波压力梯度变化曲线

通过观察可知，车站两端竖井开启会导致测点产生二次压缩波峰值甚至三次压缩波峰值，测点$C_2$、$C_3$在列车过竖井 1 时会产生二次压缩波峰值，$C_3$在列车过竖井 2 时会产生三次压缩波峰值。观察测点$C_3$压力变化曲线可以看出，测点$C_3$的二次压缩波峰值相比较三次波峰值要小很多，因此对于测点$C_3$采用首波峰值和三次波峰值进行分析。将各测点的首波压缩波峰值与压力梯度最大值、测点$C_2$和$C_3$的首波压缩波峰值和二次（三次）压缩波峰值提取整理后汇总，统计情况见表 9-3、表 9-4。

竖井不同开口率下测点首波压缩波峰值和压力梯度统计表　　表 9-3

| 测点 | 开口率21% | | 开口率38% | | 开口率60% | | 开口率86% | |
| --- | --- | --- | --- | --- | --- | --- | --- | --- |
| | 压力（Pa） | 压力梯度（kPa/s） | 压力（Pa） | 压力梯度（kPa/s） | 压力（Pa） | 压力梯度（kPa/s） | 压力（Pa） | 压力梯度（kPa/s） |
| $C_1$ | 868.6 | 2.13 | 855.6 | 2.13 | 840.1 | 2.1 | 836.4 | 2.1 |
| $C_2$ | 520 | 1.38 | 401 | 1.13 | 314 | 0.91 | 253 | 0.75 |
| $C_3$ | 328 | 0.88 | 203.9 | 0.59 | 127.5 | 0.41 | 83.3 | 0.26 |

竖井不同开口率下测点压缩波峰值统计表（单位：Pa）　　表 9-4

| 开口率（%） | 测点$C_2$ | | 测点$C_3$ | |
| --- | --- | --- | --- | --- |
| | 首波 | 二次波 | 首波 | 三次波 |
| 21 | 520 | 388 | 328 | 410.5 |
| 38 | 401 | 470 | 203.9 | 570.7 |
| 60 | 314 | 507 | 127.5 | 676.8 |
| 86 | 253 | 538 | 83.3 | 736.4 |

为了直观显示以上数据，将表 9-3、表 9-4 数据进行整理得到图 9-49、图 9-50。

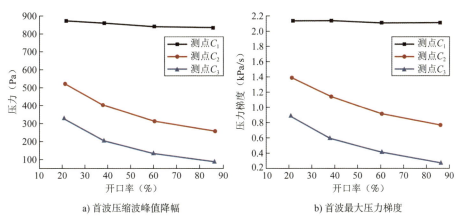

a) 首波压缩波峰值降幅　　　　　　　　b) 首波最大压力梯度

图 9-49　竖井不同开口率时测点首波压缩波峰值和最大压力梯度关系曲线

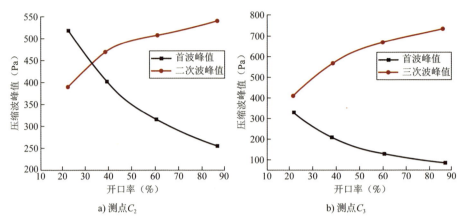

图 9-50 竖井不同开口率时测点$C_2$、$C_3$首波压缩波峰值和二次、三次压缩波峰值对比曲线

综合对以上图表进行分析，可以得出以下结论。

①由于竖井截面积的增加使得反射回的膨胀波能量增加，膨胀波与测点处的压缩波叠加削弱了首波压缩波峰值，使得测点$C_1$的首波压缩波峰值和最大压力梯度值有微弱的下降；当竖井开口率达到 86% 时，测点$C_1$首波压缩波峰值降低了 10.1%。说明大断面竖井对前方区域首波压缩波峰值有一定的缓解作用。

②由图 9-49 可知，竖井的存在对竖井后方区域首波压缩波峰值具有明显的削减作用，随着竖井开口率的增加，竖井的降压效果越来越好；对于测点$C_2$来说，当竖井开口率为 86% 时其首波压缩波峰值相比较无竖井时降低幅度达到了 73%。从曲线变化趋势可以看出，测点首波压缩波峰值的降幅随着竖井开口率的增加逐渐变缓。

③竖井开口率对首波压缩波最大压力梯度的影响与对首波压缩波峰值的影响基本相同，当竖井开口率为 86% 时，测点$C_2$首波压力梯度最大值下降了 64%，首波压缩波最大压力梯度随着竖井开口率的增加逐渐降低，且下降趋势逐渐变缓。

④对于车站位置测点$C_2$，由于前方竖井 1 的存在导致列车通过时产生了二次压缩波波峰，可以看出，随着竖井开口率的增加，首波压缩波峰值逐渐减小，而二次压缩波峰值逐渐变大，在竖井开口率约为 32% 时二次压缩波峰值超过了首波压缩波峰值成为影响车站内气动压力的主要因素，因此从控制车站内气动效应角度而言，竖井截面积应控制在区间净空面积的 32% 左右，这样才能最为

合理地利用竖井的减压作用,根据图 9-50a)曲线插值可以得到此时首波压缩波峰值的下降幅度约为 53%。

⑤对于车站位置后方区间隧道测点$C_3$来说,由于列车两次经过竖井,叠加后的三次压缩波峰值将会成为影响测点最大压力值的主要因素;从图 9-50b)可以看出,随着竖井开口率的增加,测点$C_3$的首波压缩波峰值逐渐减小,三次压缩波峰值逐渐变大,根据图中曲线的趋势可以看出,在竖井开口率小于 20%时首波压缩波峰值才可能大于三次压缩波峰值,但此时$C_2$测点的首波压缩波峰值将会变大,因此从控制站台位置气动压力而言,建议竖井开口率取 32%左右。

(3)竖井高度对气动效应的影响

与高速列车通过车站两端竖井时产生二次压缩波和三次压缩波一样,当竖井高度改变时,竖井位置所形成的空间区域也会随之改变,竖井越高,竖井位置空间也越大,列车通过时能够挤压产生压缩波的气流也越多。当列车从更大的空间驶入到区间隧道时,同样会导致二次压缩波峰值和三次压缩波峰值变大,甚至超过列车突入洞口时产生的首波压缩波峰值,因此需对竖井高度进行合理控制。通过对车站两端设置四种不同高度的竖井,来研究竖井高度对高速铁路隧道内的气动影响规律。

不同竖井高度时隧道内各测点的压力时程曲线和首波压缩波压力梯度变化曲线如图 9-51~图 9-53 所示。

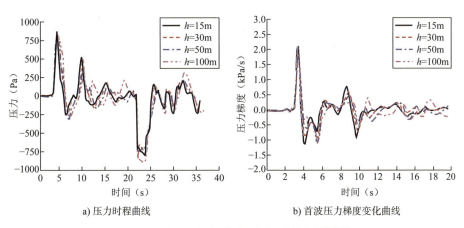

图 9-51 测点$C_1$压力时程曲线和首波压力梯度变化曲线

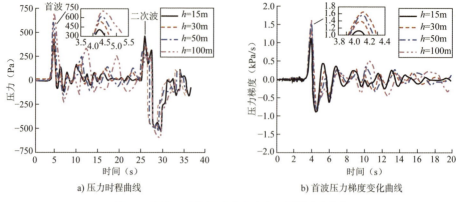

图 9-52 测点 $C_2$ 压力时程曲线和首波压力梯度变化曲线

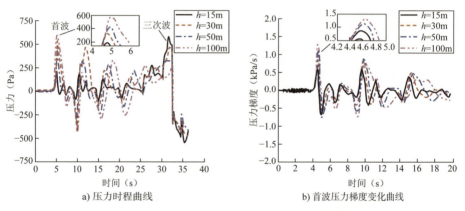

图 9-53 测点 $C_3$ 压力时程曲线和首波压力梯度变化曲线

由图 9-52、图 9-53 可以看出，当竖井高度改变时，竖井后测点 $C_2$、$C_3$ 的首波压缩波峰值和压力梯度最大值会产生很明显的变化，同时列车通过竖井时产生的二次压缩波峰值和三次压缩波峰值变化也很大。当竖井高度增加，测点 $C_2$、$C_3$ 在列车到达竖井前压力时程曲线有多个峰值产生，这是由于列车驶入隧道时产生的压缩波到达隧道出口时进行了反射，反射回的膨胀波通过隧道入口再次反射形成了压缩波，该波多次经过隧道出口和入口的反射形成膨胀波和压缩波在区间隧道中往复运动，每经过隧道洞口一次压力波有一部分会被以微压波的形式耗散掉，表现为中间峰值的逐渐降低。由此可知，当车站两端区间隧道足够长时，列车进入隧道产生的压缩波将不会在隧道中进行反射，也不会产生压力波的往复传播，即不会产生中间时刻的压缩波峰值。

当列车通过竖井时，列车经历了从较大空间突入狭小空间的过程，将会产生新的压缩波继续向前传播。通过上述对测点$C_2$、$C_3$压缩波峰值的描述可以知道，影响测点$C_2$压缩波峰值的主要因素是首波压缩波峰值和二次压缩波峰值，影响测点$C_3$压缩波峰值的主要因素是首波和三次压缩波峰值，与竖井面积改变对隧道内气动效应的影响研究相类似，对于竖井高度改变对隧道内的气动影响研究同样以这三个指标作为评价对象。

将隧道内各个测点的首波压缩波峰值和压力梯度峰值、测点$C_2$的二次压缩波峰值、测点$C_3$的三次压缩波峰值统计见表9-5、表9-6。

竖井不同高度下测点首波压缩波峰值和压力梯度统计表　　　表9-5

| 测点 | $h=15\mathrm{m}$ | | $h=30\mathrm{m}$ | | $h=50\mathrm{m}$ | | $h=100\mathrm{m}$ | |
| --- | --- | --- | --- | --- | --- | --- | --- | --- |
| | 压力（Pa） | 压力梯度（kPa/s） | 压力（Pa） | 压力梯度（kPa/s） | 压力（Pa） | 压力梯度（kPa/s） | 压力（Pa） | 压力梯度（kPa/s） |
| $C_1$ | 855.6 | 2.13 | 877.5 | 2.14 | 874.8 | 2.14 | 880.9 | 2.14 |
| $C_2$ | 406.5 | 1.13 | 535.4 | 1.39 | 613.8 | 1.55 | 715.7 | 1.66 |
| $C_3$ | 203.9 | 0.59 | 342.7 | 0.9 | 445.1 | 1.12 | 593.2 | 1.32 |

竖井不同高度下测点压缩波峰值统计表（单位：Pa）　　　表9-6

| 竖井高度$h$（m） | 测点$C_2$ | | 测点$C_3$ | |
| --- | --- | --- | --- | --- |
| | 首波 | 二次波 | 首波 | 三次波 |
| 15 | 406.5 | 469.2 | 203.9 | 570.7 |
| 30 | 535.4 | 410.1 | 342.7 | 477.3 |
| 50 | 613.8 | 311.2 | 445.1 | 319.1 |
| 100 | 715.7 | 255 | 593.2 | 227.2 |

将表9-5、表9-6中不同高度竖井时各测点的峰值统计数据进行整理得到如图9-54、图9-55所示的曲线。

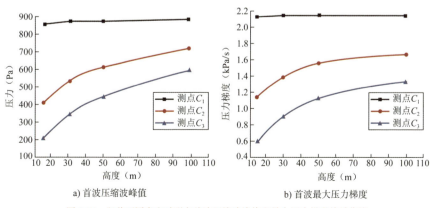

a) 首波压缩波峰值　　　　　　　　b) 首波最大压力梯度

图9-54　竖井不同高度时测点首波压缩波峰值和最大压力梯度关系曲线

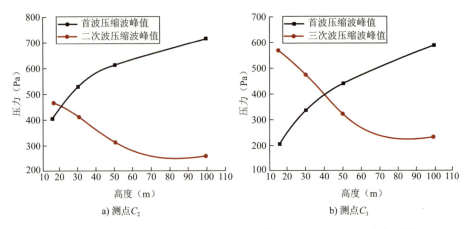

图 9-55 竖井不同高度时测点$C_2$、$C_3$首波压缩波峰值和二次、三次压缩波峰值关系曲线

综合以上表中的统计数据及图所示的关系曲线，结合不同竖井高度时隧道内各测点的压力时程曲线和首波压力梯度变化曲线，可以得出以下结论。

①竖井高度的改变对于竖井前方（测点$C_1$）首波压缩波峰值和压力梯度最大值没有影响，因为竖井截面积固定时，竖井位置处反射回的膨胀波能量也相同，所以竖井高度改变不会对前方区域产生影响。

②随着竖井高度的增加，竖井后方的首波压缩波峰值和压力梯度最大值逐渐升高，且这种增长有逐渐变缓的趋势，当竖井高度为15m时，测点$C_2$的首波压缩波降幅为56.2%，测点$C_3$的首波压缩波降幅为77.9%；当竖井高度变为100m时，测点$C_2$的首波压缩波降幅仅为22.8%，测点$C_3$降幅为35.8%。说明竖井高度越高，对首波压缩波的降压效果越差。

③竖井高度改变对首波压力梯度最大值的影响表现出相同的规律，当竖井高度为15m时，测点$C_2$和$C_3$的首波压力梯度最大值降幅分别为45.9%和68.3%；当竖井高度为100m时，$C_2$和$C_3$的降幅分别为20.6%和29%。说明随着竖井高度的增加，对竖井后方测点的首波压力梯度最大值的减缓作用也在逐渐下降。

④观察车站位置处测点$C_2$的首波压缩波峰值和二次压缩波峰值与竖井高度的关系曲线可知，竖井越高，首波峰值越大，二次波峰值越小，当竖井高度超过20m左右时，首波压缩波峰值将超过二次压缩波峰值成为影响车站范围内气动压力的主要因素。因此从控制车站内气动效应的角度而言，竖井合理高度应设置在20m左右，这样首波压缩波峰值和二次压缩波峰值同时取得最优值，竖井的减压效果最好。

⑤观察测点$C_3$首波压缩波峰值和三次压缩波峰值与竖井高度的关系曲线可以看出，随着竖井高度的增加，首波压缩波峰值逐渐升高，三次压缩波峰值逐渐降低，在竖井高度约为 40m 时两条曲线相交，说明竖井高度 40m 为测点$C_3$位置处的合理竖井高度。

## 9.3　横　通　道

### 9.3.1　横通道缓解气动效应原理

在高速铁路建设中，对于双洞单线隧道通常会设置一些横通道，一方面出于施工要求，另一方面也可以起到运营期间救灾的作用。而研究结果表明，隧道内合理设置横通道还能有效减缓隧道内瞬变压力和洞口微压波效应，从而可以减少对洞口周围环境的影响，以及减少隧道净空面积，降低工程造价。

列车进入设置横通道的隧道（左线隧道）时产生以声速向前传播的压缩波，如图 9-56 所示。

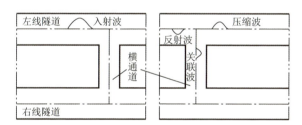

图 9-56　横通道与隧道连接处压力波的传播与反射

当此压缩波传至横通道处时，一部分波以膨胀波的形式反射向隧道入口端传播，另一部分以压缩波的形式沿隧道和横通道分别向列车前进方向和横通道长度方向传播。

当沿横通道长度方向传播的关联波到达横通道与右线隧道连接处时，反射为膨胀波并沿着横通道向左线隧道传播。该膨胀波传播到接头处时，又被反射为压缩波和两个向左线隧道传播的膨胀波。在设置横通道的双洞单线隧道中，上述过程重复进行。

列车车头进入隧道时产生压缩波，一部分传播至隧道出口端时反射回膨胀波；另一部分传播到横通道时产生压缩波。如果使反射回来的膨胀波与横通道产生的压缩波在列车车头处叠加,就可以使列车车头处的空气压力波动值减小,从而减缓压力波动。

此外,在列车进入隧道产生的压缩波传播至横通道时,由于波的传播空间突然增大,压缩波被分流后得到衰减,这样位于横通道前方的测点所测得的压力也会有所缓减,压力梯度峰值也会降低。

### 9.3.2 横通道缓解气动效应参数分析

(1)横通道截面面积对隧道气动效应的影响

分别计算了单个横通道截面面积分别为 $15m^2$,$30m^2$,$45m^2$ 的三组参数工况和无横通道工况,并进行对比分析。各工况测点的压力梯度曲线如图 9-57 所示,各工况测点的压力梯度峰值比较见表 9-7。

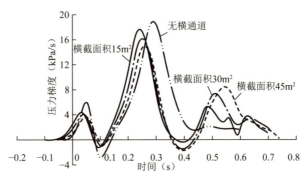

图 9-57　横通道横截面积不同时测点的压力梯度曲线比较

**横通道横截面积不同时与无横通道压力梯度峰值比较**　　表 9-7

| 工况 | 压力梯度峰值 (kPa/s) | 比值 (%) | 单位面积缓解率 (%) | 横通道参数 ||
|---|---|---|---|---|---|
| | | | | 横截面积 ($m^2$) | 长度 (m) |
| I | 18.88 | 100.0 | 0 | 无横通道 ||
| II | 17.63 | 93.4 | 0.44 | 15 | 25 |
| III | 16.21 | 85.9 | 0.47 | 30 | 25 |
| IV | 14.94 | 79.1 | 0.46 | 45 | 25 |

由上述计算结果可以看出:

①设置单个横通道以后,与无横通道时相比,压力梯度峰值明显下降,根据洞口微压波压力大小与压力梯度值成正比的关系,设置横通道后微压波峰值亦将减小。由此表明,横通道对缓解气动效应是有利的。

②随着横通道横截面积的增大,测点的压力梯度峰值逐渐减小,其中横截面积为 45m² 工况下压力梯度峰值最小,与无横通道工况相比降幅最大,为 20.1%,降幅明显。由此表明,仅从降低隧道气动效应的角度考虑,增大横通道横截面积是非常有效的。

③然而实际工程中,工程造价是不可回避的问题,横通道横截面积的增大直接带来工程造价的增加,因此需要考虑其性价比。由此,引入单位面积缓解效果这个指标,即降低幅度与横通道截面面积的比值。由表 9-7 计算数据,横通道截面面积为 30m² 的单位面积缓解率最大,为 0.47%,其利用率最佳。

(2)横通道长度对隧道气动效应的影响

对于横通道长度对隧道气动效应的影响,分别计算了单个横通道长度分别为 10m,25m,50m 的三组参数工况和无横通道工况,并进行了对比分析。各工况测点的压力梯度曲线如图 9-58 所示,各工况测点的压力梯度峰值比较见表 9-8。

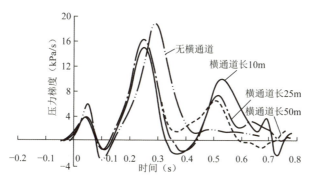

图 9-58 横通道长度不同时测点的压力梯度曲线比较

**横通道长度变化时与无缓冲结构压力梯度峰值比较** 表 9-8

| 工况 | 压力梯度峰值<br>(kPa/s) | 比值<br>(%) | 横通道参数 ||
|---|---|---|---|---|
| | | | 横截面积(m²) | 长度(m) |
| I | 18.88 | 100.0 | 无缓冲结构 ||
| II | 15.05 | 79.7 | 30 | 10 |
| III | 16.21 | 85.9 | 30 | 25 |
| IV | 16.42 | 87.0 | 30 | 50 |

由表 9-8 中横通道长度为 10m,25m,50m 时横通道附近测点压力梯度峰值分别为无横通道时的 79.7%,85.9% 和 87.0% 可以看出:横通道长度变化对

压力梯度峰值的影响非常明显，压力梯度峰值随横通道长度的减小而减小。因此，在工程应用中，在条件允许的情况下，应尽可能减小横通道的长度，一方面可降低造价，另一方面更有利于减缓隧道气动效应。

（3）多条横通道对隧道气动效应的影响

由上述对单条横通道的横截面积、长度参数的分析结果，选择其中典型横通道参数研究多条横通道对隧道气动效应的影响。其中，第一条横通道距离隧道入口30m，其他相邻横通道净间距30m，横通道横截面积均为30m²，横通道长度为25m。

图9-59所示为1~6条横通道工况与无横通道工况压力梯度峰值比较。从拟合关系曲线来看，横通道个数与其对应压力梯度峰值占无横通道工况的比值成二次抛物线关系。随着横通道个数的增加，压力梯度峰值逐渐减小，且减小趋势越来越缓和，其中当横通道数为6条时，压力梯度峰值为无缓冲结构的26.9%，降幅非常明显。另外由拟合关系曲线可预测出，当横通道条数增加到8条时，其压力梯度峰值达到最小，此时为无横通道时的21.4%。因此，增加横通道的个数对于降低压力梯度峰值，削减洞口外微压波压力峰值是非常有效的。但是增加横通道个数也会带来建设成本的提高，这就需要结合工程实例，根据隧道特点确定经济合理的方案。

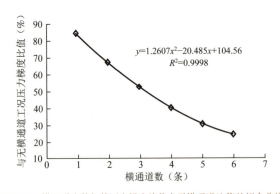

图9-59 横通道个数与其压力梯度峰值占无横通道比值的拟合曲线

## 9.4 站台屏蔽门

### 9.4.1 屏蔽门系统介绍

屏蔽门系统是20世纪80年代出现并应用于地铁车站上的一项智能控制系

统,我国在广州地铁 2 号线上第一次尝试使用了地铁屏蔽门系统,后该系统被广泛应用于各地的地铁车站中,而后随着高铁车站"进入"地下,屏蔽门系统也被尝试应用于高铁地下车站。

屏蔽门系统是一道设置于车站站台边缘的用来将车站站台和车站到发线分开的"墙壁",在到发线没有停车的时候是关闭的,在到发线来车,有乘客需要上下车的时候屏蔽门会自动打开,供乘客上下车通过使用。

屏蔽门主要分为全封闭式和半封闭式两种形式,如图 9-60 所示。半封闭式站台门隔墙没有封顶,全封闭式站台门设置的隔墙直至车站顶部,两种屏蔽门在生活中均被广泛应用。

a) 半封闭式屏蔽门　　　　　　　　b) 全封闭式屏蔽门

图 9-60　屏蔽门

在屏蔽门系统被应用于地铁车站之前,经常会有乘客由于各种原因掉下站台,发生运营事故,甚至造成人员伤亡,据统计,仅 2000 年和 2001 年广州地铁 1 号线就发生乘客掉入到发线轨道事件 29 起,而这每一起事件都会造成车站短暂的停运,其中有部分事件还造成人员的伤亡;屏蔽门将乘客与列车轨行区分割开,避免乘客不小心跌落轨道的风险,极大地保证了站台乘客的安全性,提高了运行效率。避免杂物从站台进入轨行区,减少对列车的损害,对列车起到保护作用,也增加了车上乘客的安全性。

列车运行时产生较大活塞风,当列车进站时,车内压强突然增大,如果列车气密性不好时,乘客会产生耳朵和身体的不适,造成不必要的人员伤亡和经济损失。屏蔽门具有一定的隔音效果。列车在地下车站里运行时,会产生很大的噪声。站台屏蔽门加装后,乘客在站台上所承受的噪声大大降低,并减少了风尘和其他杂物对站台乘客受伤害的风险,大大提高了站台内乘客的舒适性。

此外，在传统的铁路车站站台位置，一般都需要安排数名站台服务人员引导乘客在安全位置排队候车，防止乘客掉入到发线轨道上，然而随着我国经济的高速发展，国内人工成本不断上涨，随即引起车站管理成本上涨。车站安装了屏蔽口之后，就可以减少站台乘务人员，从而降低车站管理成本。

### 9.4.2 屏蔽门缓解气动效应参数分析

1）计算模型和计算条件

（1）三维数值计算模型

根据八达岭隧道和长城站设计方案，建立三维 CFD 数值计算模型。为节省计算资源，对模型进行合理简化，简化后的三维模型的隧道总长度 2376m，中间车站长 796m，站台长 250m，两边隧道各长 500m，区间隧道面积 92m$^2$。数值模型平面如图 9-61 所示。图中 1-1 断面为区间隧道横断面，宽 12.2m、高 7.54m；2-2 断面为车站中部横断面，其尺寸如图 9-62 所示。区间隧道至车站隧道由大断面的咽喉区相连。

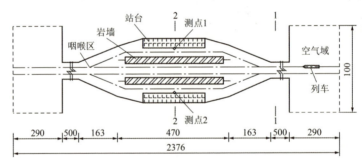

图 9-61 八达岭长城站计算模型（尺寸单位：m）

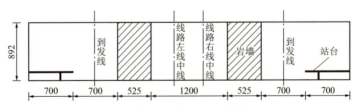

图 9-62 车站中部 2-2 横断面（尺寸单位：cm）

建立的八达岭隧道三维 CFD 数值模型如图 9-63 所示，模型网格总数为 250 万个，网格体最小尺寸为 $2.8 \times 10^{-4}$m$^3$。京张高铁设计使用车型为国产的 CRH3 形车体，编组长度 200.67m，列车模型长度取 100m，建立的车头及列车模型如

图 9-64 所示。列车横断面积 12.19m², 列车与隧道的阻塞比为 0.1325, 列车运行速度 250km/h。

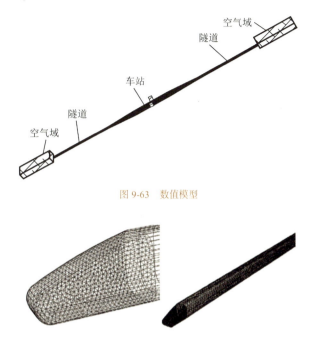

图 9-63 数值模型

图 9-64 CRH3 列车车头及车体模型

（2）数值计算条件

采用 Fluent 软件对建立的三维模型进行模拟计算。首先对未设置站台门时，通过对多种列车运行方案的研究，得到站台气动效应最不利工况；然后针对最不利的列车运行方式，研究有屏蔽门时的站内气动效应；最后对安全门模式进行计算，分析到发线列车越行时的站台气动效应。

边界条件的设置：隧道进出口连接一段空气域，采用压力远场边界条件；隧道壁面边界采用无滑移边界条件；列车壁面使用滑移壁面，列车的运动采用动网格模型。

2）结果分析

（1）无屏蔽门时车站气动效应

通过分析，选择 3 种典型或不利列车运行的方案，包括单车通过、站内会车和咽喉区会车，详细信息见表 9-9。在两侧站台中部靠近隧道边缘线位置各布置一个测点（图 9-61）。3 种工况下各测点压缩波峰值、最大瞬变压力以及站台最大风速列入表 9-10 进行对比分析。

**无屏蔽门时站内气动效应研究工况** 表 9-9

| 工况 | 运行方案 | 会车位置与隧道入口间距（m） | 列车运行速度（km/h） |
| --- | --- | --- | --- |
| 1 | 单车通过 | — | 250 |
| 2 | 站内会车 | 898 | 250 |
| 3 | 咽喉区会车 | 663 | 250 |

**无屏蔽门时站内气动效应统计** 表 9-10

| 项目 | 压力峰值（Pa） | | | 压力瞬变最大值（kPa/3s） | | | 最大风速值（m/s） | | |
| --- | --- | --- | --- | --- | --- | --- | --- | --- | --- |
| 工况 | 1 | 2 | 3 | 1 | 2 | 3 | 1 | 2 | 3 |
| 测点 1 | 256 | 508 | 265 | 0.31 | 0.58 | 0.42 | 1.38 | 3.49 | 2.12 |
| 测点 2 | 248 | 506 | 263 | 0.29 | 0.56 | 0.38 | 1.38 | 3.49 | 2.10 |
| 平均值 | 252 | 507 | 264 | 0.3 | 0.57 | 0.4 | 1.38 | 3.49 | 2.11 |

工况 2 下站台压力峰值最大，是工况 1 最大压力峰值的近 2 倍，而工况 1 与工况 3 站台压力峰值相差不大。车 1 进入隧道产生的压缩波 $P_1$ 波峰传播至站台位置时，车 2 还未到达隧道入口，并未产生压缩波，因此对站台压力并无影响。

工况 2 下站台的瞬变压力最大，约为工况 1 下站台瞬变压力最大值的 1 倍，比工况 3 下站台的瞬变压力大 40%。此外，计算结果表明，工况 2 站台的最大风速值最大，约为工况 1 站台最大风速值 2.5 倍，约为工况 3 站台最大风速值的 1.6 倍。可见工况 2 的站内会车气动效应影响最大。

（2）全封闭屏蔽门时车站内气动效应

在上述模型基础上，全站台纵向沿站台边缘靠近到发线一侧布置长度 250m 的全封闭屏蔽门，其平面布置图如图 9-65 所示。到发线停靠列车按照 8 节车体考虑，设置 8 处屏蔽门活动部分，其高度 2.5m、宽度 3m。模拟的屏蔽门工作状态包括以下三种。

①工况 4：两侧到发线均未停靠列车，双侧屏蔽门同时关闭。

②工况 5：两侧到发线均停靠列车，双侧屏蔽门同时打开。

③工况 6：线路一侧到发线停靠有列车，另一侧到发线未停靠列车，则线路一侧屏蔽门打开另一侧屏蔽门关闭。

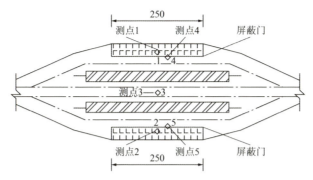

图 9-65 站台屏蔽门平面布置示意（尺寸单位：m）

为了掌握列车高速过站时产生的气动效应对屏蔽门和站台的影响，在车站两侧站台中心位置布置测点 1 和测点 2，中间越行线布置测点 3，两侧屏蔽门布置测点 4 和测点 5。

从表 9-11～表 9-13 可知，工况 4 中到发线无列车停靠，屏蔽门关闭，此时站台气动压力、风速等均为零，说明当屏蔽门完全关闭的时候，站台位置是不受列车高速过站所产生的气动效应影响。

各种工况下各测点压力峰值（单位：Pa）　　　表 9-11

| 测点 | 工况 4 | 工况 5 | 工况 6 | 无站台门 |
| --- | --- | --- | --- | --- |
| 1 | 0 | 399 | 0 | 508 |
| 2 | 0 | 404 | 406 | 506 |
| 3 | 1304 | 1192 | 1233 | 1057 |
| 4 | 937 | 499 | 932 | — |
| 5 | 937 | 498 | 501 | — |

各种工况下各测点瞬变压力最大值（单位：kPa/3s）　　　表 9-12

| 测点 | 工况 4 | 工况 5 | 工况 6 | 无站台门 |
| --- | --- | --- | --- | --- |
| 1 | 0 | 0.36 | 0 | 0.58 |
| 2 | 0 | 0.37 | 0.41 | 0.56 |
| 3 | 1.42 | 1.21 | 1.29 | 1.12 |
| 4 | 1.03 | 0.52 | 0.99 | — |
| 5 | 1.01 | 0.52 | 0.53 | — |

各种工况下各测点最大风速值（单位：m/s）　　　表 9-13

| 测点 | 工况 4 | 工况 5 | 工况 6 | 无站台门 |
| --- | --- | --- | --- | --- |
| 1 | 0 | 0.99 | 0 | 3.49 |
| 2 | 0 | 0.99 | 1.11 | 3.49 |
| 4 | 0 | 8.32 | 0 | — |
| 5 | 0 | 7.98 | 9.88 | — |

对于以上三种屏蔽门开关工况，工况 4 中两侧屏蔽门完全关闭时，车站越行线上的压力值和瞬变压力都最大，相较于不设置站台门时，其压缩波峰值和瞬变压力都更大。屏蔽门会恶化车站快速通道上的气动效应。同时，工况 4 中屏蔽门上所受的气动压力达到 0.9kPa。

计算结果表明，当屏蔽门同时打开时的压力峰值、瞬变压力峰值、最大风速值均小于单侧打开对应的值，表明单侧打开屏蔽门气动效应的影响比同时打开的气动效应大。

对比工况 5 与无屏蔽门工况，发现屏蔽门双侧同时打开时站台气动效应相较于不设屏蔽门时的要弱，其压缩波峰值、瞬变压力值和速度峰值都要小一些。屏蔽门完全打开时只是指屏蔽门的活动门部分打开，屏蔽门系统的其他部分仍旧能够缓解站台位置的气动效应。

（3）半封闭屏蔽门时车站内气动效应

采用全封闭屏蔽门时，列车在车站中部会车屏蔽门上会产生约 937Pa 的气动力作用，对屏蔽门的结构产生大影响，且在屏蔽门开口处风速可达近 10m/s，对站台乘客安全影响极大。在保护站台乘客安全的基础上，进一步讨论在站台上设置 1.5m 高的半封闭屏蔽门系统，使到发线与站台连通，对站台进行泄压和减缓列车风对站台的作用。设置半封闭屏蔽门后的气动效应介于无屏蔽门和设置全封闭屏蔽门之间。

采用半封闭屏蔽门时的计算工况，由于列车在中间线单车通过、站内会车和咽喉区会车时的站台压力和列车风结果应比无屏蔽门时的结果会稍小，可参考该结果。仅考虑列车单车在到发线以 120km/h 的速度越行时对站台气动作用结果。在上述模型基础上，分析无屏蔽门模型和全站台设置 1.5m 高半封闭屏蔽门模型。取到发线上距屏蔽门 0.7m 的测点I和站台内距屏蔽门 0.7m 的测点II进行分析，结果见表 9-14。

有无半封闭屏蔽门时站台气动效应统计表　　　　表 9-14

| 测点 | 压力峰值（Pa） | | 压力瞬变最大值（kPa/3s） | | 最大风速值（m/s） | |
| --- | --- | --- | --- | --- | --- | --- |
| | 无屏蔽门 | 有屏蔽门 | 无屏蔽门 | 有屏蔽门 | 无屏蔽门 | 有屏蔽门 |
| I | 278 | 278 | 828 | 791 | 6.67 | 19.12 |
| II | 253 | 253 | 697 | 614 | 5.53 | 4.01 |

从表 9-14 的结果来看，不管是否设置半封闭屏蔽门，站内的测点压力峰值

都是一样的，但是瞬变压力的峰值有一定程度的减小，说明半封闭屏蔽门对降低站内压力效果不明显。但与全封闭屏蔽门相比，设置半封闭屏蔽门后的泄压作用非常明显，站台压力值明显低于有全屏蔽门时的最大值。设置半封闭屏蔽门后，测点I的风速有所增加，而半封闭屏蔽门内站台测点II的风速降低，风速低于 5m/s，与全封闭屏蔽门开口处最大风速近 10m/s 相比低很多。主要是因为设置半封闭屏蔽门后，靠近列车的测点I周围的流场空间受到半封闭屏蔽门的影响，减小了自由空间，导致风速增大；而受到半封闭屏蔽门的屏蔽作用，测点II受到流场作用减小，所以风速减小。在站台泄压和降低站台风速方面，半封闭屏蔽门系统明显优于无屏蔽门系统。

设置半封闭屏蔽门后，车站站台与隧道相连通，隧道内列车运行产生的活塞风会进一步作用到车站内部区域，进出站人行通道和站内净流通面积小的门位置处会受到列车风的影响而产生高风速。

对于本线采用半封闭屏蔽门系统时的隧道和车站公共区列车风作用，前期采用了一维数值模拟计算方法，建立了全线隧道和地下车站公共区的模型，分别对单车越行全线隧道、车站中部会车和咽喉区会车进行了分析，模拟计算结果见表 9-15。

**设置半封闭屏蔽门时不同工况下最大风速模拟计算结果** 表 9-15

| 车型 | 出站通道风速（m/s） | | | 进站通道风速（m/s） | | |
| --- | --- | --- | --- | --- | --- | --- |
| | 单车越行 | 车站中部会车 | 咽喉区会车 | 单车越行 | 车站中部会车 | 咽喉区会车 |
| 16 节 | 4.5 | 7.5 | 7.5 | 4.6 | 7.6 | 7.5 |
| 8 节 | 2.8 | 5.1 | 5.0 | 3.0 | 5.2 | 5.1 |

从结果来看，采用半封闭屏蔽门时对于最不利的车站中部会车工况，进出站通道最大风速可达 7.6m/s，低于采用全屏蔽门时屏蔽门门口位置的风速。目前并没有针对高速铁路地下车站站台与站厅连接处的人行通道安全风速标准，仅有地铁、国铁的隧道和站台公共区的气动荷载标准、风速标准或安全距离等。通过参考距离列车一定距离外的人员安全风速和敞开区域中人员安全风速，基本可以认为风速在 6m/s 以下对乘客而言是舒适的，行动不会受到影响；6~9m/s 时部分人员会感觉稍不舒适，出现撮衣裙等行为；9~11m/s 时部分人员行动可能受到影响，摔倒可能性小；11m/s 以上乘客受影响大，行走困难，有一定摔倒风险。采用半封闭屏蔽门时计算得到的人行通道最大风速 7.6m/s，在安全允许

范围内，仅部分人员感觉稍不舒适。

### 9.4.3 气动效应影响及屏蔽门设计对策

八达岭长城站设置在 12km 长的新八达岭隧道内，正线设计时速 250km，过站列车高速通过地下车站时的空气动力学效应将引起较大的活塞风速、峰值压力和瞬变压力，这将对站台的乘客和机械设备产生不利影响。为了降低空气动力学效应的不利影响，八达岭长城站采取了如下设计对策。

①采用了三层三纵的分离式群洞结构，过站列车和到发线列车分别设置在站台层3个分离的隧道中，利用中隔墙的隔离作用减小过站列车气动效应对到发线站台乘客的影响。

②利用车站旅客进出口、防灾救援进出口、隧道进出口等洞口泄压，降低车站列车的气动效应。

③车站两端的站隧过渡段设置大断面隧道，有效净空面积达到 $335m^2$，大幅度降低过站列车在3洞分离口处的气动效应。

④站台门选用半封闭屏蔽门，未采用全封闭屏蔽门，可进一步减小活塞风速和气动压力，并消除了列车越行时全屏蔽门开启时的高风速影响。

## 9.5 站台隔离墙

### 9.5.1 站台隔离墙介绍

1）屏蔽门系统的不足

借鉴地铁车站的经验，目前国内在建的高速铁路地下车站都采用全封闭的站台屏蔽门系统，并且这种屏蔽门系统也确实能减缓高速列车通过对候车旅客的不良影响，对站内暖通空调环境控制也有相应作用。

但是全封闭屏蔽门系统也有其不足之处。

①由于乘客要从站内经屏蔽门进入停站列车，屏蔽门不能保证一直处于全部封闭状态，这就不可避免越站列车带来的强烈气流冲进站台内部。

②全封闭屏蔽门作为一个封闭的空间，把站台空间从地下车站空间里隔离出来，将大大减小站内有效的泄压空间，研究表明，这必将恶化站内的气动环境。

③全封闭屏蔽门系统造价较高，并且要配合安装相应的电子控制系统，设备复杂，在运营过程中，由于经常开闭，磨损折旧较快，后期维护成本较多，有一定的运营风险存在。

2）站台隔离墙及其优点

我国台湾的桃园站是目前第一个通过设置永久隔离墙来分离候车站台与高速铁路列车直通道的车站。为了降低站台压力波及车站瞬时压力效应，柏诚国际亚洲有限公司采用了在隧道中安装隔离墙，将桃园站站台区与高速轨道隔离开来的方案。这样，高速列车驶过产生的高气流流速及近车体的压力波动就不会影响站台区。

（1）带隔离墙地下车站的运营模式

带站台隔离墙的地下车站需设计为侧式站台。隔离墙设置在正线和到发线之间，而站台设置在到发线外侧。正线可供高速列车不停站直通越站，到发线可供列车避让及接受上车旅客，如图 9-66 和图 9-67 所示。

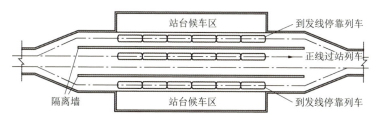

图 9-66　带隔离墙地下车站的运营模式平面示意图

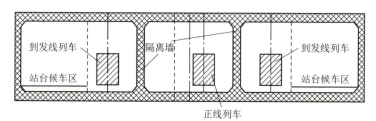

图 9-67　带隔离墙地下车站的运营模式断面示意图

（2）地下车站设置隔离墙的优点

我国台湾高铁地下车站桃园站把站台安全作为首要考虑因素，舒适度次之。作为桃园站缓解站台气动环境的首选方案，站台隔离墙的优点是显而易见的。

①有效控制站台风速。

风速大小直接影响地下车站人员安全，因此，风速必须作为首要考虑因素。列车运行产生的活塞风对地下车站环控影响较大，主要体现在列车进站工况活塞风将隧道内空气带入站台，站台层处于正压，空气在正压的作用下进一步通过楼梯进入站厅层，进而通过出入口带到室外而列车出站工况活塞风会抽吸站台层的空气，站台层处于负压，室外空气在负压作用下进入站厅，而站厅空气经过楼梯进入站台。可见，列车活塞风的作用使得车站环控各单元，即站台层、站厅层、楼梯和出入口的速度场发生变化，造成候车人员不适，并危及站台层候车人员的安全、恶化站内候车环境，因此，需要控制地下车站中的活塞风风速。

随着列车运行速度的提高，列车周围的风速相应提高，对于车站内的安全线距离也要做相应调整。有研究表明，时速200km的列车经过时，在铁路边掀起的风速值将达到14m/s，超过人站立所能承受能力，铁路旁边的人员稍不留神就有可能因此被"狂风"吸进铁道。为了防止候车的乘客被"狂风"吸入铁道，车站站台上的候车安全线与站台边缘的距离也从1m增加到了2m。

但是，站台隔离墙的存在将站台与高速列车轨道隔离开来，避免了站台直接暴露在高速轨道旁边，使高速列车附近的高速气流不能够直接影响到站台。在隔离墙的保护及外部侧式站台凹向高速轨道的形状下，站台候车区域形成了一道"避风的港湾"。

②缓解站台内部气动压力。

已有的研究表明，地下车站内的压力峰值及瞬变压力最值一般出现在首波传至站内和列车经过站内时刻，并且一般是列车经过车站时的气动压力及瞬变压力要更不利些。虽然，设置隔离墙不能阻止高速列车在隧道口处形成的压力波首波传到站台，但是列车在经过车站时列车周围急剧的压力变化在隔离墙的作用下对站台的影响肯定会有所消减。

③减小车站规模，降低工程造价。

车站到发线与正线之间需要用道岔连接。高速铁路设计中，与正线连接的道岔一般采用高标号道岔，联络线与正线之间的夹角、连接曲线半径都是一定的。所以，如果采用岛式站台，站台会设置在正线和到发线之间，这样正线和到发线的间距势必变大，必然导致车站咽喉过渡区长度加大，增加站房总体长度，最终使车站规模变大，基坑开挖围护及衬砌等后期土建工程量变大，增大工程成本。图9-68为采用岛式站台的地下车站示意图，比较图9-66的带隔离墙地下车站示意图可以看出，如果采用隔离墙形式的侧式站台，车站规模会比岛式站台有较大幅度的减小。

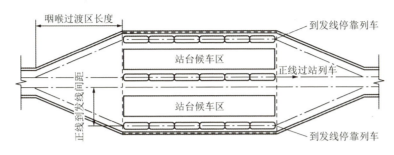

图 9-68　岛式站台地下车站示意图

### 9.5.2　隔离墙预防气动效应参数分析

1）有无隔离墙气动效应对比

在地下车站内设置站台隔离墙对站台气动环境的影响是不言而喻的，但是设置隔离墙后，站台气动环境究竟能被多大程度影响，哪些气动环境指标的改善效果更为明显，还需要定量地进行数据分析。鉴于此，对相同车站隧道参数下，不设置隔离墙（图 9-69）和设置隔离墙（图 9-70）两种工况进行研究。

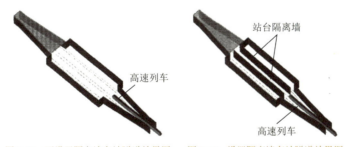

图 9-69　不设置隔离墙车站隧道效果图　　图 9-70　设置隔离墙车站隧道效果图

为了便于分析比较，仅分析通过地下车站车速为 250km/h 条件下有无站台隔离墙对站台内气动环境的影响。数值计算利用流体软件 FLUENT，计算中空气介质按黏性、可压缩理想气体处理，湍流方程为 LES 模型，用动网格技术模拟高速列车在车站隧道中的运行，计算工况见表 9-16。隔离墙的长度设置为与站台长度等长，沿正线轨道两侧布置，计算参数见表 9-17。计算模型示意和测点布置如图 9-71～图 9-74 所示。

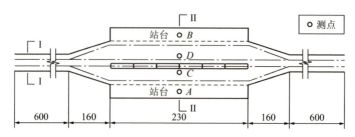

图 9-71　无隔离墙车站隧道计算模型平面示意图（尺寸单位：m）

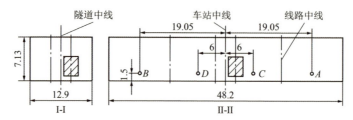

图 9-72　无隔离墙车站隧道计算模型断面示意图（尺寸单位：m）

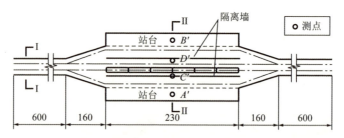

图 9-73　有隔离墙车站隧道计算模型平面示意图（尺寸单位：m）

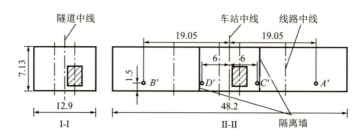

图 9-74　有隔离墙车站隧道计算模型断面示意图（尺寸单位：m）

计算工况　　　　　　　　　　　　　　表 9-16

| 工况编号 | 隔离墙 | 隔离墙长度（m） | 模拟车速（km/h） |
| --- | --- | --- | --- |
| no-Q | 无 | 0 | 250 |
| have-Q | 有 | 230 | 250 |

不同隧道长度车站气动效应数值计算参数　　　　表 9-17

| 序号 | 项目 | 参数 |
| --- | --- | --- |
| 1 | 列车型号 | CRH1 |
| 2 | 尺寸（长×宽×高）(m) | 207×3.3×3.9 |
| 3 | 列车速度（km/h） | 250 |
| 4 | 线路形式 | 单洞双线 |
| 5 | 隧道断面积（m²） | 92（宽 12.9m × 高 7.13m） |
| 6 | 地下车站最大断面积（m²） | 343.67（宽 48.2m × 高 7.13m） |
| 7 | 车站喇叭口过渡段长度（两端）(m) | 各 160 |
| 8 | 车站站台段长度（m） | 230 |
| 9 | 隔离墙长度（m） | 230 |
| 10 | 车站隧道总长度（m） | 1750 |
| 11 | 空气域尺寸（进口、出口）(m) | 长 310×宽 50×高 28 |

（1）站内风速分析

风速比较结果显示，隔离墙对站台风速控制效应明显，尤其对列车经过车站时的风速控制效果显著，如图 9-75 所示。设置隔离墙后，站内风速峰值可降低 28%。列车经过车站时，在隔离墙端部会出现涡流，如图 9-76 所示。

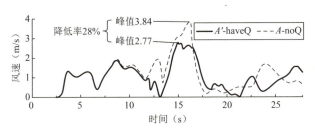

图 9-75　有无隔离墙站台测点 $(A, A')$ 风速时程对比

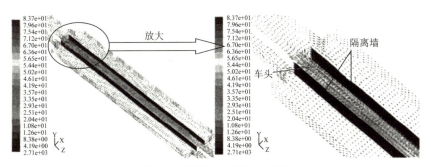

图 9-76　有隔离墙站内风速矢量图

## （2）站内压力及压力峰值分析

当车站无隔离墙列车经过时，站内压力分布较均匀，如图 9-77 所示；而设置隔离墙后，列车经过时的负压区域主要限于墙内，站台压力较为均匀，如图 9-78 所示。

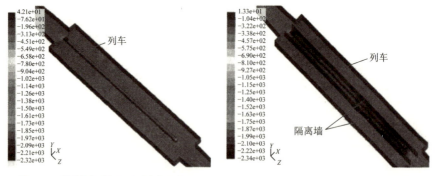

图 9-77　无隔离墙列车经过时站内压力云图　　　图 9-78　有隔离墙列车经过时站内压力云图

图 9-79 为有无隔离墙两种工况站台测点($A$,$A'$)及墙内测点($C'$)压力时程对比曲线。表 9-18 为有无隔离墙站台测点($A$,$A'$)压力峰值及降低率统计结果，表 9-19 为有隔离墙站台与墙内测点($A'$,$C'$)压力峰值及其差值统计结果。通过这些图表可以看出，隔离墙的设置对整个车站空间首波压力峰值降低效果很小，仅为 0.47%。对于列车经过车站时的站台负压峰值而言，隔离墙的设置对其有一定降低作用，降低率为 5.62%。同时，隔离墙设置后，列车经过时墙内外压力环境差异较大，最大压力差值可达 685.5Pa，其他压力差异不大。

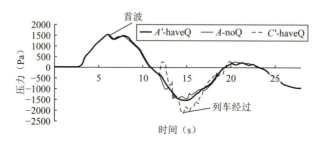

图 9-79　有无隔离墙站台测点($A$,$A'$)及墙内测点($C'$)压力时程对比

**有无隔离墙站台测点($A$,$A'$)压力峰值及降低率**　　　　表 9-18

| 项目 | 无隔离墙（Pa） | 有隔离墙（Pa） | 降低率（%） |
|---|---|---|---|
| 首波正压 | 1511.2 | 1504 | 0.47 |
| 列车经过时负压 | −1557.3 | −1469.7 | 5.62 |

有隔离墙站台测点(A,C′)压力峰值及差值（单位：Pa） 表 9-19

| 项目 | 站台测点A′ | 墙内测点C′ | 差值 |
|---|---|---|---|
| 首波正压 | 1511.2 | 1532.9 | 28.9 |
| 列车经过时负压 | −1557.3 | −2155.2 | 685.5 |

（3）站内瞬变压力分析

由于需要对站内旅客的气压舒适度进行评价，结合已有的评价标准，将以站台压力梯度（d$p$/d$t$）、1s 内的瞬变压力峰值（$\Delta P_{max}$/1s）和 3s 内的瞬变压力峰值（$\Delta P_{max}$/3s）为依据，对有无隔离墙站台测点气压舒适度计算结果进行分析比较。图 9-80 为有无隔离墙站台测点($A,A′$)压力梯度时程对比曲线，不难看出，首波过站时，站台测点压力梯度变化基本一致；而列车过站时，站台测点压力梯度变化差异较大，表现为设置隔离墙后压力梯度变化较无隔离墙波动更为复杂。

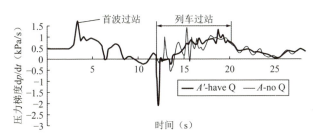

图 9-80　有无隔离墙站台测点($A,A′$)压力梯度时程对比

站台各指标统计结果见表 9-20，由表中可以看出，相比不设置隔离墙工况，设置隔离墙后站台瞬变压力提高 20% 左右，压力梯度提高 1 倍多。这是由于设置隔离墙后，站内各区域气流涡旋回流不畅，加剧了波动过程。这一点在设置站台屏蔽门后也是不可避免的。虽然有所提高，但从数值上看，还是满足 3kPa/3s 的地下车站暂定舒适度标准。

有无隔离墙站台测点(A,A′)瞬变压力最值统计表　表 9-20

| 项目 | 压力梯度d$P$/d$t$（kPa/s） | 1s 瞬变压力（Pa/1s） | 3s 瞬变压力（Pa/3s） |
|---|---|---|---|
| 无隔离墙 | 1.23 | 678.82 | 1549.02 |
| 有隔离墙 | 2.58 | 809.09 | 1877.70 |
| 提高率 | 109.8% | 19.2% | 21.2% |

2）不同长度隔离墙气动效应对比

为了便于比较，除了隔离墙长度及相应站房长度有别外，其他计算条件全部一致，不同隔离墙长度车站效果示意如图 9-81～图 9-83 所示。计算参数见表 9-21。计算工况见表 9-22。

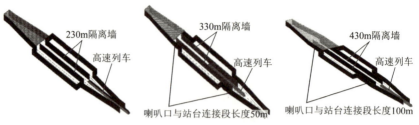

图 9-81　长度 230m 隔离墙车站隧道效果图

图 9-82　长度 330m 隔离墙车站隧道效果图

图 9-83　长度 430m 隔离墙车站隧道效果图

**不同隔离墙长度车站气动效应数值计算参数**　　表 9-21

| 序号 | 项目 | 参数 |
| --- | --- | --- |
| 1 | 列车类形 | CRH1 |
| 2 | 尺寸（长×宽×高）(m) | 207×3.3×3.9 |
| 3 | 列车速度（km/h） | 250 |
| 4 | 线路形式 | 单洞双线 |
| 5 | 隧道断面积（m²） | 92（宽 12.9m×高 7.13m） |
| 6 | 地下车站最大断面积（m²） | 343.67（宽 48.2m×高 7.13m） |
| 7 | 车站喇叭口过渡段长度（两端）(m) | 各 160 |
| 8 | 车站喇叭口与站台连接段长度（两端）(m) | 各 0；各 50；各 100 |
| 9 | 车站站台段长度（m） | 230 |
| 10 | 是否有隔离墙 | 是 |
| 11 | 车站隧道总长度（m） | 1950 |
| 12 | 空气域尺寸（进口、出口）(m) | 长 310×宽 50×高 28 |

**计算工况**　　表 9-22

| 工况编号 | 隔离墙长度（m） | 模拟车速（km/h） |
| --- | --- | --- |
| Q230 | 230 | 250 |
| Q330 | 330 | 250 |
| Q430 | 430 | 250 |

隔离墙沿正线轨道两侧布置，边界设置为 wall。计算模型平面示意和测点布置如图 9-84～图 9-86 所示，横断面同图 9-74。

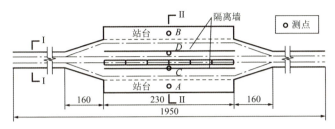

图 9-84　长度 230m 隔离墙车站隧道计算模型平面示意图（尺寸单位：m）

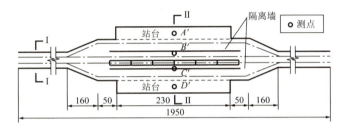

图 9-85　长度 330m 隔离墙车站隧道计算模型平面示意图（尺寸单位：m）

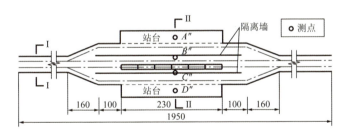

图 9-86　长度 430m 隔离墙车站隧道计算模型平面示意图（尺寸单位：m）

（1）站内风速分析

三种长度隔离墙站台测点风速时程对比曲线如图 9-87 所示。

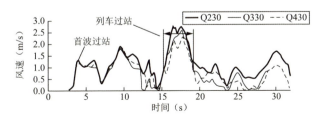

图 9-87　三种长度隔离墙站台测点 ($A, A', A''$) 风速时程对比

通过对站台风速测点监测的数据进行统计，得到各工况站台风速最值如表 9-23 所示，并绘制了隔离墙长度与站台风速最值关系曲线，如图 9-88 所示。

三种长度隔离墙站台测点($A$,$A'$,$A''$)风速最值统计表　　　表 9-23

| 工况编号 | 隔离墙长度（m） | 首波过站风速（m/s） | 列车过站风速（m/s） |
|---|---|---|---|
| Q230 | 230 | 1.30 | 2.73 |
| Q330 | 330 | 1.25 | 2.58 |
| Q430 | 430 | 1.16 | 2.31 |

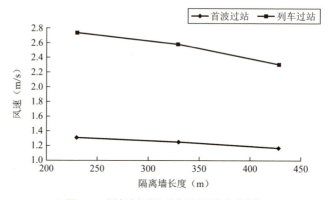

图 9-88　隔离墙长度与站台风速最值关系曲线

通过以上图表可以看出，随着隔离墙长度的加长，首波过站引起的站台风速减小较少，而列车过站引起的站台风速有较明显减小。列车经过引起的风流，在隔离墙墙端和墙尾涡流后进入站台，如图 9-89 所示。

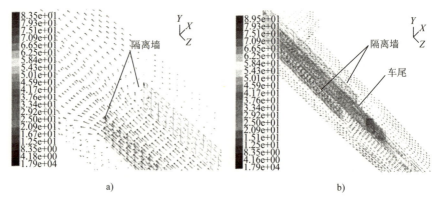

图 9-89　隔离墙墙端和墙尾风速矢量图

（2）站内压力峰值分析

三种长度隔离墙站台测点压力时程对比曲线如图9-90所示。通过对站台压力测点监测的数据进行统计，得到各工况压力最值，见表9-24。由表9-24可以看出，改变隔离墙长度对站台压力最值有一定影响，但总体上差异不大，仅相差不到100Pa。同时，通过隔离墙长度与站台压力最值关系曲线（图9-91）可以看出，对站内压力峰值来说，有一个合理的隔离墙长度存在，Q330工况压力峰值要高于其他两种工况。

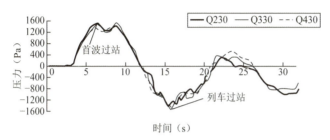

图 9-90　三种长度隔离墙站台测点($A, A', A''$)压力时程对比

三种长度隔离墙站台测点($A, A', A''$)压力最值统计表　　　表 9-24

| 工况编号 | 隔离墙长度（m） | 首波过站正压力（Pa） | 列车过站负压（Pa） |
|---|---|---|---|
| Q230 | 230 | 1518.51 | 1432.58 |
| Q330 | 330 | 1533.06 | 1552.98 |
| Q430 | 430 | 1431.41 | 1480.88 |

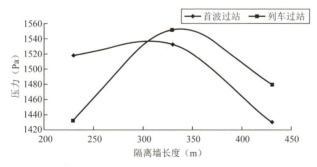

图 9-91　隔离墙长度与站台压力最值关系曲线

（3）站内瞬变压力分析

图 9-92 所示为三种长度隔离墙站台测点压力梯度时程对比曲线。由图可以看出，首波过站时，隔离墙越长，站台测点压力梯度越小，但其差值并不大；

而列车过站时，站台测点压力梯度变化差异较大，主要是当隔离墙与站台等长时，压力梯度峰值明显大于隔离墙长度大于站台长度的工况；同时，隔离墙长度大于站台长度后，再加长隔离墙长度，压力梯度有所变小，但幅度很小。

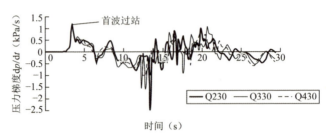

图9-92　三种长度隔离墙站台测点($A$,$A'$,$A''$)压力梯度时程对比

站台瞬变压力各指标统计结果见表9-25，隔离墙长度与站台瞬变压力最值关系曲线如图9-93所示。对于站台压力梯度最值，隔离墙的加长能使其有效降低，但是，到一定长度，隔离墙的降低效果有变弱趋势。对于1s和3s瞬变压力，随着隔离墙长度变大，其最值有小幅度变大趋势。因此，对站内瞬变压力舒适度来说，站台隔离墙有一个合理长度存在。

三种长度隔离墙站台测点($A$,$A'$,$A''$)瞬变压力最值统计表　　表9-25

| 工况编号 | 压力梯度d$P$/d$t$（Pa/s） | 1s瞬变压力（Pa/1s） | 3s瞬变压力（Pa/3s） |
| --- | --- | --- | --- |
| Q230 | 2468.75 | 723.20 | 1593.05 |
| Q330 | 1677.34 | 770.50 | 1661.18 |
| Q430 | 1612.50 | 790.41 | 1842.95 |

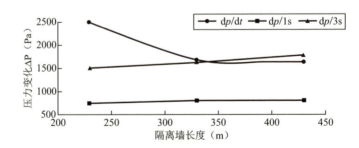

图9-93　隔离墙长度与站台瞬变压力最值关系曲线

3）会车位置对有隔离墙地下车站气动效应的影响

站内的会车是高速铁路地下车站气动环境最恶劣的工况。对于设置隔离墙

的地下车站而言，站内空间被隔离墙分割为几个联通的区域，从经验上判断，列车在相对于隔离墙的不同位置会车，站台的气动效应肯定会有差别。因此，站内会车位置对站台气动环境影响的研究能够帮助我们找到最恶劣的控制工况，为车站的运营提供参考。

数值计算中的车站统一采用车站喇叭口与站台连接段长度(两端)各100m，隔离墙为430m的方案(图9-83、图9-86)，其他计算条件全部一致，同表9-21。依据列车会车位置的不同分为三种工况，工况平面示意如图 9-94~图 9-96 所示，计算工况见表9-26。

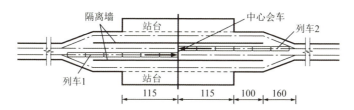

图 9-94　隔离墙车站隧道中心会车工况平面示意图（尺寸单位：m）

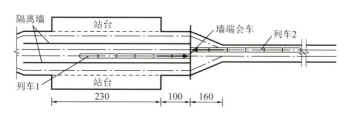

图 9-95　隔离墙车站隧道墙端会车工况平面示意图（尺寸单位：m）

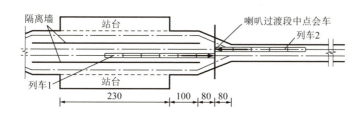

图 9-96　隔离墙车站隧道喇叭过渡段中点会车工况平面示意图（尺寸单位：m）

会车位置计算工况　　　　　　　　表 9-26

| 工况编号 | 会车位置 | 隔离墙长度(m) | 模拟车速(km/h) |
| --- | --- | --- | --- |
| h-mid | 车站中心 | 430 | 250 |

续上表

| 工况编号 | 会车位置 | 隔离墙长度（m） | 模拟车速（km/h） |
|---|---|---|---|
| h-Q | 墙端 | 430 | 250 |
| h-la | 喇叭段中心 | 430 | 250 |

（1）站内风速分析

站内会车时，风流有加剧趋势。风流在隔离墙墙端和墙尾涡流后进入站台，涡旋效应明显，如图 9-97、图 9-98 所示。

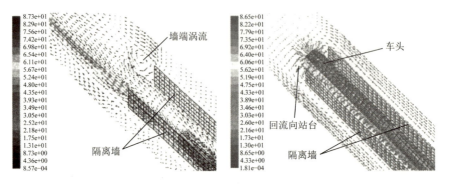

图 9-97　车站中心会车隔离墙端部风速矢量　　　图 9-98　喇叭段中心会车隔离墙端部风速矢量

三种会车工况站台测点风速时程对比曲线如图 9-99 所示。通过对站台风速测点监测的数据进行统计，得到各工况站台风速最值见表 9-27。由表 9-27 可以看出，对于站台风速，在喇叭段中心位置会车最为不利，在车站中心位置会车最为有利；在墙端部会车与在喇叭段中心会车两工况差别较小，但是这两种工况与在站中心会车差别很大，大概是 7 倍的数量级。这说明会车位置是否受到隔离墙"保护"是影响会车工况站台风速的关键。

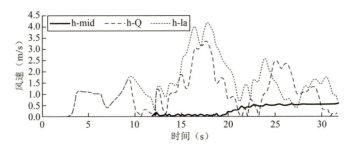

图 9-99　三种会车工况站台测点风速时程对比

**三种会车工况站台测点风速最值统计表**  表 9-27

| 工况编号 | 会车位置 | 站台风速 m/s |
|---|---|---|
| h-mid | 车站中心 | 0.6 |
| h-Q | 墙端 | 4.03 |
| h-la | 喇叭段中心 | 4.24 |

（2）站内压力峰值分析

不同会车位置站台测点压力时程对比曲线如图 9-100 所示。各工况压力最值见表 9-28。由表 9-28 可以看出，对于站台压力，与站台风速的结论截然不同，在车站中心位置会车最为不利，在喇叭段中心位置会车最为有利；并且，在墙端部会车与在喇叭段中心会车两工况差别不大，但是这两种工况与在站中心会车差别较大，最大差值近 1500Pa。这说明，会车时列车首波及车体负压区在站内刚好叠加时，站内压力环境将最不利。

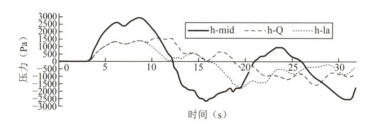

图 9-100　三种会车工况站台测点压力时程对比

**三种会车工况站台测点压力最值统计表**  表 9-28

| 工况编号 | 会车位置 | 正压峰值（Pa） | 负压峰值（Pa） |
|---|---|---|---|
| h-mid | 车站中心 | 3065.08 | 2798.73 |
| h-Q | 墙端 | 1657.05 | 1866.76 |
| h-la | 喇叭段中心 | 1431.41 | 1624.86 |

（3）站内瞬变压力分析

图 9-101 为不同会车位置站台测点压力梯度时程对比曲线，可以看出，会车位置不同时，站内压力梯度变化差别较大。其中以车站中心会车工况压力梯度变化最为激烈，而远离车站中心位置会车工况压力梯度差别不大。

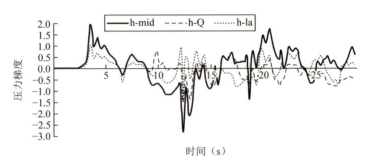

图 9-101　三种会车工况站台测点压力梯度时程对比

站台瞬变压力各指标统计结果见表 9-29。由表 9-29 可以看出，各指标表现的规律是一致的，即：车站中心会车工况指标接近站端会车工况的 2 倍；虽然站端会车两种工况指标差别不大，但是也可以看出这样一个规律：会车位置距离车站中心越远，瞬变压力指标越低。

三种会车工况站台测点瞬变压力最值统计表　　　表 9-29

| 工况编号 | 会车位置 | 压力梯度 dP/dt（Pa/s） | 1s 瞬变压力（Pa/1s） | 3s 瞬变压力（Pa/3s） |
|---|---|---|---|---|
| h-mid | 车站中心 | 2922.66 | 1767.95 | 3851.50 |
| h-Q | 墙端 | 1600.78 | 947.98 | 1762.02 |
| h-la | 喇叭段中心 | 1364.84 | 728.25 | 1325.14 |

AERODYNAMICS EFFECT
AND DESIGN COUNTERMEASURES OF
THE UNDERGROUND STATION

第 10 章

# 气动效应下的结构设计

## 10.1 概 述

铁路隧道结构计算的任务，就是采用数学、力学的方法，计算分析在隧道修建整个过程中（包括竣工运营）隧道围岩和衬砌的强度、刚度及稳定性，为隧道设计施工提供具体的设计参数。最初的隧道工程设计没有计算理论可遵循，完全依靠经验进行，直到 19 世纪初，人们才将地面结构计算的一些方法引入到隧道结构计算中。纵观地下结构计算的发展，其先后经历了从刚体力学到弹性力学，从弹性力学到黏弹性力学、弹塑性力学以至黏、弹、塑性力学这几个阶段。按照计算理论的不同，隧道结构的计算方法可分为三种：①刚体力学方法。当时由于材料的限制，只能用一些抗拉性能较差的砖石砌筑成拱形结构，结构的截面都比较大，结构受力后产生的弹性变形较小，因而将其看成是刚性结构，其采用刚性结构压力线理论，视地下结构为一些刚性块组成的拱形结构，所受的主动载荷是地层压力，当地下结构处于极限平衡状态时，它是由绝对刚体组成的三铰拱静定体系，铰的位置分别假设在墙底和拱顶，其内力可按照静力学原理进行计算。这种理论认为，作用在支护结构上的压力是其上的岩层的重力，没有考虑围岩自身的承载力。②结构力学方法。由于混凝土及钢筋混凝土材料的应用，地下结构具有良好的整体性，此时，地下结构开始按弹性连续拱形框架，采用超静定结构力学方法计算结构内力。作用在地层结构上的主动压力为地层压力，同时也考虑了地层对结构产生的弹性反力的约束作用。这种理论认为，作用在地下结构上的压力不是覆盖在其上的岩层重力，而只是围岩塌落体积内松动岩体的重力—松动压力。③连续介质力学方法。这种方法的重要特征是将支护结构与岩体作为统一的力学体系来考虑，它以岩体力学原理为基础，认为开挖后向洞室内释放变形而产生的围岩压力将由支护结构与围岩组成的地下结构体系共同承担。一方面，围岩本身由于支护结构提供的一定支护阻力，引起它应力的重新分配，达到新的平衡状态；另一方面，支护结构又要承受由于支护结构与围岩结构共同变形过程中对支护结构的压力，即变形压力。这种理论计算的前提都是以支护结构与围岩结构共同作用承担地层应力的。

隧道结构计算的前提是，确定隧道结构所承受的载荷。作用在隧道结构上的载荷可分为三类，即主要载荷、附加载荷、特殊载荷。①主要载荷。是指长期作用的载荷，它包括地层压力、围岩弹性抗力、结构自重力、回填岩土重力、地下静水压力以及使用载荷。②附加载荷。是指非经常作用的载荷，它包括施工载荷、灌浆压力、局部落石以及温度变化或混凝土收缩所引起的温度应力和收缩力。③特殊载荷。包括一些偶然发生的载荷，如炮弹的冲击力和爆炸时产生的激波压力、地震产生的地震力、发生车祸时汽车对隧道结构的冲撞力。

从上面的阐述我们知道在以往的隧道结构设计中从来没有考虑过空气动力学效应对隧道支护结构的影响，这主要是因为在原有的低速条件下，列车的运行速度不到100km/h，隧道中的气体被积压的速度非常慢，同时低速条件下车尾处所产生的负压也非常小，因此在隧道中所产生的压力波扰动也是非常小的，相对于隧道结构所受的其他载荷是可以忽略的。但是在列车高速运行条件下，由于隧道内的空气流动受隧道壁面的限制及空气的可压缩性，会产生相当大的压力瞬变（简称"压力波"），从而引起行车空气阻力增大、空气动力学噪声、乘客舒适性等一系列问题。每当高速列车急驰通过隧道时，就会在隧道内产生空气压力波，这种压力波动相当于气动荷载作用在隧道衬砌结构和隧道内各种设备上，对其疲劳耐久性会产生影响。

通过可压缩流压力耦合方程组的半隐式方法（Semi-Implicit Method for Pressure Linked Equations, SIMPLE）算法，计算作用在隧道衬砌上的气动载荷；从混凝土细观力学的角度出发，分析隧道中某一截面的某一位置，在高速列车运行全过程中所产生的空气动力学效应作用下，各个时刻隧道衬砌的细观力学性能及其对支护结构耐久性的影响，为进一步研究细观隧道混凝土衬砌结构在实际应力状态下的空气动力学效应及耐久性提供参考依据。

## 10.2 混凝土细观力学

混凝土是由水、水泥和粗细集料组成的复合材料。一般从特征尺度和研究方法的侧重点不同将混凝土内部结构分为以下三个层次。

（1）微观层次（Micro-Level）

材料的结构单元尺度为原子、分子量级，即从小于$10^{-7}$～$10^{-4}$cm，着眼于水泥水化物的微观结构分析。

（2）细观层次（Meso-Level）

从分子尺度到宏观尺度，其结构单元尺度变化范围为$10^{-4}$cm 至几厘米或更大些，着眼于粗细集料、水泥水化物、孔隙、界面等细观结构，组成多相复合材料，按各种不同计算模型进行数值分析。在这个层次上，混凝土被认为是一种由粗集料、硬化水泥砂浆和它们之间的过渡区（黏结带）组成的三相材料。

（3）宏观层次（Macro-Level）

特征尺寸大于几厘米，混凝土作为非均质材料存在着一种特征体积，一般认为是相当于3～4倍的最大集料体积。当小于特征体积时，材料的非均质性质将会十分明显；当大于特征体积时，材料可假定为均质。由于各种结构缺陷的存在，其宏观应力—应变关系一般是非线性的，宏观层次断裂按均质体断裂力学假定进行分析。

### 10.2.1　混凝土集料级配理论

混凝土集料分为细集料和粗集料。集料粒径小于5mm 为细集料，大于5mm 为粗集料。细集料分为天然砂和人工砂；粗集料按种类分为卵石、碎石、破碎卵石、卵石和碎石的混合物，按粒径分为小石（粒径 20～5mm）、中石（粒径 40～20mm）、大石（粒径 80～40mm）、特大石（粒径 150～80mm）。混凝土按包含几种不同粒径范围的集料可分为一、二、三、四级配。当在混凝土配比中包含这三种或四种级配时，称为全级配混凝土。按照常规，把只包含一、二级配的混凝土称为小集料混凝土，把只包含三、四级配的混凝土称为大集料混凝土。常用四级配集料中的小石：中石：大石：特大石比例取为 2∶2∶3∶3；三级配集料中小石：中石：大石的比例取为 3∶3∶4；二级配集料中小石：中石取为 5.5∶4.5。

20 世纪初，富勒（Fuller）等美国学者通过大量试验，依靠筛分试验结果，提出最大密度的理想级配曲线。集料粒径可用集料的颗粒数分配曲线表示。为简化起见，对于卵石和砾石等球状或浑圆的集料，可假定集料颗粒为球形，借助 FULLER 曲线确定集料的三维级配曲线，由该级配浇筑的混凝土可产生优化的结构密度和强度。

富勒级配理论的依据是将混凝土材料的集料颗粒，按粒度大小，有规则地组合排列，粗细搭配，成为密度最大，空隙最小的混合物。富勒曲线的表达式为

$$Y = 100\sqrt{\frac{D}{D_{\max}}} \tag{10-1}$$

式中：$Y$——集料通过筛孔直径 $D$ 的集料质量百分比；

$D$——筛孔直径；

$D_{\max}$——集料最大粒径。

### 10.2.2　混凝土二维随机集料模型生成

为了使得混凝土细观分析能够在二维平面中进行，1980 年瓦拉文（Walraven）将混凝土集料假定为球形，并利用球形集料在试件空间上的等概率分布和任意大小圆形切面无概率占优性，建立了混凝土试件空间内集料级配及含量与其内截面所切割的集料面积的关系，即 Walraven 公式。

$$p_c(D < D_0) = p_k \times \left( 1.065 \frac{D_0^{0.5}}{D_{\max}^{-0.5}} - 0.053 \frac{D_0^4}{D_{\max}^{-4}} - 0.012 \frac{D_0^6}{D_{\max}^{-6}} - 0.0045 \frac{D_0^8}{D_{\max}^{-8}} - 0.0025 \frac{D_0^{10}}{D_{\max}^{-10}} \right) \tag{10-2}$$

式中：$p_k$——集料体积占试件总体积的百分比；

$D_0$——筛孔直径；

$D_{\max}$——集料最大粒径，一般情况下 $p_k$ 取 0.75。

混凝土集料主要包括两种：一种是自然形成的卵石集料，另一种是人工加

而成的碎石集料。为了简化计算将卵石集料与碎石集料用圆形表征；在随机集料模型的生成过程中，为了提高集料投放效率，采取了先投放大粒径集料，再投放小粒径集料。集料投放时，必须满足相邻集料之间不相容条件，也就是集料之间不能相互渗透，集料边界上的任何一点都不能超出投放区且两集料边界不相交，具体准则如下：

圆形集料投放时，集料首先不能超出投放区，即满足以下条件。

$$\begin{cases} C_x \pm R \in (x_{\min}, x_{\max}) \\ C_y \pm R \in (y_{\min}, y_{\max}) \end{cases} \tag{10-3}$$

式中：$C_x$、$C_y$、$R$——分别为圆心横坐标、纵坐标、半径；

$x_{\min}$、$x_{\max}$——分别为投放区 $x$ 方向的最小值、最大值；

$y_{\min}$、$y_{\max}$——分别为投放区 $y$ 方向的最小值、最大值。

此外，集料除了不能超出投放区外，还要满足集料之间不相交的条件。

利用 ANSYS 参数化语言（APDL）环境，随机生成二维圆形集料，如图 10-1、图 10-2 所示。

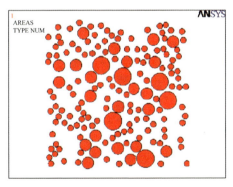
图 10-1　集料生成效果图 1

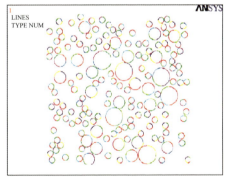
图 10-2　集料生成效果图 2

## 10.2.3　混凝土二维随机集料网格剖分

一般认为，混凝土可看作是由集料、砂浆及两者之间的过渡层组成的三相复合材料。由于在细观层次上混凝土中集料和砂浆之间的过渡层厚度非常小（20～50μm），限于计算机的能力，在进行网格剖分时网格尺寸不可能达到如此小，这就给网格剖分带来极大的困难。但由于过渡层在混凝土这种复合系统中是最薄弱的环节，这也是混凝土材料抗拉强度低的根本原因，如何准确处理好过渡层一直是众多学者探讨的问题。

由于界面层厚度的近似均匀性，在界面层的处理上，取界面层厚为最小集料半径的 0.5 倍，并在具体建模时，让两集料之间的距离大于某个定值来预留集料的界面层，很好地反映了砂浆界面层的物理性能。效果图如图 10-3～图 10-6 所示。

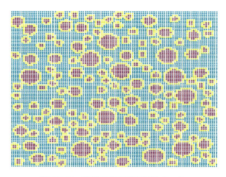
图 10-3　混凝土集料剖分图（一）

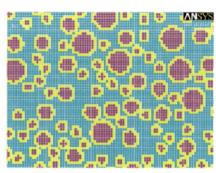
图 10-4　混凝土集料剖分图（二）

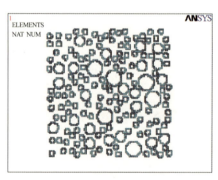
图 10-5　界面层剖分效果图

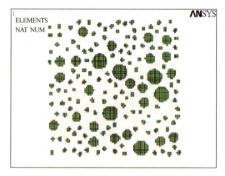
图 10-6　集料剖分效果图

### 10.2.4　混凝土孔隙数值模拟

混凝土是一种多孔的非均质材料，混凝土中孔隙主要有：凝胶孔、毛细孔和气孔。凝胶孔存在于水化硅酸钙凝胶（C-S-H）中，一般在 10nm 以内。毛细孔主要指未被水化水泥浆固体组分所填充的空间。毛细孔的尺寸和体积由新拌水泥浆体中胶凝材料颗粒的间距及水化程度所决定，水化良好的低水灰比浆体中，毛细孔在 50～10nm 范围；在高水灰比浆体水化早期毛细孔为 5～3μm。气孔是在新拌水泥浆体拌和操作过程中陷进去或通过外加剂引入非常细小的气孔。在水化水泥浆体中，陷进的气孔可达 3mm，引入的气孔尺寸范围为 200～50μm。综上所述混凝土中的孔隙是十分微小的，大都分布在砂浆及其界面层中，这些孔隙对混凝土的物理力学性能有着不可忽视的作用，这也是目前许多专家学者重点研究的方向之一。

依据混凝土孔隙的分布特性，将微观混凝土孔隙近似简化为细观尺度下的孔隙，很好地反映了混凝土作为多孔非均质材料的特性，同时也解决了目前在混凝土损伤研究中无法反映混凝土实际初始损伤这一问题。在 ANSYS 参数化语言的环境下，运用蒙特卡罗随机法与有限单元生死技术，将混凝土看作是由集料、砂浆和界面层及孔隙组成的四相复合材料，生成相应的孔隙效果图，如图 10-7、图 10-8 所示。

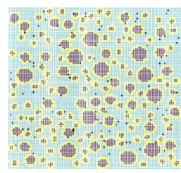
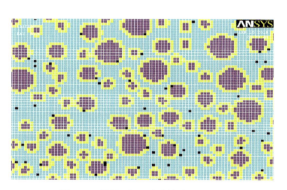

图 10-7　混凝土细观孔隙效果图（一）　　图 10-8　混凝土细观孔隙效果图（二）

## 10.3　混凝土二维细观力学数值模拟

对于铁路隧道混凝土截面，虽然在截面内集料的分布是随机的，但对于整个截面上来说，集料分布还要满足隧道截面几何外形尺寸特征的要求，这就需要在运用蒙特卡罗法产生随机集料位置的同时，在整体上还要求满足隧道空间几何外形尺寸特征。

### 10.3.1　混凝土二维细观力学模型算法

针对隧道混凝土这一特殊的结构体，可利用 ANSYS 参数化语言提供的强大功能，如参数、宏、标量、向量及矩阵运算、分支、循环、重复以及访问 ANSYS

有限元数据库等,在 ANSYS 参数化语言(APDL)环境下,实现隧道混凝土细观力学模型的具体算法,思路如下:

①在 ANSYS 参数化语言(APDL)环境下,建立隧道混凝土几何模型,并存储几何外形尺寸特征参数。

②定义铁路隧道混凝土截面中集料位置参数与半径参数数组,用于存储集料位置坐标与半径。

③运用蒙特卡罗法产生随机变量,并赋予不同集料圆心坐标。

④对各级配集料的位置进行整截面判断,即首先要求满足隧道混凝土的几何外形尺寸特征。

⑤进行截面内各级配集料的位置循环判断,即集料之间不允许重叠交错。

⑥生成铁路隧道混凝土中各级配混凝土集料。

### 10.3.2 混凝土几何外形的实现

一般认为混凝土是由水、水泥、粗集料组成的复合材料。细观层次主要是着眼于对粗细集料、水泥水化物、孔隙、界面等的研究,并在这个尺度上进行数值模拟。在此层次上,混凝土可看作是由集料、硬化水泥和它们之间的界面层及孔隙组成的四相复合材料。以单线圆形铁路隧道衬砌结构为例,根据铁路隧道设计规范,设定其几何参数为内径 4900mm、外径 5400mm、衬砌厚 500mm。其具体模型如图 10-9 所示。

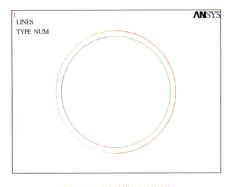

图 10-9 隧道模型示意图

### 10.3.3 混凝土集料级配的实现

根据铁路隧道设计规范,采用的铁路隧道衬砌混凝土等级为 C30,根据铁路隧道混凝土设计规范,集料最大粒径为 80mm,最小粒径为 16mm。在进行细观力学建模时,集料粒径分别取 60mm、30mm、16mm。由已有的隧道混凝土力学研究我们把集料投放区定为隧道拱顶中心角 90°的圆环范围,单位体积的混凝土集料体积与试件体积比取为 0.75,各粒径集料的分布概率见表 10-1。

各粒径集料分布概率                   表 10-1

| 粒径$D$（mm） | 80 | 40 | 20 | 16 |
|---|---|---|---|---|
| $D_0/D_{max}$ | 1 | 0.5 | 0.25 | 0.2 |
| $p_c$ | 0.745 | 0.56 | 0.4 | 0.357 |

隧道集料投放区域面积为

$$A = \frac{1}{4}[3.14 \times (5400^2 - 4900^2)] = 4042750(\text{mm}^2)$$

试件面积与集料面积之比见表 10-2。

试件面积$A$与集料面积$A_i$之比         表 10-2

| 集料粒径（mm） | 60 | 30 | 16 |
|---|---|---|---|
| 集料面积$A_i$（mm$^2$） | 2826 | 707 | 200 |
| $A/A_i$ | 1430.5 | 5718.17 | 20213.75 |

①取$D = 60$mm，则圆形集料的数量：

$n = (0.745 - 0.56) \times 1430.5 = 264.64$，取 265 粒。

②取$D = 30$mm，则圆形集料的数量：

$n = (0.56 - 0.4) \times 5718.17 = 914.9$，取 915 粒。

③取$D = 16$mm，则圆形集料的数量：

$n = (0.4 - 0.357) \times 20213.75 = 869.19$，取 869 粒。

由上述得各集料粒径分别为 60mm、30mm、16mm，相对应的集料数量为 265 粒、915 粒、869 粒。生成的三级配混凝土效果图，如图 10-10～图 10-13 所示。

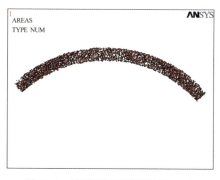

图 10-10　隧道混凝土细观集料图（一）

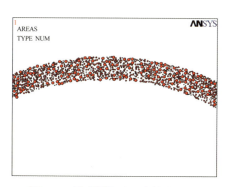

图 10-11　隧道混凝土细观集料图（二）

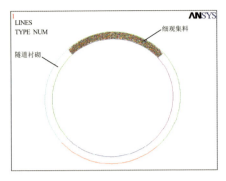
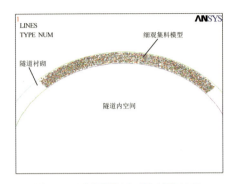

图 10-12　隧道混凝土细观集料图（三）　　　图 10-13　隧道混凝土细观集料图（四）

## 10.4　隧道模型的建立与设置

### 10.4.1　隧道模型参数选取

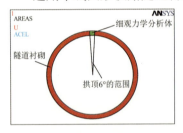

图 10-14　分析体部位图

选用单线圆形铁路隧道衬砌结构，根据铁路隧道设计规范，其几何参数为内径 4900mm、外径 5400mm、衬砌厚 500mm。选取隧道中间截面作为分析面，为了节省计算资源，同时也为了更准确地进行细观分析，选取了隧道中间截面拱顶 6°范围的衬砌混凝土，作为细观力学分析研究对象，分析对象部位如图 10-14 所示。

### 10.4.2　隧道衬砌材料物理参数选取

从细观力学的角度分析，混凝土可以看作是由集料、砂浆和砂浆界面层及初始孔隙组成的不均质复合材料，各个材料的材料属性是不相同的，其对于分析结果也是很重要的。选取的材料属性见表 10-3。

混凝土各组分材料参数　　　　　　表 10-3

| 材料 | 弹性模量（GPa） | 泊松比 | 重度（kN/m³） |
| --- | --- | --- | --- |
| 集料 | 50.0 | 0.20 | 27.0 |
| 固化水泥砂浆 | 25.0 | 0.20 | 21.0 |
| 黏结界面 | 22.0 | 0.20 | 21.0 |

### 10.4.3 衬砌集料数的确定

采用的铁路隧道衬砌混凝土等级为 C30,根据铁路隧道混凝土设计规范,集料最大粒径为 80mm,最小粒径为 16mm。在进行细观力学建模时,集料粒径分别取 60mm、30mm、16mm。可计算得到的结果为:60mm 粒径的集料数量是 18 粒;30mm 粒径的集料数量是 61 粒;16mm 粒径的集料数量是 58 粒。

### 10.4.4 隧道模型单元的选取与划分

在应用 ANSYS 建模时,首先要针对所研究对象选择能够准确反映其结构特性的单元类型。PLANE42 用于建立 2D 实体结构模型,设定选项可分别用作平面单元(平面应变或平面应力)和轴对称单元。该单元具有塑性、蠕变、膨胀、大变形和大应变的功能。根据混凝土及其组分的力学特性与 PLANE42 单元的特点,水泥砂浆和集料皆选用 PLANE42(轴对称)四节点单元进行模拟。

在 ANSYS 的有限元分析中单元划分质量的好坏直接影响着计算结果的准确性,同时计算的收敛与否和计算的时间长短与此也有着直接的关系。对于网格剖分,选取最小集料半径的一半为基本单元尺寸,很好地反映了砂浆界面层的物理性能。同时充分考虑到了混凝土的初始孔隙,在网格剖分后,随机生成孔隙,选取的孔隙率为 1%,能够反映真实混凝土的物理特性。其混凝土细观力学模型如图 10-15、图 10-16 所示。

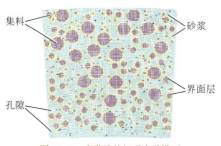
图 10-15 含孔隙的细观力学模型

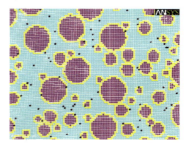
图 10-16 分析体部位图

### 10.4.5 边界条件与载荷设置

(1)边界条件

边界条件设置的准确性对结果有很大的影响,根据隧道衬砌结构变形的协调性,将细观模型两端约束看作是铰约束,即允许其转动,但是不允许其在 $X$、$Y$ 方向的平动,这样很好地反映了截取的隧道模型的约束情况。

### （2）载荷设置

瞬态动力分析是指计算结构在随时间任意变化的载荷作用下的响应，并且可以计及所有的非线性因素。结合高速列车气动效应的研究分析，我们可知高速列车空气动力学效应是随着列车的运行而不断变化的，每一时刻的载荷值都是不同的，因此在已取得的空气动力学载荷的基础上，选用 ANSYS 瞬态动力学分析方法，将已得出的空气动力学载荷，定义为 TABLE 表载荷 AIREFORCE，以 0.5s 为一个计算步，计算从列车进入隧道到列车完全离开隧道时间 8s 的过程中，隧道拱顶细观混凝土的瞬态响应。

## 10.5　气动效应下衬砌结构应力分析

### 10.5.1　AIRFORCE 作用下 X 方向应力图

图 10-17～图 10-20 为 0.5s、3.5s、4s、6.5s 时 AIRFORCE 作用下 X 方向应力图。

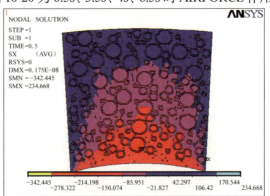

图 10-17　0.5s 时 AIRFORCE 作用下 X 方向应力图

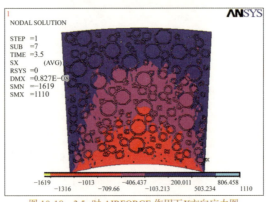

图 10-18　3.5s 时 AIRFORCE 作用下 X 方向应力图

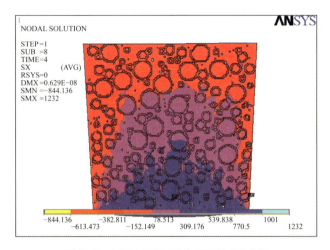

图 10-19　4s 时 AIRFORCE 作用下 $X$ 方向应力图

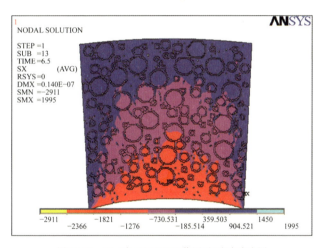

图 10-20　6.5s 时 AIRFORCE 作用下 $X$ 方向应力图

从图 10-17～图 10-20 可以看出,当高速列车进入隧道时产生的压缩波对隧道中截面拱顶衬砌结构产生向上的压应力,细观应力图中清晰地显示此时衬砌拱顶底边缘受到压应力作用,衬砌拱顶上边缘受到拉应力作用。随着高速列车的完全进入隧道,拱顶衬砌结构的上下边缘的应力方向没有改变,而应力值在增加。当高速列车快经过中截面时,此时在中截面处产生膨胀波,细观应力图中清晰地显示出拱顶的下边缘受拉应力作用,而拱顶上边缘受压应力作用。当高速列车经过隧道中截面一段时间后,在中截面处又将形成压缩波,细观应力图中可以清晰地看到此时的拱顶衬砌的受力状况与高速列车进入隧道时是一样的。从图中还可以看出在砂浆界面层及初始孔隙处的应力比较大,这也是混凝土的薄弱环节。从整个分析过程中可以看出，伴随着高速列车在隧道中行驶的全过程，隧道衬砌拱顶所受的载荷也随之变化，这种变化相当于一个"压—拉—压"的受力过程。在高速列车正常运行时，隧道衬砌结构的受力状况是可以看作是"压—拉"疲劳载荷作用下的状态，这也为实际工况下隧道衬砌结构在高速列车正常运营时的力学分析提供了参考。

### 10.5.2　AIRFORCE 作用下第一主应力图

图 10-21～图 10-24 为 0.5s、3.5s、4s、6.5s 时在 AIRFORCE 作用下第一主应力图。

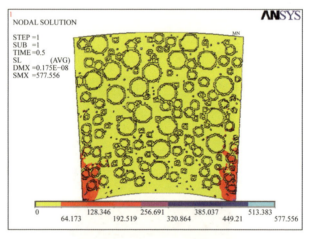

图 10-21　0.5s 时 AIRFORCE 作用下第一主应力图

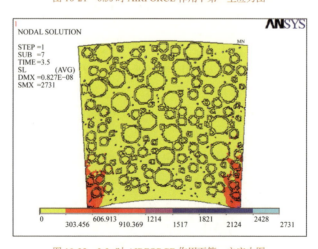

图 10-22　3.5s 时 AIRFORCE 作用下第一主应力图

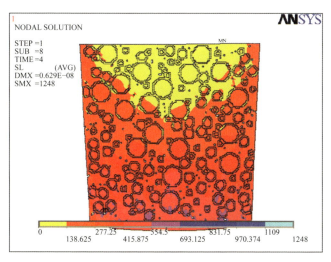

图 10-23　4s 时 AIRFORCE 作用下第一主应力图

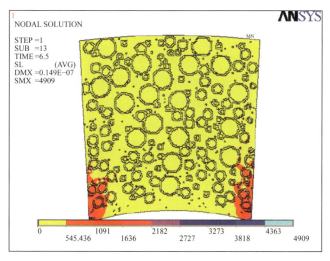

图 10-24　6.5s 时 AIRFORCE 作用下第一主应力图

由图 10-21～图 10-24 可以看出，从列车进入隧道到列车到达隧道中截面之前，隧道衬砌拱顶的拉应力比较小，随着列车的进入拉应力的值在增加，拉应力分布在两侧外边缘下端很小的范围，这对混凝土的力学性能是有影响的。而当列车经过中截面时，通过上一部分分析我们知道此时隧道衬砌拱顶的下边缘受拉，拉应力的分布范围扩大，并且其拉应力值也在增加，这样每当列车通过隧道时就会产生拉应力的变化，这对混凝土的耐久性的影响是不能忽略的。

## 10.6　气动效应下衬砌结构损伤裂缝分析

混凝土是一种复杂的多相、多组分复合材料，从细观尺度来看，可以分为集料、界面区和水泥砂浆，有时还将细集料和砂浆统称为基体。混凝土的疲劳是指在交变载荷的作用下混凝土内部结构性能不断变化的过程，对混凝土疲劳的研究可以分为两个方面：一方面是针对混凝土疲劳破坏极限状态的，如对疲劳极限强度的研究；另一方面，针对混凝土疲劳加载过程的，如对损伤累计及刚度衰减规律的研究等。由于混凝土是多相复合材料，在承载前已存在众多随机分布的孔隙、微裂缝等不连续的原始缺陷，通过混凝土试件的 X 光照片显示，在混凝土内部集料与砂浆、水泥与砂子的黏结界面上都存在着众多微裂缝，这些裂缝的分布表现出随机性与不连续性的特点，这些裂缝都可视为混凝土初始损伤。混凝土承载后其内部的初始裂缝会成长、连通、扩展，相应的弹性、强度、刚度等主要宏观力学性能，也会随着损伤的增长而劣化，这种材料性能与损伤之间的演变规律，可以看作是细观损伤的机理。

针对高速铁路隧道混凝土衬砌结构，通过细观力学分析我们知道其本身是含有初始孔隙的，这种初始孔隙可以看作是一种初始损伤，在高速列车通过隧道所产生的气动疲劳载荷作用下，这种初始损伤发展变化规律是目前研究的重点。

### 10.6.1　衬砌疲劳刚度衰减规律

混凝土的静载弹性模量作为衡量混凝土刚度大小的指标，其数值与混凝土的材料组分、混凝土配合比及龄期有关，因此混凝土弹性模量与疲劳性能也必然有着密切的联系。Holmen 研究了混凝土在等幅与变幅载荷下的疲劳变形性能，得出混凝土的纵向变形随着循环次数的增大而不断增长且呈三阶段的发展规律，Holmen 认为无论加载的应力水平为多少，疲劳破坏时的循环卸载割线弹性模量都降为初始值的 60%。昆明理工大学的王时越等人在此基础上，采用 MTS 试验机上进行了 C15 混凝土的卸载割线弹性模量与循环次数相关性疲劳试验研究，研究表明：混凝土试件的循环卸载割线弹性模量随循环次数的增大而减小，且呈三阶段发展规律。第一阶段，混凝土的卸载割线弹性模量呈不稳定的快速衰减，这一阶段占疲劳寿命的 10%；第二阶段，混凝土的卸载割线弹性模量随着循环次数的增加呈稳定的线性衰减，这一阶段约占疲劳寿命的80%；第三阶段，混凝土的卸载割线弹性模量迅速衰减，直到疲劳破坏。通过对第二阶段的试验数据进行线性回归分析，得出混凝土的卸载割线弹性模量与循环次数的拟合方程为

$$E_s = E_0 - kN \tag{10-4}$$

式中：$E_s$——卸载割线弹性模量；

$E_0$——初始弹性模量；

$k$——直线斜率的绝对值；

$N$——循环次数。

在总结这些研究成果的基础上，依据高速列车气动疲劳载荷作用周期长、作用载荷值相对隧道围岩压力比较小且本身载荷幅度变化较大的特点，选用混凝土的弹性模量衰减来反映疲劳载荷对隧道衬砌细观混凝土的作用效果，并以弹性模量衰减的第二阶段为主要研究对象，认为在高速列车气动疲劳载荷作用下，混凝土卸载割线弹性模量与循环次数之间呈线性变化，符合式(10-4)的变化规律，并且认为混凝土各组分的弹性模量衰减也符合式(10-4)的变化规律。对于这个问题目前没有统一的理论，这也是混凝土细观力学研究的一个热点。

## 10.6.2 衬砌本构模型

混凝土是一种非均匀脆性材料，在破坏前会表现出非弹性性质，但是由于采用了细观量级，可以准确确定混凝土各组分的材料参数值，并且根据气动疲劳载荷相对混凝土的抗拉强度较小的特点，将混凝土看作是弹脆性材料，各相应力应变符合线弹性关系，各组分详细参数参见表10-1。

## 10.6.3 衬砌细观裂缝开裂准则

根据混凝土材料在承受疲劳荷载破坏时荷载循环次数的多少大致将疲劳分为高周疲劳与低周疲劳两类。高周疲劳是指循环载荷应力水平低、材料或结构在疲劳失效前达到应力循环次数$N = 10^3 \sim 10^7$，如机场跑道，公路、铁路桥梁及公路路面属于这种疲劳模式。当循环载荷应力水平较高，应力循环次数$N < 10^3$时称为低周疲劳，典型例子为地震荷载，应力应变进入塑性范围。对经历不同周次

荷载循环作用而破坏的混凝土内部裂缝进行观察还可以发现，单位面积观察面上疲劳裂缝的数量有随疲劳寿命N的增大而增加的趋势，即破坏前承受荷载循环次数越多，疲劳裂缝的数量越多。大量研究表明：混凝土材料无论是在静态荷载还是在疲劳荷载作用下，其破坏过程就是裂缝在界面和砂浆基体中产生、演化、扩展的过程。RILEM（The International Union of Laboratories and Experts in Construction Materials, Systems and Structures）的报告认为混凝土材料的疲劳破坏归结于两种机制：砂浆基体与粗集料之间的黏结退化及裂缝在砂浆基体中的发展；这两种破坏机制或单独作用或同时存在。混凝土在弯曲疲劳状态，破坏时的最大拉应变随着破坏时的循环总数的变化很小，并且其值$\varepsilon_{max}$约为$250 \times 10^{-6}$mm。在相同的应力水平和循环比下，压-拉疲劳最大应变略低于轴拉疲劳最大应变，差值为$(3 \sim 10) \times 10^{-6}$mm。根据对上述研究成果的分析，选取了砂浆基质与界面层的等效应变为$240 \times 10^{-6}$mm，作为损伤裂纹的开裂阈值。

### 10.6.4 衬砌损伤裂纹的数值实现与结果分析

为了更详尽地分析隧道混凝土衬砌结构在空气载荷作用下的损伤裂缝变化规律，同时也为了避免由于分析部位选取，对计算结果造成的误差，分别研究了两种状态下的损伤裂缝发展规律：①只含初始孔隙的隧道混凝土细观力学模型；②既含初始孔隙又含有初始裂缝的隧道混凝土细观力学模型。

（1）只含初始孔隙的衬砌

混凝土衬砌在不同循环次数时的损伤裂纹如图10-25～图10-28所示。

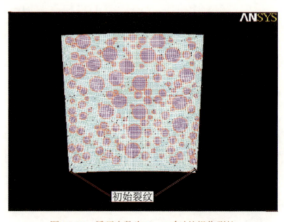

图10-25　循环次数为$18 \times 10^4$时的损伤裂纹

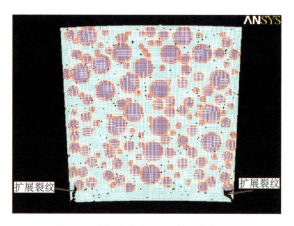

图 10-26　循环次数为 $37 \times 10^4$ 时的损伤裂纹

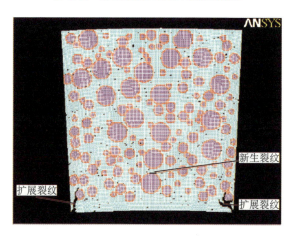

图 10-27　循环次数为 $56 \times 10^4$ 时的损伤裂纹

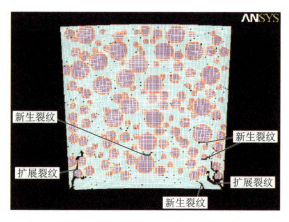

图 10-28　循环次数为 $74 \times 10^4$ 时的损伤裂纹

从图 10-25、图 10-26 中我们可以看出，在气动交变疲劳载荷的作用下，损伤裂纹会在混凝土中的薄弱处产生，即在砂浆基质中或者界面层处，当疲劳气动载荷作用的初期高速铁路隧道内的疲劳损伤裂纹的长度与宽度都在增加，并且与混凝土内的初始孔隙相连通；随着疲劳气动载荷的继续作用，从图 10-27、图 10-28 中我们看出，产生的初始损伤裂纹在气动疲劳载荷持续作用下，由于混凝土中集料的刚度相对于砂浆与界面层来说很大，阻碍了损伤裂纹在此方向上的扩展，所以裂纹会沿着集料与砂浆的界面层进行扩展，或者向砂浆基质中进行扩展，并与砂浆基质中原有的孔隙或裂纹连通，在扩展的同时会引起新的损伤裂纹的产生，与此同时，随着疲劳气动载荷的持续作用，在集料与砂浆的界面层中会产生新的损伤裂纹，扩展裂纹与新生裂纹会相互连通直至混凝土的疲劳破坏。

（2）含初始孔隙与初始裂纹的衬砌

图 10-29 为混凝土衬砌含孔隙与裂纹的细观力学模型，图 10-30～图 10-33 为在不同循环次数作用下的衬砌损伤裂纹情况。

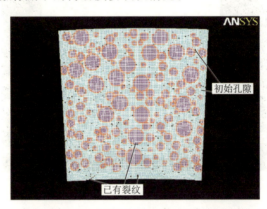

图 10-29　含孔隙与裂纹的细观力学模型

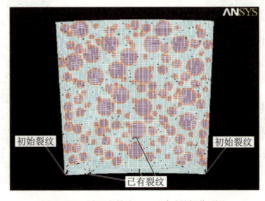

图 10-30　循环次数为 $18 \times 10^4$ 时的损伤裂纹

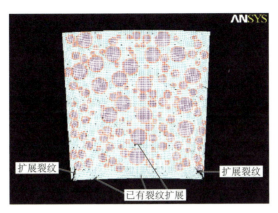

图 10-31　循环次数为 $37×10^4$ 时的损伤裂纹

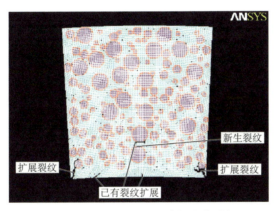

图 10-32　循环次数为 $56×10^4$ 时的损伤裂纹

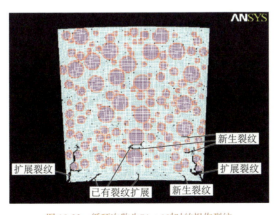

图 10-33　循环次数为 $74×10^4$ 时的损伤裂纹

从图 10-30～图 10-33 中我们可以看出，在隧道含有初始裂纹的混凝土细观力学模型中，一般初始裂纹分布在砂浆基质和界面层中，在交变气动载荷的作用

225

下，已有的裂纹开始扩展，由于集料刚度比较大，所以已有裂纹的扩展会沿着界面层方向，或者向砂浆基质中进行发展。随着气动疲劳载荷的持续作用，在砂浆或混凝土界面层中会产生新的裂纹，原有的混凝土损伤裂纹与新生成混凝土裂纹相互交织，对混凝土的力学性能产生不利的影响。实际状态下混凝土是含有初始孔隙与裂纹的，在气动疲劳载荷的作用下会使原来趋于稳定的裂纹开始迅速扩展，同时在已有孔隙的周边也会产生新的裂纹，裂纹会朝着混凝土中薄弱的地方扩展，使得已有的混凝土裂纹与新生裂纹连通、扩展，造成混凝土宏观破坏。

## 10.7 八达岭隧道衬砌结构设计

### 10.7.1 车站支护结构设计

我国大部分铁路隧道均采用复合式衬砌结构，但在实际施工过程中，往往重视二次衬砌而忽视初期支护。钢筋混凝土衬砌结构暴露在外，易于监督检查和检测，而初期支护结构隐藏于里，难于发现，导致初期支护能省则省，二次衬砌就成为主承载结构，隧道及地下工程的耐久性主要取决于二次衬砌混凝土结构的耐久性。

八达岭长城站是一个地下洞群车站，岩拱和各洞室之间预留的岩墙和岩板是地下车站的主承载体系。车站两端的大跨过渡段，隧道开挖跨度达 32.7m，如果采用二次衬砌为主的承载体系，则设计的二次衬砌厚度将达到 2m 以上。因此，在八达岭长城站支护体系的设计中，采用了"围岩自承载、二次衬砌是储备"的结构支护体系和设计思路，将隧道周边一定范围内的岩体作为主承载结构，采用预应力锚索和锚杆进行围岩加固，与表层钢筋网和喷射混凝土，组成预应力锚网喷岩壳支护体系，如图 10-34 所示。与混凝土结构相比，岩石具有更长的耐久性特性，试验研究表明，八达岭长城站的花岗岩暴露在空气中的风化速率为 0.1mm/a，即 300 年的风化深度仅为 3cm。因此，围岩自承载的结构体系比二次衬砌为主的承载体系具有更长的耐久性，体现了"更安全、更耐久"的设计理念。此外，为了提高预应力锚索的耐久性，锚索施工采用了分段高压注浆的措施，将孔口端 2~4m 先注浆封闭孔口防止渗漏，再往深部高压注浆，提高注浆密实度，保护锚索。为了提高喷射混凝土的耐久性，施工中采用分层喷射，提高喷射混凝土柔性减少开裂；严格控制盐碱类物质，减少碱集料反应。

图 10-34 超大跨隧道的预应力锚网喷岩壳支护体系

## 10.7.2 车站耐久性设计

提高二次衬砌混凝土的耐久性，有利于提高整个工程的耐久性。八达岭长城站采用了长寿命混凝土，长寿命混凝土是通过采用超细岩粉、中低热水泥、优质粉煤灰、整形集料，优化混凝土配合比，提高混凝土密实度等措施来制备的；采用保湿膜和保温气囊养护技术，消除干缩和温缩裂缝，大幅度提高了二次衬砌的耐久性，如图 10-35 所示。

a) 整形集料

b) 超细掺合料岩粉

图 10-35

c) 保湿膜养护　　　　　　　　d) 保温气囊养护

图 10-35　长寿命混凝土的技术措施

AERODYNAMICS EFFECT
AND DESIGN COUNTERMEASURES OF
THE UNDERGROUND STATION

# 第 11 章

# 通风空调设计

## 11.1 通风空调系统介绍

### 11.1.1 隧道通风

设置在隧道内的铁路地下车站，站台屏蔽门形式通常分为半封闭屏蔽门和全封闭屏蔽门，站台通常会设置空调系统或通风降温系统，区间隧道则由列车行驶形成的活塞风进行通风换气。为缓解高速列车带来不利的空气动力学效应，例如影响全封闭屏蔽门开关等，通常在车站两端设置活塞泄压风孔。结合地下车站作为隧道救援站的要求，通常在车站轨行区设置轨道排风系统，按有效站台中心线作对称布置，分别负担半个车站的轨道排风排烟。

隧道通风系统是地铁环控系统设计的关键，合理的隧道通风系统设计方案对于控制车站规模、节约设备成本及提高系统安全性起着至关重要的作用。

### 11.1.2 车站通风空调

（1）车站公共区域通风空调和防排烟系统

铁路地下车站站台区域通常设计通风降温系统或空调系统，正常运行时为上车时短暂停留站台乘客提供过渡性舒适环境，事故状态时迅速组织排除烟气。

（2）车站管理及设备用房设置通风空调和防排烟系统

根据设备管理用房的工艺要求和运营管理要求设置通风空调和防排烟系统，正常运行时为运营管理人员提供舒适的工作环境和为设备正常工作提供必需的运行环境，事故状态时迅速组织排除烟气。

（3）机房专用空调

该系统服务范围为车站管理及设备用房中的重要电气设备机房的空调系统，正常工况下该系统为服务房间提供全天恒温恒湿空调送风，火灾工况下，该系统关闭。各机房的新风供给和排风，通过车站管理及设备用房通风空调接入的风管来实现。

## 11.2 数值计算方法与计算条件

### 11.2.1 理论基础

列车运行时隧道内气流的流动实际上是不稳定的三维湍流，非常复杂。高速列车是一个长宽比很大的细长物体，且近地运动。由于黏性作用，紧贴列车壁面和隧道壁面的空气保持相对静止的状态，气体部分的空气以不同的流态运动，使得在同一时间内，隧道内的空气流动可能存在湍流、过渡流和层流三种状态。若为单洞双线隧道，气流更加复杂，尤其是在列车交会过程中，由于空气流通截面的突然变化使得流动参数的变化更加剧烈，流态极其复杂。另外，空气与列车壁面、隧道壁面存在摩擦和传热等不可逆因素，更增加了分析的难度。对高速列车长大隧道系统进行三维数值模拟，目前的计算机技术还有较大的困难，因此有必要对其进行简化和假设。对高速列车隧道系统进行通风设计时，注重的是隧道内某一截面的空气流速或流量的大小，而且隧道的曲率半径足够大，沿隧道轴向方向的变化较沿径向方向的变化大，所以可以把高速列车长大隧道系统的气流流动按一维管内流动处理。把高速列车隧道和通风竖井简化成圆管，隧道内的气流流动看作管内流动，把高速列车简化圆柱体，列车周围气流为环状流动。

此外，隧道通风的基本理论是建立在空气动力学原理的基础之上，隧道和通风孔内气流速度较低，马赫数远小于0.3。因此，在隧道通风计算中，可假定流体是理想不可压缩气体。

综上考虑，在高速列车长大隧道通风气流流动计算中，可按一维、不可压缩、非恒定流模型来考虑（Unsteady flow Theory Model，UTM）。

铁路隧道内空气温度也是随时间和空间变化的三维非稳态问题。图 11-1 所示为隧道空气的主要热量得失途径。

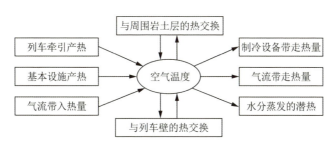

图 11-1　隧道内空气热量得失途径

由图 11-1 可知，影响空气温度的许多因素都是随时空变化的。高速列车在不同运行模式下，其产生热量不同，其中以制动时为最大；空气流动状态与流速的变化对空气温度有较大的影响，使得不同区域温度场出现较大差异，即使在同一横断面上，由于热空气向上，使得该断面的温度场出现分层。故隧道内空气温度分布为三维非稳态的对流扩散模型，但为简化计算，假设隧道系统内空气温度场是沿隧道方向的一维对流换热，忽略该方向的空气间导热。

隧道内的空气通过对流换热与隧道壁面进行热量交换，隧道壁不但受气流影响，还要受日温度波动和年温度波动的影响，以及深层土壤温度的影响。由于隧道壁轴向存在温差，必然会有传热现象发生。另外由于地下水的渗透，隧道壁面会形成一层水膜。这层水膜的蒸发使隧道壁面发生热量交换，所以隧道壁为非稳态的三维热传导问题。但沿隧道方向的传热相对壁面径向导热，温度梯度可以忽略，故只考虑隧道径向的一维传热。综上所述，隧道壁的传热物理模型为具有复合壁的深埋圆管的一维非稳态导热。

隧道内发生火灾时，在火灾区域形成高温烟气火场，火源将加热周围的空气，使其温度升高、密度降低，同时火源燃烧形成热烟气。热烟气在浮力作用下将向上运动，并不断卷吸周围的冷空气，形成火羽流，火羽流上升到隧道顶壁时将撞击顶壁并径向扩散，烟气受到隧道侧壁的限制而最终转变为沿隧道方向的纵向扩散过程。火灾发生时如采用机械通风系统进行排烟，将使烟气向一个固定的方向流动。实际上，隧道发生火灾时，隧道内的烟气流动是一个非常复杂的三维流动，但工程上关心的是风速或风量是否能够控制烟气的流向，而非截面上的速度分布，加上隧道长度远大于横向尺寸，因此将隧道内空气流动按一维流动处理。

### 11.2.2 数学模型

数学模型的选取正确与否对模拟计算工作起着决定性的作用，对于隧道内空气流动用连续性方程、动量方程和能量方程进行描述。

连续性方程

$$\frac{\partial(\rho A)}{\partial t} + \frac{\partial(\rho A v)}{\partial x} = 0 \tag{11-1}$$

运动方程

$$\frac{\partial v}{\partial t} + v\frac{\partial v}{\partial x} + \frac{1}{\rho}\frac{\partial p}{\partial x} + g\frac{\partial z}{\partial x} + F = 0 \tag{11-2}$$

能量方程

$$\frac{\partial(\rho \varphi)}{\partial t} + \frac{\partial(\rho v \varphi)}{\partial x} = \frac{\partial}{\partial x}\left(\Gamma \frac{\partial \varphi}{\partial x}\right) + S \tag{11-3}$$

气体状态方程

$$P = \rho RT \tag{11-4}$$

导热方程

$$r\rho C_v \frac{\partial T}{\partial t} - \frac{\partial}{\partial r}\left(r\lambda \frac{\partial T}{\partial r}\right) - rS = 0 \tag{11-5}$$

上述式中：$\rho$——空气密度；

$A$——隧道横断面积；

$v$——气流速度；

$P$——流体的压力；

$z$——相对于基准面的高度；

$F$——流体所受外力；

$\varphi$——广义变量（如温度或浓度）；

$\Gamma$——相应于$\varphi$的广义扩散系数；

$S$——源项；

$T$——气体温度；

$C_V$——定容比热；

$\lambda$——导热系数。

式(11-2)中的 $g\frac{\partial z}{\partial x}$ 是热压作用项，可以计算隧道坡度和通风竖井内空气温度与外界环境温度不同时对空气流动的热压作用。

### 11.2.3 数值计算方法的验证

一维数值模拟计算方法在常规地铁环控系统模拟中普遍使用，其准确性也得到了其他模拟方法和实测的验证。八达岭隧道的形式较常规地铁隧道有所不同，特别是在大小里程端单洞双线区间结束段与车站隧道连接的咽喉区段，该区段大断面多且断面面积不断变化，断面压力分布不均且气流流动复杂。这种一变三的隧道断面模式，咽喉区的气流流量分配关系到车站两条到发线和中间正线的活塞风量大小，而到发线又与站台连通，因此咽喉区的空气流动直接影响到进出站斜行通道内的风速和人员安全。

为了验证一维数值计算方法在预测隧道一变三时气流分配的准确性，首先建立了车站和前后区间隧道的一维和三维数值计算模型，并对隧道内有车运行和无车时的咽喉区气流分配进行了对比分析。三维数值模拟需要较长的计算时间，只建立了车站轨行区、咽喉区和前后部分区间隧道的模型，模型的基本尺寸如图 11-2 所示。模型中，正线隧道总长 2365m、面积断面 91m$^2$，车站轨行区隧道断面面积 98m$^2$，通道断面面积 56m$^2$。采用三维数值模拟软件 STAR-CCM+ 建模计算，含有车和无车两种模型，有车模型如图 11-3、图 11-4 所示，对应建立的一维模型如图 11-5 所示。分别进行有车运行和无车运行的模拟对比分析。

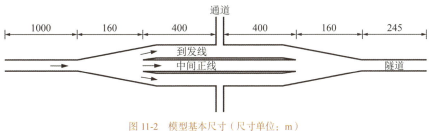

图 11-2　模型基本尺寸（尺寸单位：m）

图 11-3 三维数值模型图

图 11-4 三维列车模型图

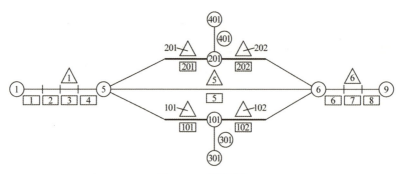

图 11-5 一维模型图

对有车运行时，采用 STAR-CCM+ 的动网格模型进行计算，列车在车尾离隧道入口 50m 处以 60m/s 的速度从正线越行。一维和三维数值模拟计算结果的对比如图 11-6～图 11-8 所示，两种方法计算得出的各位置风速变化趋势基本一致。图 11-6 中，在车进入车站前，一维数值计算方法得出的风速值偏大一些，主要由于三维数值计算中列车以较高初速度开始运行时三维效应不可忽略，但随着列车离站越来越近,通道内风速随之升高,一维和三维方法的误差也在减小。在 15s 时,列车进入到咽喉区位置,此时一维和三维方法都出现最大值,三维计算出的通道内最大风速可达 1.74m/s,而采用一维方法计算出的最大风速为 1.83m/s,两者相对误差不到 10%。15~20s,三维计算的风速突然下降,主要是因为列车在咽喉区运行时复杂的三维效应。20s 后,列车离开咽喉区开始在车站正线越行,此时一维和三维方法计算得出的风速基本一致。图 11-7 和图 11-8 所示的站台和隧道出口风速,也有与图 11-6 类似规律。从有车运行时一维和三维数值模拟计算结果的对比来看,一维数值模拟方法能有效预测通道内风速变化。

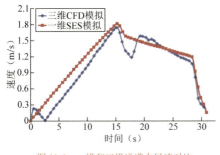

图 11-6 一维和三维通道内风速对比

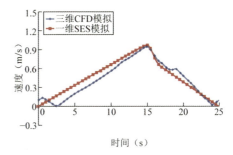

图 11-7 一维和三维站台风速对比

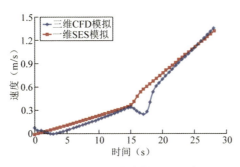

图 11-8 一维和三维隧道出口风速对比

无车运行时,只在左端送入不同速度的气流,当模拟计算稳定时,记录咽喉区的流量分配和站台通道处的风速,风速 3~10m/s 时一维和三维模拟计算的气流结果对比见表 11-1,咽喉区流量分配比例见表 11-2。从表 11-1 可以看出,风速较小时,一维和三维计算的中间正线的风量误差稍大,但从咽喉区流往站台的风量误差都在 10% 以内,风速 7m/s 以上时,各段的风量误差都较小。从表 11-2 来看,三维计算的咽喉区流量分配比例没有太明显的规律,一维计算的风量分配比例规律较为明显,正线和到发线流量分配基本很接近,从结果来看,一维和三维计算的流量分配相对误差并不大。

无车时一维和三维咽喉区气流值　　　　　　　　　表 11-1

| 送风风速 (m/s) | 三维数值计算风量 ($m^3$/s) | | | 一维数值计算风量 ($m^3$/s) | | | 相对误差 (%) | | |
| --- | --- | --- | --- | --- | --- | --- | --- | --- | --- |
| | 中间正线 | 站台到发线 | 站台通道 | 中间正线 | 站台到发线 | 站台通道 | 中间正线 | 站台到发线 | 站台通道 |
| 3 | 58.6 | 105.3 | 64.8 | 82.8 | 93.9 | 63.4 | +41.3 | −10.8 | −2.2 |
| 4 | 95.3 | 131.7 | 87.6 | 112.2 | 123.7 | 84.1 | +17.7 | −6.1 | −4.0 |
| 5 | 162.6 | 143.3 | 110.0 | 143.5 | 155.3 | 106.7 | −11.7 | +8.4 | −3.0 |
| 6 | 150.2 | 194.2 | 132.0 | 169.1 | 184.1 | 122.4 | +12.6 | −5.2 | −7.3 |
| 7 | 223.9 | 201.7 | 154.2 | 204.1 | 217.0 | 149.1 | −8.8 | +7.6 | −3.3 |
| 8 | 130.6 | 293.3 | 177.5 | 231.0 | 243.1 | 167.7 | +86 | −21.2 | −5.5 |
| 9 | 281.7 | 262.5 | 198.3 | 264.8 | 277.7 | 191.1 | −6.0 | +5.8 | −3.6 |
| 10 | 292.5 | 302.5 | 222.1 | 294.4 | 306.7 | 211.4 | +0.6 | +1.4 | −4.5 |

无车时一维和三维咽喉区气流分配比例　　　　　　　表 11-2

| 送风风速 (m/s) | 三维数值计算风量分配比例 (%) | | | 一维数值计算风量分配比例 (%) | | | 误差 (%) | | |
| --- | --- | --- | --- | --- | --- | --- | --- | --- | --- |
| | 中间正线 | 站台左线 | 站台右线 | 中间正线 | 站台左线 | 站台右线 | 中间正线 | 站台左线 | 站台右线 |
| 3 | 21.7 | 39.2 | 39.1 | 30.6 | 34.7 | 34.7 | +8.9 | −4.5 | −4.4 |
| 4 | 26.5 | 36.4 | 37.1 | 31.2 | 34.4 | 34.4 | +4.7 | −2.0 | −2.7 |
| 5 | 36.2 | 31.4 | 32.4 | 31.6 | 34.2 | 34.2 | −4.6 | +2.8 | +1.8 |
| 6 | 27.9 | 36.5 | 35.6 | 31.5 | 34.3 | 34.3 | +4.6 | −2.2 | −1.3 |
| 7 | 35.6 | 31.2 | 33.2 | 32.0 | 34.0 | 34.0 | −3.6 | +2.8 | +0.8 |
| 8 | 18.2 | 40.8 | 41.0 | 32.2 | 33.9 | 33.9 | +14.0 | −6.9 | −7.1 |
| 9 | 34.9 | 32.7 | 32.5 | 32.3 | 33.9 | 33.9 | −2.6 | −0.4 | −1.4 |
| 10 | 32.6 | 33.8 | 33.6 | 32.8 | 33.6 | 33.6 | +0.2 | −1.0 | 0 |

从两表结果来看,可以认为一维计算方法能较为准确地模拟咽喉区的气流分配。

## 11.2.4　计算条件

（1）室外气象参数

取夏季通风室外空气计算温度 29.9℃。

（2）列车参数

该线路设计以跑行标准动车组为主，考虑 8 辆和 16 辆编组混跑。

列车车厢数：8 辆编组（4 动 4 拖）和 16 辆编组（8 动 8 拖）；

列车总长：201m（8 辆编组）/402m（16 辆编组）；

列车车身截面积：11.2m$^2$；

列车空车质量：43t/列；

列车载客能力(乘客人均质量按 60kg 计)额定载员：600 人（8 辆编组）/1200 人（16 辆编组）；

隧道内列车限速：北京方向的大里程端限速 200km/h，张家口方向的小里程端限速 250km/h；

起动平均加速度：0.38m/s$^2$；

列车再生制动效率：按 30% 计算；

列车空调系统及相关辅助设备散热量：37kW/辆；

最大坡度：20‰，局部经行车检算可不大于 25‰；

到发线有效长度：650m。

（3）隧道参数

区间隧道长度：12km；

区间隧道断面积：92.1m$^2$；

区间隧道钢筋混凝土衬砌导热系数：1.21W/m·℃；

衬砌导温系数：6.46×10$^{-7}$m$^2$/s；

衬砌周围土壤导热系数：2.3W/m·℃；

土壤导温系数：7.74×10$^{-7}$m$^2$/s；

土壤热库温度：15.0℃；

隧道壁厚：0.6m。

## 11.3 隧道与车站空气流动和热环境模拟计算

本模拟计算全线按八达岭长城站客流量预测数据的远期晚高峰小时的客流量，发车按每小时 12 对列车。考虑 8 辆编组列车和 16 辆编组列车在不同制式下的正常运营，隧道内列车运行最高速度 250km/h，停站时间按 90s 计算。TVF 风机兼作轨排风机，每端各 2 台，每台风量 75m³/s。考虑最不利工况，对八达岭长城站及相关区间隧道不同制式下的温度、风量、斜行通道风速等结果进行了计算分析。

### 11.3.1 屏蔽门制式

站台考虑采用全封闭屏蔽门制式，此时整个隧道内只有两个施工通道可以进行通风泄压。考虑两种编组情况，结果如下：

①8 对 16 辆编组（其中 2 对越行），4 对 8 辆编组，无 TVF 风机排热。

远期各区间隧道风量、区间隧道温度和车站车轨区域温度见表 11-3，图 11-9 列出远期右线和左线的隧道温度分布。

远期正常工况模拟计算结果　　　　　　　　　表 11-3

| 序号 | 区间隧道及车轨区域 | 区间风量：右线/左线（m³/s） | 区间温度（℃） |
|---|---|---|---|
| 1 | 北京方向区间 | 77.7/178.7 | 28.8～40.0 |
| 2 | 八达岭长城站站台及车轨区 | — | 40.1～44.6 |
| 3 | 张家口方向区间 | 122.9/52.7 | 30.2～37.8 |

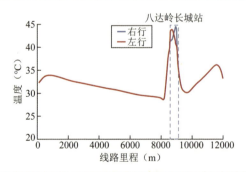

图 11-9　屏蔽门制式远期 12 对开启屏蔽门和施工通道正常运行隧道温度分布

根据全线区间的正常运营通风模拟结果显示，区间温度不超过 40℃，但由于轨行区没有开启 TVF 风机排热，车站轨行区内的温度局部超过 40℃，不满足设计要求。

②12 对全部为 16 辆编组（其中 2 对越行），无 TVF 风机排热。

远期各区间隧道风量、区间隧道温度和车站车轨区域温度见表 11-4，图 11-10 所示为远期右线和左线的隧道温度分布。

远期正常工况模拟计算结果　　　　　表 11-4

| 序号 | 区间隧道及车轨区域 | 区间风量：右线/左线（m³/s） | 区间温度（℃） |
|---|---|---|---|
| 1 | 北京方向区间 | 103.0/188.1 | 29.3～41.1 |
| 2 | 八达岭长城站站台及车轨区 | — | 42.3～47.7 |
| 3 | 张家口方向区间 | 166.8/54.8 | 33.6～40.4 |

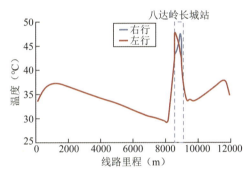

图 11-10　屏蔽门制式远期 12 对开启屏蔽门和施工通道正常运行隧道温度分布

根据全线区间的正常运营通风模拟结果显示，区间温度不超过 40℃，由于轨行区没有开启 TVF 风机排热，车站轨行区内的温度超过 40℃，不满足设计要求。

由图 11-9 和图 11-10 可以看出，采用屏蔽门后，原有的救援通道无法用于通风降温，车站轨行区的温度高于 40℃，不满足设计要求，需要进一步研究采用 TVF 风机排热的工况。

③8 对 16 辆编组（其中 2 对越行），4 对 8 辆编组，TVF 风机每端 1 台 75m³/s。

开启车站两端各一台 75m³/s 的 TVF 风机排热，远期各区间隧道风量、区间隧道温度和车站车轨区域温度见表 11-5，图 11-11 所示为远期右线和左线的隧道温度分布。

远期正常工况模拟计算结果　　　　　　　　　　　表 11-5

| 序号 | 区间隧道及车轨区域 | 区间风量：右线/左线（m³/s） | 区间温度（℃） |
|---|---|---|---|
| 1 | 北京方向区间 | 123.2/77.9 | 30.0～38.1 |
| 2 | 八达岭长城站站台及车轨区 | — | 32.4～37.1 |
| 3 | 张家口方向区间 | 82.1/58.7 | 28.6～39.7 |

根据全线区间的正常运营通风模拟结果显示，区间隧道和轨行区温度均不超过 40℃，满足设计要求。区间隧道温度更高，主要是由于区间隧道内频繁会车，减弱了活塞风作用，导致列车在区间运行时散发的热量无法排除。

④12 对全部为 16 辆编组（其中 2 对越行），TVF 风机每端 1 台 75m³/s。

开启车站两端各一台 75m³/s 的 TVF 风机排热，远期各区间隧道风量、区间隧道温度和车站车轨区域温度见表 11-6，图 11-12 所示为远期右线和左线的隧道温度分布。

远期正常工况模拟计算结果　　　　　　　　　　　表 11-6

| 序号 | 区间隧道及车轨区域 | 区间风量：右线/左线（m³/s） | 区间温度（℃） |
|---|---|---|---|
| 1 | 北京方向区间 | 145.7/86.1 | 30.1～39.4 |
| 2 | 八达岭长城站站台及车轨区 | — | 34.1～39.5 |
| 3 | 张家口方向区间 | 127.2/96.5 | 32.3～38.0 |

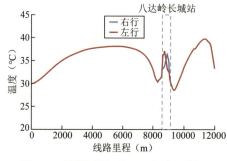

图 11-11　屏蔽门制式远期 12 对开启屏蔽门和施工通道正常运行隧道温度分布

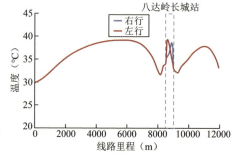

图 11-12　屏蔽门制式远期 12 对开启屏蔽门和施工通道正常运行隧道温度分布

根据全线区间的正常运营通风模拟结果显示，区间隧道和轨行区温度均不超过 40℃，满足设计要求。由图 11-11 和图 11-12 可见，对于全封闭屏蔽门制式，只需站台两端各开启一台 TVF 风机排热，就能将隧道内温度降到 40℃内，但考虑到列车在隧道内高速运行时，产生的风压大且压力变化较快，对风机的运行可能会有影响，一般不考虑开启风机。当不考虑开启轨排的时候，全封闭屏蔽门制式就很难满足温度要求，进一步分析采用站台屏蔽门制式的工况。

## 11.3.2 站台门制式

站台采用 1.5m 高半封闭屏蔽门，沿整个站台布置。此时隧道与站台相连通，救援通道、施工通道、进出站斜行通道都可以用来通风泄压。考虑两种编组情况，结果如下：

1）开启救援通道、施工通道和出站通道，进站通道关闭

（1）8 对 16 辆编组（其中 2 对越行），4 对 8 辆编组

远期各区间隧道风量、区间隧道温度和车站车轨区域温度见表 11-7，图 11-13 所示为远期右线和左线的隧道温度分布。

远期正常工况模拟计算结果　　　　　　　　表 11-7

| 序号 | 区间隧道及车轨区域 | 区间风量：右线/左线（m³/s） | 区间温度（℃） |
|---|---|---|---|
| 1 | 北京方向区间 | 103.3/133.9 | 28.7～33.0 |
| 2 | 八达岭长城站站台及车轨区 | — | 27.7～30.3 |
| 3 | 张家口方向区间 | 191.0/62.9 | 28.9～32.2 |

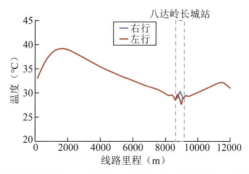

图 11-13　站台屏蔽门制式远期 12 对开启出站通道、关闭进站通道正常运行隧道温度分布

根据全线区间的正常运营通风模拟结果显示，区间和车站轨行区内的温度

都不超过40℃，满足设计要求。

经统计，出站通道温度在 27.9～29.4℃范围内，出站通道最高瞬时风速10.2m/s，小时平均风速1.1～2.3m/s（正向流出出站/负向流入车站）。最高瞬时风速已超过10m/s。

（2）12 对全部为 16 辆编组（其中 2 对越行）

远期各区间隧道风量、区间隧道温度和车站车轨区域温度见表 11-8，图 11-14 所示为远期右线和左线的隧道温度分布。

远期正常工况模拟计算结果　　　　　　　　　　　　　　表 11-8

| 序号 | 区间隧道及车轨区域 | 区间风量：右线/左线（m³/s） | 区间温度（℃） |
|---|---|---|---|
| 1 | 北京方向区间 | 145.5/120.0 | 31.2～39.2 |
| 2 | 八达岭长城站站台及车轨区 | — | 32.4～35.6 |
| 3 | 张家口方向区间 | 189.6/68.2 | 32.9～36.7 |

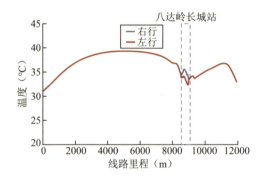

图 11-14　站台屏蔽门制式远期 12 对（全 16 辆）开启出站通道、关闭进站通道隧道温度分布

根据全线区间的正常运营通风模拟结果显示，区间和车站轨行区内的温度都不超过40℃，满足设计要求。

经统计，出站通道温度在 29.4～29.9℃范围内，出站通道最高瞬时风速10.2m/s，平均风速1.2～1.8m/s。最高瞬时风速已超过10m/s。

2）开启全部通道，包括救援通道、施工通道、进站通道和出站通道

为进一步降低进出站通道内的风速，可将全部通道都打开，包括进站和出站通道。考虑两种编组情况，结果如下：

（1）8对16辆编组（其中2对越行），4对8辆编组

远期各区间隧道风量、区间隧道温度和车站车轨区域温度见表11-9，图11-15所示为远期右线和左线的隧道温度分布。

远期正常工况模拟计算结果　　　　　　　　　　表11-9

| 序号 | 区间隧道及车轨区域 | 区间风量：右线/左线（m³/s） | 区间温度（℃） |
|---|---|---|---|
| 1 | 北京方向区间 | 103.3/143.7 | 29.1～38.1 |
| 2 | 八达岭长城站站台及车轨区 | — | 28.1～30.6 |
| 3 | 张家口方向区间 | 211.5/84.3 | 29.1～31.8 |

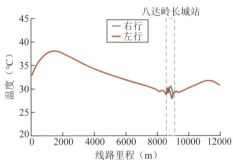

图11-15　远期12对开启所有通道正常运行隧道温度分布

根据全线区间的正常运营通风模拟结果显示，区间和车站轨行区内的温度都不超过40℃，满足设计要求。

经统计，进站通道温度在28.9～29.8℃范围内，而出站通道温度在27.9～29.3℃范围内。进站通道最高瞬时风速7.9m/s，平均风速0.9～1.7m/s；出站通道最高瞬时风速8.3m/s，平均风速0.9～1.8m/s。

（2）12对全部为16辆编组（其中2对越行）

远期各区间隧道风量、区间隧道温度和车站车轨区域温度见表11-10，图11-16所示为远期右线和左线的隧道温度分布。

远期正常工况模拟计算结果　　　　　　　　　　表11-10

| 序号 | 区间隧道及车轨区域 | 区间风量：右线/左线（m³/s） | 区间温度（℃） |
|---|---|---|---|
| 1 | 北京方向区间 | 147.1/128.5 | 31.3～39.0 |
| 2 | 八达岭长城站站台及车轨区 | — | 32.8～35.2 |
| 3 | 张家口方向区间 | 206.3/89.4 | 32.4～36.0 |

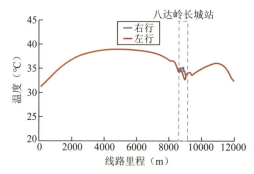

图 11-16　远期 12 对（全部 16 辆编组）开启斜行通道列车正常运行隧道温度分布

根据全线区间的正常运营通风模拟结果显示，区间和车站轨行区内的温度都不超过 40℃，满足设计要求。

经统计，进站通道温度在 30.0～31.2℃范围内，而出站通道温度在 29.3～30.0℃范围内。进站通道最高瞬时风速 7.9m/s，平均风速 1.0～1.4m/s；出站通道最高瞬时风速 8.3m/s，平均风速 0.9～1.5m/s。

### 11.3.3　结论

进一步对人行通道内的瞬时风速产生的原因和影响因素进行分析。通过对隧道内风速的瞬时值与列车运行位置的分析，可以发现风速最大负值出现在两个区间分别有列车往隧道外以最大速度行驶且两车位置位于洞口处时，风速最大正值出现在两个区间分别有列车往车站内以较大速度行驶且在车站附近会车时。考虑列车不同运行工况下的人行通道风速结果，单车越行时，通道内风速并不高，16 辆编组的列车产生最大风速值为 4.6m/s，在完全可接受的范围内；在隧道内不同位置会车时出现较大风速，最大 7.6m/s 出现在中部会车时；在区间加泄压井，通道内风速有明显降低，且随泄压孔面积增大而降低；利用车站内的既有机械风井辅助泄压，由于可利用面积非常小，通道内最高风速 7.5m/s，泄压效果并不明显。从影响因素分析来看，通道面积对通道内风速影响很大，随着通道面积的减小，通道内风速显著增大，所以通道断面积应越大越好；随着列车运行速度的增大，活塞风增加，通道内风速也明显增大，行车速度在 220km/h 内，可以控制最大风速在 8.0m/s 以下；发车对数对通道风速的影响并不大，只有在发车对数大于 10 对和越行对数增加时，通道内风速才略有增加；进出站站房的出入口门的个数和开启面积决定了气流阻力的大小，从而影响着通道内的风速；在通道内增设门，同样可增加通道内的气流阻力，从而也能降低通道内的风速，当加设 1 扇面积 $18m^2$ 的门时，就可将通道内最大风速降至 6.0m/s 左右；区间隧道长度的变化对通道最大风速影响不大。

## 11.4 车站人行通道气流特性分析

地下车站采用半封闭屏蔽门制式时，隧道→站台→人行通道→站厅→出入口自然形成空气流通路径，当列车高速通过地下车站时，会产生强烈的正负压作用，引起空气从隧道通过人行通道流出车站及从室外通过人行通道流入隧道。列车经过时产生的这种正负压作用，使人行通道内不断有气流流过，列车行驶速度越高产生的活塞风也越大，对通道到的乘客安全性有极大影响。因此，需要重点分析正常运行时车站人行通道内的空气流动特性及其影响因素。

### 11.4.1 通道瞬时风速分析

以站台门制式开启所有通道的工况为例，对计算数据进行分析，取 1800s 内的出站通道逐时风速数据，并重点分析最大正值和最大负值速度出现的原因。图 11-17 给出了 2 种工况下的逐时速度变化，正值和负值交替出现。图 11-18～图 11-22 对图 11-17 中方框数字所标记时刻的列车运行状况进行了分析，分析中以每个点高于 5m/s 风速的时间来计量高风速的持续时间。

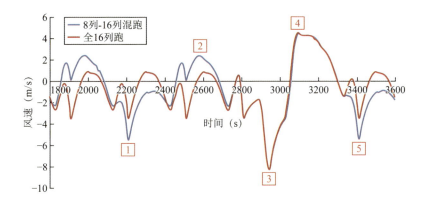

图 11-17 逐时速度变化图

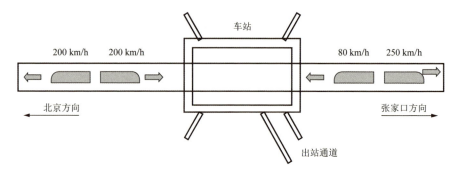

图 11-18　1 时刻对应列车运行位置及速度

在 1 时刻，隧道内有 4 列车，大里程端内 1 列车以全速 200km/h 进站，1 列车以全速 200km/h 出站；小里程端内 1 列车减速进站，另一列车全速出站，4 车综合作用在车站内形成负压，使得出站通道内的速度呈现负值，最大负值为 5.5m/s。从结果图来看两个区间内都有列车会车，这时的活塞风压是减弱的，全 16 辆运行时速度偏小，主要是负压相对要小一些。该风速大于 5m/s 的持续时间是 10s 左右。

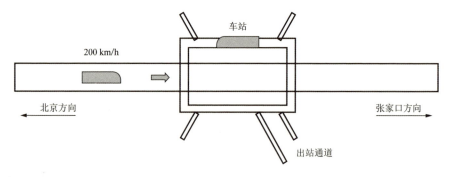

图 11-19　2 时刻对应列车运行位置及速度

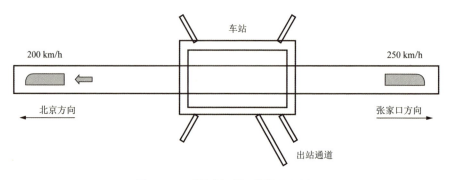

图 11-20　3 时刻对应列车运行位置及速度

在 2 时刻，隧道内有 2 列车，一列在大里程端内以全速 200km/h 向车站运行，另一列在车站停车，2 车在车站引起正压，此时的通道内风速并不大，最大值仅为 2.4m/s。

在 3 时刻，隧道内有 2 列车，在大里程端内的一列车以全速 200km/h 离开车站，车头位置在洞口附近，在小里程端内的另一列车以全速 250km/h 离开车站，车头同样在洞口附近位置，这时使得出站内出现最大负压，通道内的速度呈现最大负值为 8.3m/s，该点风速大于 5m/s 的持续时间是 70s 左右。

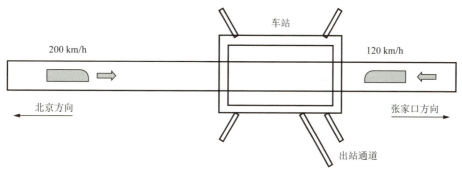

图 11-21　4 时刻对应列车运行位置及速度

在 4 时刻，隧道内有 2 列车，一列在大里程端内以全速 200km/h 往车站内运行，另一列在小里程端内减速进站，两列车相互作用在车站形成正压，使得出站通道内的速度呈现较大正值 4.5m/s。

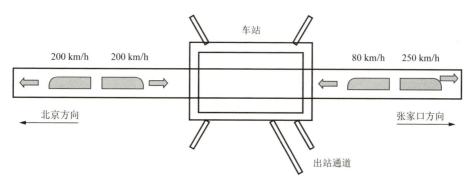

图 11-22　5 时刻对应列车运行位置及速度

在 5 时刻，与 1 时刻的情况完全类似，隧道内有 4 列车，大里程端内 1 列车以全速 200km/h 进站，1 列车以全速 200km/h 出站；小里程端内 1 列车减速进站，另一列车全速出站，4 列车综合作用在车站内形成负压，使得出站通道内的速度呈现负值 5.4m/s。从结果图来看两个区间内都有列车会车，这时的活塞风压是减弱的，全 16 辆运行时速度偏小，主要是负压相对要小一些。该风速大于 5m/s 的持续时间是 10s 左右。

从以上瞬时风速与列车运行位置来看，出站通道内的瞬时风速大小与列车运行位置和方向密切相关，在大小里程隧道内均有列车时容易出现峰值，在两区间隧道内列车向相反方向运行（均出站）时产生负压作用，引起风速较大负值；在两区间隧道内列车向相同方向运行（均进站）时产生正压作用，引起风速较大正值；当车站内有列车停靠时，风速可能会进一步加大。最大负压的工况已经出现，最大正压的最不利工况在后面的会车工况中需要进一步分析。

### 11.4.2 利用车站机械风井和加泄压孔

（1）利用车站内机械排风井

为进一步控制通道内的风速，考虑将轨行区与机械排风井通过风管连通，泄压风管长约 27m、可利用面积 3m²，风井长约 70m、面积 26m²。修改原模型后的模拟计算结果显示出站通道最大风速 7.5m/s，进站通道风速 7.1m/s。由于泄压风管面积非常小，泄压效果并不明显，风速只比不加风管时最不利工况通道风速小一些。

（2）两端区间隧道开泄压孔

在大里程端和小里程端 K64 + 400 和 K68 + 480 位置各开一个泄压孔，分析不同泄压孔面积下的通道最大风速，结果见表 11-11。随着泄压孔面积的增加，进出站通道风速逐渐降低。可见，在区间隧道加泄压孔对减小通道内风速是非常有利的。

泄压孔面积对最大风速的影响　　　　　表 11-11

| 泄压孔面积（m²） | 出站通道风速（m/s） | 进站通道风速（m/s） |
| --- | --- | --- |
| 28.5 | −5.6 | 5.4 |
| 50 | −4.2 | 4.1 |
| 70 | −3.8 | 3.8 |

进一步分析风道内风速最大值出现时列车位置，如图 11-23 和图 11-24 所示。最大正值出现在大里程端一列车进站，车站一列车停站时。最大负值出现在两列车分别从两端出隧道时。

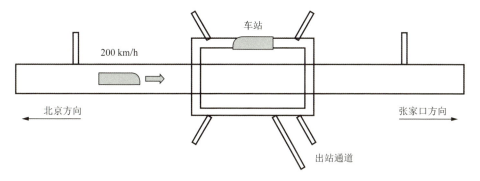

图 11-23　最大正值对应列车运行位置及速度

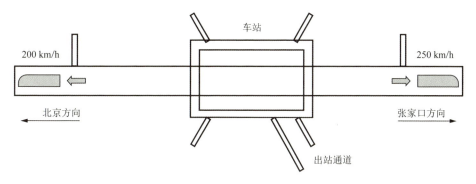

图 11-24　最大负值对应列车运行位置及速度

## 11.4.3　单车越行与隧道会车工况

（1）单车越行

根据行车数据，北京方向的大里程端限速 200km/h，张家口方向小里程端限速 250km/h。按发车密度 6 对/h 计，可实现整个隧道内只有单车越行，考虑列车分别从北京和张家口方向越行，模拟结果见表 11-12。

单车越行最大风速模拟计算结果　　　表 11-12

| 编组数 | 方向 | 出站通道风速（m/s） | 进站通道风速（m/s） |
|---|---|---|---|
| 16 | 北京—张家口 | −4.4 | −4.3 |
| | 张家口—北京 | 4.5 | 4.6 |
| 8 | 北京—张家口 | −2.7 | −2.8 |
| | 张家口—北京 | 2.8 | 3.0 |

由表 11-12 可见，单车越行时进出站通道风速仍然不太高，最大值仅为 4.6m/s，出现在 16 辆编组列车越行时。该最大值比前期在龙洞堡车站调研时测

出的通道风速要大,主要是由于八达岭隧道区间限速更高,且通道的气流阻力比龙洞堡的小,龙洞堡通道内设有气流流通面积小的门,其空气阻力较大。

从逐时数据来看,单车越行风速最大正值出现在列车到达车站咽喉区位置时,最大负值出现在离站到达另一端隧道出口时。

（2）车站中部会车

在单车越行工况的基础数据上,考虑列车均进入隧道在车站中间位置会车,通道内风速模拟结果见表 11-13。通道内风速相比于单车越行工况,有明显增大,最大值可达 7.6m/s。对列车运行位置和逐时风速进行分析,发现对于中部会车工况,进隧道时一列车先进,出隧道时一列车先出;最大正值在会车前两车正好到达两端的咽喉区位置时产生,最大负值在一列车将出隧道洞口,另一列车在另一区间中部时产生。

**车站中部会车最大风速模拟计算结果**　　　　　　　　　表 11-13

| 编组数 | 出站通道风速（m/s） | 进站通道风速（m/s） |
| --- | --- | --- |
| 16 | 7.5 | 7.6 |
| 8 | 5.1 | 5.2 |

（3）距车站 1.5km 会车

在单车越行工况的基础数据上,考虑列车均进入隧道在大里程端距车站 1.5km 位置处会车,通道内风速模拟结果见表 11-14。通道内风速稍小于车站中部会车工况,最大值可达 7.3m/s。

**距车站 1.5km 会车最大风速模拟计算结果**　　　　　　表 11-14

| 编组数 | 出站通道风速（m/s） | 进站通道风速（m/s） |
| --- | --- | --- |
| 16 | 7.3 | 6.9 |
| 8 | 4.5 | −4.5 |

（4）咽喉区会车

在单车越行工况的基础数据上,考虑列车在车站起点的咽喉区位置会车,通道内风速模拟结果见表 11-15。通道内风速与车站中部会车工况基本相同,最大值可达 7.5m/s。对逐时风速数据进行分析,发现对于咽喉区会车工况最大正值在两列车刚好靠近两端咽喉区位置时产生,最大负值在一列车将出隧道洞口,另一列车在另一区间中部时产生。

咽喉区会车最大风速模拟计算结果　　　　　表 11-15

| 编组数 | 出站通道风速（m/s） | 进站通道风速（m/s） |
|---|---|---|
| 16 | 7.5 | 7.5 |
| 8 | 5.0 | 5.1 |

## 11.4.4 通道内风速影响因素分析

最不利的全 16 辆编组 12 对正常运行工况出站通道最大风速为 8.3m/s，以该最不利工况为基准工况，分别对影响通道内风速的因素进行分析。

（1）通道面积的影响

由于通道内有行人，行人也会占据一定的通道空间，使通道断面积减小。设计中，也可以通过安装吊顶等控制通道的通风面积。同时改变进出站通道的面积，通道内风速的模拟计算结果见表 11-16，变化趋势如图 11-25 所示。从结果来看，随着进出站通道面积的增加，通道内风速降低。因此，应该尽量保持较大的通道面积，安装的吊顶应尽量不影响气流流动。

通道面积对通道最大风速的影响　　　　　表 11-16

| 横通道面积（m²） | 出站通道风速（m/s） | 进站通道风速（m/s） |
|---|---|---|
| 30 | −11.9 | −12.2 |
| 40 | −10.4 | −10.2 |
| 50 | −9.3 | −9.2 |
| 60 | −8.4 | −8.1 |
| 70 | −7.5 | −7.5 |
| 80 | −6.8 | −6.9 |

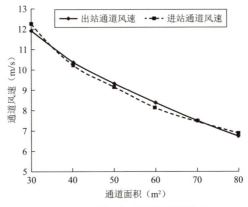

图 11-25 通道面积对通道风速的影响

（2）行车车速的影响

列车运行速度直接影响活塞风的大小，而活塞风的大小又决定了进出站通道内的风速大小。改变列车在隧道内的运行速度140～300km/h，通道内风速模拟计算结果见表11-17，变化趋势如图11-26所示。从结果来看，随着列车运行速度的提高，进出站通道内风速基本呈现现行增大趋势。

列车运行速度对通道最大风速的影响　　　　表11-17

| 列车速度（km/h） | 出站通道风速（m/s） | 进站通道风速（m/s） |
| --- | --- | --- |
| 140 | −5.3 | −5.2 |
| 160 | −6.0 | −5.7 |
| 180 | −6.6 | −6.3 |
| 200 | −7.3 | −7.2 |
| 220 | −7.9 | −7.9 |
| 250 | −9.0 | −9.0 |
| 300 | −10.3 | −10.2 |

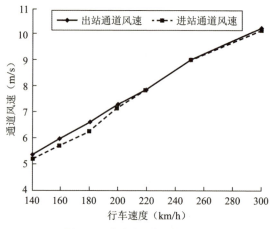

图11-26　车速对通道风速的影响

（3）发车对数的影响

列车发车密度会影响隧道内的会车工况，可能对进出站通道内的风速大小有一定影响。以全部为16辆编组列车为例，实际大里程端限速200km/h和小里程端限速250km/h，改变不同的发车对数和越行对数，模拟计算结果如表11-18和图11-27所示。从计算结果来看，当发车对数10对以下时，进出站通道最大风速基本不随发车对数变化,最大值 7.5m/s 左右。当发车对数增加至 10 对以上且越行对数增加时,通道内风速会有所增加,但增加量并不大。整体来看,发车对数对进出站最大风速的影响并不太显著。

列车运行对数对通道最大风速的影响　　　　表 11-18

| 列车运行对数 | 出站通道风速(m/s) | 进站通道风速(m/s) |
| --- | --- | --- |
| 4 对<br>(全部停站) | -7.5 | -7.2 |
| 6 对<br>(4 对停站,2 对越行) | -7.5 | -7.2 |
| 8 对<br>(6 对停站,2 对越行) | -7.6 | -7.2 |
| 10 对<br>(8 对停站,2 对越行) | -7.5 | -7.2 |
| 10 对<br>(6 对停站,4 对越行) | -8.3 | -7.8 |
| 12 对<br>(10 对停站,2 对越行) | -8.3 | -7.9 |
| 12 对<br>(8 对停站,4 对越行) | -9.4 | -8.8 |

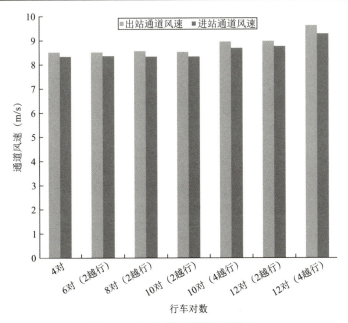

图 11-27　行车对数对通道风速的影响

(4)门的影响

通过龙洞堡机场站的调研和模拟计算发现,门的面积和开启个数决定了通道内的局部阻力大小，从而直接影响通道内的风速。在现有的地面站房出入口门的情况下，研究开启不同个数的出入口门和在通道内加设门以阻挡通道内的气流。

首先针对地面站房出入口的门，之前的研究都是将进站和出站大厅的门全部打开，从结果来看，由于门的设置有效地减小了通风面积，增加了气流的阻力，有利于减小通道内的风速。考虑在不影响人员通行的情况下，如果进一步关闭出入口的部分门，可能会进一步降低通道内风速。当地面站房的进出站口的门只开启一半时，计算结果见表11-19。进站通道风速变化不大，因进站通道本身气流阻力就较大，而出站通道风速由原来的8.3m/s降低到了5.7m/s，有明显下降。在允许的情况下，可适当减少出站厅的门开启数量。

门对通道最大风速的影响　　　　　　　　　　　　表11-19

| 门 | 出站通道风速（m/s） | 进站通道风速（m/s） |
| --- | --- | --- |
| 进出站房的出入口门只开一半 | −5.7 | −7.8 |
| 进出站通道各加1个门，开启面积6m² | −2.6 | −2.1 |
| 进出站通道各加1个门，开启面积12m² | −3.8 | −4.8 |
| 进出站通道各加1个门，开启面积18m² | −5.3 | −6.2 |
| 进出站通道各加1个门，开启面积25m² | −6.5 | −7.2 |
| 进出站通道各加2个门，开启面积各25m² | −5.5 | −6.7 |

如不能改变地面站房的门开启状态，可考虑在进出站通道水平段内加装门，该门完全覆盖通道断面，开启门后有一定气流流通面积，门的流通面积和门的个数都会影响通道内的气流阻力，从而影响通道内的气流速度。加装不同个数的门和不同流通面积下的通道风速计算结果如表11-19和图11-28所示。加设门后，随着门有效开启面积即气流流通面积的减小，进出站通道的风速显著降低。在通道内只加一扇面积为18m²的门，即可将进出站通道的最大风速降低至6m/s左右，但此时门处的风速也非常高，最大可达18m/s。可进一步考虑增加门的数量，当通道内增设2扇25m²的门时，通道最大风速可降至6.7m/s，而门位置处风速降至14m/s。综上，加设门可有效降低通道内风速，但根据质量守恒，在门位置处的风速也会相应升高；当增加门的数量后，门位置处风速可降低。增设门有利有弊，需合理进行设计。

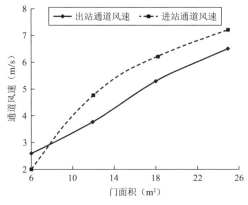

图 11-28 加设门的面积对通道风速的影响

（5）隧道长度的影响

区间隧道的长度对隧道内活塞风大小有一定影响，从而影响通道内的风速。在原有模型的基础上，考虑车站两侧的区间隧道在不同长度下的人行通道风速。

车站两侧区间隧道长度保持一致，从 0.7km 变化到 10km 时通道内最大风速结果如表 11-20 和图 11-29 所示。进出站通道内最高风速随区间隧道长度变化趋势大致相同，在隧道长度较短时，由于列车尚未加速到最高速度就要减速进站，此时的列车风作用较小，因此最大风速在区间长度 2km 范围内是逐渐增大的。在区间长度 2~3km 范围内，通风内最大风速达到最大，此后通道内最大风速趋于平稳，进出站通道最大风速分别可达 7.5m/s 和 7.9m/s，在区间隧道 8km 后通道内风速开始下降。

区间隧道长度对通道最大风速的影响　　　　表 11-20

| 区间隧道长度（km） | 出站通道风速（m/s） | 进站通道风速（m/s） |
| --- | --- | --- |
| 0.7 | −6.6 | −5.9 |
| 1.0 | −7.6 | −7.3 |
| 2.0 | −7.9 | −8.1 |
| 3.0 | −7.7 | −8.1 |
| 4.0 | −7.5 | −7.9 |
| 6.0 | −7.5 | −7.9 |
| 8.0 | −7.4 | −7.9 |
| 10.0 | −6.9 | −7.4 |

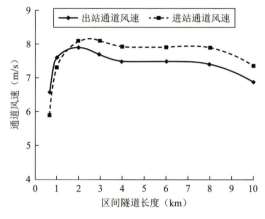

图 11-29　区间隧道长度对通道风速的影响

从结果来看，区间隧道长度对通风最大风速的影响并不明显，在隧道长度 2～8km 的范围内最大风速基本保持不变。

### 11.4.5　结论

进一步对人行通道内的瞬时风速产生的原因和影响因素进行分析。通过对隧道内风速的瞬时值与列车运行位置的分析，可以发现风速最大负值出现在两个区间分别有列车往隧道外以最大速度行驶且两车位置位于洞口时，风速最大正值出现在两个区间分别有列车往车站内以较大速度行驶且在车站附近会车时。考虑列车不同运行工况下的人行通道风速结果，单车越行时，通道内风速并不高，16 辆编组的车产生最大风速值 4.6m/s，在完全可接受的范围内；在隧道内不同位置会车时出现较大风速，最大 7.6m/s 出现在中部会车时；在区间加泄压井，通道内风速有明显降低，且随泄压孔面积增大而降低；利用车站内的既有机械风井辅助泄压，由于可利用面积非常小，通道内最高风速 7.5m/s，泄压效果并不明显。从影响因素分析来看，通道面积对通道内风速影响很大，随着通道面积的减小，通道内风速显著增大，所以通道断面积应越大越好；随着列车运行速度的增大，活塞风增加，通道内风速也明显增大，在 220km/h 的速度内，可以控制最大风速在 8.0m/s 以下；发车对数对通道风速的影响并不大，只有在对数大于 10 对和越行对数增加时，通道内风速才略有增加；进出站站房的出入口门的个数和开启面积决定了气流阻力的大小，从而影响着通道内的风速；在通道内增设门，同样可增加通道内的气流阻力，从而也能降低通道内的风速，当加设 1 扇面积 18m² 的门，就可将通道内最大风速降至 6.0m/s 左右；区间隧道长度的变化对通道最大风速影响不大。

## 11.5 车站公共区及人行通道人员安全性分析

### 11.5.1 人员安全性分析

目前虽然没有针对站台与站厅连接的人行通道安全风速标准，但通过参考距离列车一定距离外的人员安全风速和敞开区域中人员安全风速，基本可以认为风速在 6m/s 以下对乘客而言是舒适的，行动不会受到影响；风速在 6~9m/s 内部分人员会表现出不舒适，出现撅衣裙等反应；风速在 9~11m/s 内部分人员行动可能受到影响，但不会摔倒；风速在 11m/s 以上乘客受影响大，可能行走困难，有一定摔倒风险。

本模拟计算得出的通道内最大风速为 8.3m/s，在安全范围内，只是部分人员会感觉不舒适。

### 11.5.2 人行通道安全风速控制措施

从目前的模拟计算结果来看，最大风速 8.3m/s 在安全范围内，但较高的瞬时风速对舒适性有所影响。从通道内最高风速产生的原因及影响因素来看，控制通道风速可考虑以下措施：

①行车组织上避免在隧道内会车，从单车运行结果来看通道内最高风速不超过 5m/s，在舒适范围内。

②在大小里程端的区间隧道分别设置泄压风井，可在通道内风速有效控制在 6m/s 以下。

③在通道内设置多个局部阻力构件，如安装半开门或者在吊顶内安装较大面积的板，在局部形成孔板结构，增加局部阻力以减小通道内风速。

### 11.5.3 结论

通过分析已有的风速标准和研究成果，认为风速在 9m/s 以内基本可以认为是安全的，风速在 6m/s 以下对人员基本无影响，只有部分人员在风速 6～9m/s 范围内会感觉不舒适，但无摔倒的风险。

## 11.6　八达岭长城站环控与通风设计

### 11.6.1　主要设计标准

（1）室外气象参数

冬季通风室外计算温度：−3.6℃；夏季通风室外计算温度：27℃；夏季空气调节室外计算干球温度：33.5℃。

（2）地下车站及区间内空气质量标准

地下车站及区间内空气质量标准要求见表 11-21。

地下车站及区间内空气质量标准　　　　表 11-21

| 房间名称 | 夏季室内计算温湿度 | | 小时换气次数 | | 备注 |
|---|---|---|---|---|---|
| | 温度（℃） | 相对湿度（%） | 进风 | 排风 | |
| 值班室 | 27 | ≤65 | — | — | 空调（运营时间） |
| 信息配线间、控制室 | 27 | 40～65 | — | — | 机房专用空调，24h |
| 民用通信机房、环网柜室 | 27 | 40～65 | — | — | 空调，24h |
| 环控电控室 | 27 | 40～65 | — | — | 空调，24h |
| 综合变电所 | 36 | | 排除余热计算确定 | | 空调，24h |
| 照明配电室、电缆井、备用间、内走道 | | | 6次/h | 6次/h | 通风 |
| 工作人员卫生间、乘客卫生间 | | | — | 20次/h | 单独排风 |
| 废水泵房 | | | 4次/h | 4次/h | 通风 |
| 环控机房 | | | 6次/h | 6次/h | 通风 |

（3）风速设计标准

风口：2～3m/s；

站台：1～5m/s；

竖井风道：4～6m/s；

钢制风管：8～10m/s；

风亭百叶：≤4m/s；

消声器片间：≤12m/s；

排烟风速金属排烟管：≤20m/s；

排烟风速非金属排烟管：≤15m/s；

隧道事故风速：≥2m/s。

（4）噪声标准

通风、空调设备传至各房间内的噪声不得超过 60dB(A)，传至车站公共区的噪声不得超过 70dB(A)，通风空调机房内的噪声不得超过 90dB(A)。

地面风亭：通风空调设备传至地面风亭的噪声应符合《声环境质量标准》（GB 3096—2008）的要求。

（5）风亭设计要求

①风亭应位于洁净地带，进、排风亭宜合建，排风口与进风口直线最短距离≥5m，且与周围建筑物的直线最短距离≥5m。

②新风亭进风格栅底部距地坪应≥2m，位于绿化带内时≥1m。

（6）防排烟设计标准

①地下车站和区间隧道仅按同时只有一处发生火灾设计，列车区间隧道内发生火灾时，应首先尽可能将列车行至隧道外疏散，其次考虑行驶到长城站到发线区域。

②车站公共区按消防性能化分析结果，每侧站台划分为两个防烟分区，每防烟分区不得跨越防火分区，设备及管理用房区防烟分区面积均小于 750m。每个防烟分区排烟量按 $60m^3/(m^2 \cdot h)$ 计算，当排烟设备需要同时排除两个防烟分区时，设备容量应按排除所负责的两个防烟分区的烟量配置。

③各防烟分区之间采用挡烟垂壁或隔墙到顶的形式分隔，挡烟垂壁的高度不小于 500mm，并升至结构板底。挡烟垂壁采用燃烧性能 A 级的不燃材料，并满足相关耐火极限要求。

④设备管理用房担负一个防烟分区时，应按该部分面积不小于 $60m^3/(m^2 \cdot h)$ 计算排烟量；担负两个或两个以上防烟分区排烟时，应按同时排除两个最大的防烟分区的面积不小于 $60m^3/(m^2 \cdot h)$ 计算排烟量，设备最小排烟量不应小于 $7200m^3/h$。

⑤同一个防火分区内的设备及管理用房的总面积超过 $200m^2$，或面积超过 $50m^2$ 且经常有人停留或可燃物较多的单个房间应设置机械排烟。

⑥长度超过 20m 的地下车站内走道需设机械排烟设施，排烟口距最不利排烟点不超过 30m。连续长度>60m 的地下通道和出入口通道设置机械排烟。

⑦不具备自然排烟条件的防烟楼梯间，消防电梯间前室或合用前室、封闭楼梯间设置加压送风防烟设施。

⑧列车火灾规模根据消防性能化设计模拟计算内容，按≤18MW 计算。

⑨车站范围内排烟风机耐高温要求为 250℃条件下能连续工作 1h。

⑩穿越防火分区的防火墙、楼板、每层水平干管与垂直总管的交接处、穿越变形缝且有隔墙、进出空调通风机房等处的风管应设防火阀。

⑪防火阀按规范设置。

### 11.6.2　通风及防排烟系统设计

1）八达岭长城站系统通风设计

八达岭长城站为深埋铁路地下车站，经分析计算，高速运行列车形成的活塞风可充分冷却区间隧道，并为车站带来足够的新风，因此设计采用自然通风方式对隧道及车站站台进行降温及新风补给，满足规范要求。八达岭长城站地下部分主要设置机械送排风和防排烟系统，不设置供暖。

（1）站台层公共区及轨行区通风

在每侧站台上部设置带排风排烟风口的钢板风道，再通过顶部的土建孔洞、风道连接至安装在出站层设备区内的隧道风机（TVF 风机）进口，由风机出口再连至车站每端的土建排风井并直通地面风亭，形成站台区域的机械排风系统。当列车火灾停靠站台或站台火灾时，开启隧道风机对着火侧站台进行排烟。同时开启在新八达岭隧道内出口一侧设置的多组射流风机，由隧道洞口引风，对车站进行排烟补风，如图 11-30 所示。

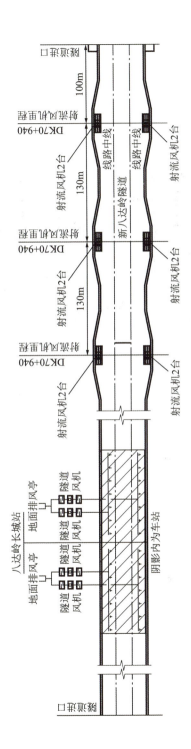

图 11-30 站台区域通风系统

（2）进出站通道通风

进出站通道按要求设置机械通风，风机放置在通道旁设备区的环控机房内。进出站斜行通道按要求设置机械通风，风机放置在地面站房部分的排烟机房及送、补风机房内，根据通道内测出的温度，选择性开启对通道降温，如图11-31所示。

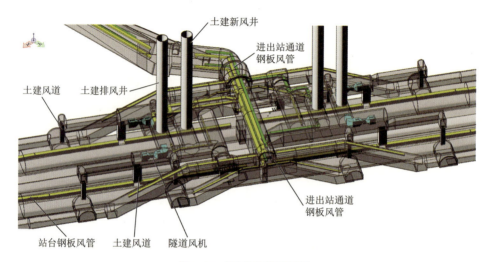

图11-31　进出站通道通风系统

（3）设备用房通风

设备用房区域的设备房，按照设备使用要求及人员新风量要求计算通风量，在本区域内的环控机房内设置送、排风机。排风风管同时兼排烟风管使用。卫生间类房间设置独立的排风系统。

（4）救援通道通风

车站在每侧站台各设置2处救援通道与2号斜井连通形成救援通道，分别在2号斜井井口和1号分通道井口到达地面，在距离洞口不远处设置分别设置射流风机，对整个救援通道进行正压送风，以保证救援时，通道内维持正压。

2）新八达岭隧道防灾及运营通风

①根据《铁路隧道防灾疏散救援工程设计规范》（TB 10020—2017）、《铁路隧道设计规范》（TB 10003—2016）、《高速铁路设计规范》（TB 10621—2014）的要求，长度大于20km的隧道，设置运营机械通风，长度小于20km的不设运营机械通风。本段隧道不设置运营通风。

②本隧道利用 1 号斜井作为防灾救援疏散的紧急出口，本设计为紧急出口设置机械加压防烟设施，防烟系统的余压值为 40~50Pa。紧急出口与隧道相连处的防护门通风风速不小于 2m/s。火灾工况下，正线隧道内采取自然通风。

③主隧道内设置 3 组射流风机，每组 4 台，配合八达岭长城站设置的 4 台 TVF 风机，作为八达岭长城站站台区排烟工况下补风使用。

### 11.6.3　空调系统设计

四电用房中较重要的房间设置机房专用空调系统，保证设备房环境温湿度要求。其他存在较大发热的设备房和管理用房设置变频多联空调系统，用以排除房间设备和人员负荷，保证环境舒适度要求。

多联空调空调系统：出站层设备区左端客运值班室、公安值班室、监控值班室三个管理用房设置一套多联空调系统，环控电控室、综合变电所两个设备用房设置一套多联空调系统，出站层设备区右端环控电控室、综合变电所、民用通信机房等设备用房设置一套多联空调系统，室外机均设置在排风井内。站内所有民用通信机房、民用机房设置商用分体空调。

机房专用空调系统：出站层设备区左端信息配线间设有 2 套机房专用空调，一用一备，室外机设置在排风井内。站台层站台门控制室各设 2 套共 4 套机房专用空调，每个房间的一用一备，室外机就近设置在站台，保证机房正常运行。出站层设备区右端控制室设有 2 套机房专用空调，一用一备，室外机设置在排风井内。

### 11.6.4　车站控制模式设计

车站控制分两级，分别为车站控制和就地控制。车站控制设置在地面站房的信息机房，对车站和所管辖区的各种通风空调设备进行监视，火灾发生时，作为车站指挥中心，根据实际情况将有关通风空调系统转入灾害模式运行。就地控制由设置在车站风机配电室内的控制柜完成，控制柜具有单台设备就地控制和模式控制功能，便于各设备及子系统调试、检查和维修。就地控制具有优选权；在通风空调机房内设备旁便于操作处设负荷开关箱，满足单台设备的现场检查和维修。

# 参 考 文 献

[1] 李凤蔚. 空气与气体动力学引论[M]. 西安: 西北工业大学出版社, 2007.

[2] 金学易, 陈文英. 隧道通风及隧道空气动力学[M]. 北京:中国铁道出版社, 1983.

[3] 李人宪. 高速列车气动影响[M]. 北京:中国铁道出版社, 2016.

[4] 赵有明. 高速铁路隧道气动效应[M]. 北京:中国铁道出版社, 2012.

[5] 李国庆. 城市轨道交通通风空调新技术及应用[M]. 北京: 中国建筑工业出版社, 2014.

[6] 罗燕萍. 城市轨道交通工程隧道通风系统研究与优化设计[M]. 北京: 中国建筑工业出版社, 2013.

[7] 李炎. 铁路隧道列车活塞风特性分析及理论研究[D]. 兰州: 兰州交通大学, 2010.

[8] 刘程. 城际铁路地下站台列车风特性及对人员安全的影响研究[D]. 长沙: 中南大学, 2013.

[9] 周朝晖. 复杂结构铁路隧道压力波效应数值模拟研究[D]. 兰州: 兰州交通大学, 2016.

[10] 张德文. 高速列车隧道会车数值模拟及车体气动疲劳强度分析[D]. 成都: 西南交通大学, 2019.

[11] 梅元贵. 高速铁路隧道压力波数值模拟研究[D]. 成都: 西南交通大学, 1997.

[12] 贾永兴. 高速列车隧道压力波效应数值模拟研究[D]. 兰州: 兰州交通大学, 2019.

[13] 琚娟, 高波, 超文成. 高速列车通过隧道时隧道内压力变化的试验研究[J]. 铁道建筑技, 2003, 3: 22-24.

[14] 李伦贵.高速列车隧道缓冲结构试验研究[D]. 成都: 西南交通大学, 2003.

[15] 王英学, 高波, 超文成, 等. 高速列车进出隧道空气动力学特征模型实验分析[J].流体力学实验与测量, 2004, 18(3): 73-78.

[16] 梁习锋, 田红旗. 200km/h 动车组交会压力波试验[J]. 中南工业大学学报, 2002, 33(6): 621-624.

[17] 熊小慧, 梁习锋. CRH2 型动车组列车交会空气压力波试验分析[[J]. 铁道学报, 2009, 31(6): 15-20.

[18] 田红旗, 许平, 梁习锋, 等. 列车交会压力波与运行速度的关系[J]. 中国铁道科学, 2006, 27(6): 64-67.

[19] 刘堂红, 田红旗, 金雪松. 隧道空气动力学实车实验研究[J]. 空气动力学学报, 2008, 26(1): 42-46.

[20] 何德华, 陈厚嫦, 张超. 高速列车通过隧道压力波特性试验研究[J]. 铁道机车车辆, 2014, 34(5): 17-20.

[21] 陈厚嫦, 张沿, 何德华, 等. 时速 350km 高速铁路隧道气动效应基本规律试验研究[J]. 中国铁道科学, 2014, 35(1): 55-59.

[22] 梅元贵, 王瑞丽, 许建林, 等. 高速列车进入隧道诱发初始压缩波效应的数值模拟[J]. 计算力学学报, 2016, 33(1): 95-102.

[23] 周丹. 长大隧道、隧道群空气动力效应算法研究及应用[D]. 长沙: 中南大学, 2007.

[24] 田红旗. 列车交会空气压力波研究及应用[J]. 铁道科学与工程学报, 2004, 1(1): 83-89.

[25] 杨伟超, 彭丽敏, 施成华. 隧道竖井对车体压力的作用机理及影响因素分析[J]. 中国铁道科学, 2009, 30(3): 68-72.

[26] 李玉峰, 彭丽敏, 雷明峰. 高速铁路交叉隧道动力学问题研究综述[J]. 现代隧道技术, 2015, 52(2): 8-13.

[27] 李人宪, 袁磊. 高速列车通过隧道时的压力波动问题[J]. 机械工程学报, 2014, 50(24): 115-121.

[28] 李人宪, 关永久. 高速列车隧道会车压力波动问题[J]. 机械工程学报, 2012, 48(20): 128-134.

[29] 赵文成. 高速铁路隧道缓冲结构的理论和试验研究[D]. 成都: 西南交通大学, 2004.

[30] HOWE M S, LIDA M, FUKUDA T. Influence of an unvented tunnel entrance hood on the compression wave generated by a high-speed[J]. Journal of Fluids and Structures, 2003, 17(6): 833-853.

[31] 王英学. 高速铁路隧道空气动力效应控制技术[M]. 北京: 科学出版社, 2012.

[32] 王建宇. 列车通过隧道时诱发的空气动力学问题和高速铁路隧道设计参数[J]. 世界隧道, 1995, 000(001): 3-13.

[33] HOWE M S, LIDA M, MAEDA T T, et al. Aeroacoustics of a tunnel-entrance hood with a rectangular window[J]. Journal of Fluid Mechanics, 2003, 487: 211-243.

[34] HOWE M S. Design of a tunnel-entrance hood with multiple windows and variable cross-section[J]. Journal of Fluids & Structures, 2003, 17(8): 1111-1121.

[35] HOWE M S. On the design of a tunnel-entrance hood with multiple windows[J]. Journal of Sound & Vibration, 2004, 273(1-2): 233-248.

[36] 骆建军. 高速列车进入隧道产生压缩波的数值模拟及试验研究[D]. 成都: 西南交通大学, 2004.

[37] 王悦新, 刘启琛. 降低高速铁路隧道空气动力效应的工程对策[J]. 铁道建筑, 1994(2): 10-13.

[38] WANG Y X, GAO B, ZHANG C, et al. Analysis on setting airshaft at mid-tunnel to reduce transient pressure variation[J]. Journal of Modern Transportation, 2011, 19(2): 88-93.

[39] 戴文, 高波, 赵文成. 高速铁路隧道横通道气动效应研究[J]. 铁道建筑, 2011(12): 57-60.

[40] 段忠辉. 高速地铁隧道空气动力学特性及控制技术研究[D]. 成都: 西南交通大学, 2019.

[41] 王悦新, 刘启琛, 何树第. 降低高速铁路隧道空气动力效应的工程对策[J]. 铁道建筑, 1994(2): 10-13.

[42] BUCHMANN R, WETZEL R. Aero and thermodynamic models for energency air flow simulations in the Gotthard Base Tunnel[C]//Proceedings of 2006 China International Symposium on High-speed Railway Tunnels, 2006: 104-112.

[43] VADY A E. Unsteady airflows in rapid transit systems: Part 2: Theoretical background and design parameters[J]. Proceeding of the Institution of Mechanical Engineers, 1980, 194(1): 349-356.

[44] 岳楹沁, 高波. 横通道对隧道出口微压波影响的数值模拟研究[J]. 华东交通大学学报, 2006, 23(5): 20-23.

[45] 李志伟, 梁习锋, 张键. 横通道对缓解隧道瞬变压力的研究[J]. 铁道科学与工程学报, 2010, 7(4): 37-41.

[46] 王英学, 任文强, 骆阳, 等. 横通道设置对车隧气动多波峰的影响[J]. 西南交通大学学报, 2018, 53(003): 427-433.

[47] 赵晶. 高速列车通过隧道时气动影响研究[D]. 成都: 西南交通大学, 2010.

[48] 韩华轩. 高速铁路地下车站隧道气动效应及缓解措施研究[D]. 成都: 西南交通大学, 2010.

[49] 马福东, 王婷, 彭斌, 等. 复杂深埋地下高铁车站站台及通道空气动力学效应模拟及设计对策选定[J]. 铁道标准设计, 2020, 64(1): 40-44.

[50] 徐鹤寿, 何德昭, 王厚雄. 准高速列车侧向人员安全距离的研究[J]. 中国铁道科学, 1996, 17(1): 21-31.

[51] 王韦, 王建宇, 陈正林. 高速铁路隧道内人员安全退避距离的研究[J]. 四川联合大学学报(工程科学版), 1998, 2(6): 34-38.

[52] 王韦, 王建宇, 陈正林. 高速铁路隧道内人员安全退避距离的研究[J]. 四川联合大学学报, 1998, 2(6): 34-38.

[53] PENWARDEN A D, GRIGG P F, Rayment R. Measurements of wind drag on people standing in a wind tunnel [J]. Building and Environment 1978, 13: 75-84.

[54] HUNT J C R, POULTON E C, MUMFORD J C. The effects of wind on people; new criteria based on wind tunnel experiments [J]. Building and Environment 1976, 11: 15-28.

[55] JORDAN S C, JOHNSON T, STERLING M, et al. Evaluating and modelling the response of an individual to a sudden change in wind speed [J]. Building and Environment, 2008, (43) : 1521-1534.

[56] MELNOURNE W H. Criteria for environmental wind conditions [J]. Journal of Industrial Aerodynamics, 1978, 3( 2-3) : 241-249.

[57] SOLIGO M J, IRWIN P A, WILLIAMS C J, et al. A comprehensive assessment of pedestrian comfort including thermal effects[J]. Journal of Wind Engineering and Industrial Aerodynamics, 1998, 77/78: 753-66.

[58] TAKANOBU OGAWA, KOZO FUJII. Numerical investigation of three-dimensional compressible flows induced by a train moving into a tunnel [J] . Computers & Fluids , 1997, 26(6): 565-585.

[59] OGAWA T, FUJII K. Aerodynamics of high speed trains Passing by each other[J]. Computers & Fluids, 1995, 24(8): 897-908.

[60] ZENG S M, WALTER. Pressure wave propagation in a short tunnel caused by passing trains[J]. Forschung im Ingenieurwesen, 1995, 61(11-12), 304-315.

[61] WALTER G, ZENG S M. Wave propagation by the passage of two high-speed trains in a tunnel[J]. Forschung im Ingenieurwesen, 1996, 62(5): 105-115.

[62] RICCO P, BARON A, MOLTENI P. Nature of pressure waves induced by a high-speed train travelling through a tunnel[J]. Journal of Wind Engineering and Industrial Aerodynamics, 2007, 95(8): 781-808.

[63] ARLURO B, MICHELE M, STEFANO S. The alleviation of the aerodynamic drag and wave effects of high-speed trains in very long tunnels[J]. Journal of Wind Engineering and Industrial Aerodynamics, 2001, 89(5): 365-401.

[64] UYSTEPRUYST D, WILLIAM-LOUIS M, CREUSE E, et al. Efficient 3d numerical prediction of the pressure wave generated by high-speed trains entering tunnels[J]. Computers & Fluids, 2011, 47(1): 165-177.

[65] KU Y C, RHO J H, YUN S H, et al. Optimal cross-sectional area distribution of a high-speed train nose to minimize the tunne micro-pressure wave [J]. Structural and Multidisciplinary Optimization, 2010, 42(6): 965-976.

[66] DOI T, OGAWA T, MASUBUCHI T, et al. Development of an experimental facility for measuring pressure waves generated by high-speed trains[J]. Journal of Wind Engineering and Industrial Aerodynamics, 2010, 98(1): 55-61.

[67] WU K H . Aerodynamic aspects of high-speed railway underground station with adjoining tunnels. [D]. Hong Kong: Hong Kong University of Science and Technology, 2008.

[68] 范斌. 高速铁路隧道空气动力学效应及其对支护结构耐久性影响[D]. 大连: 大连交通大学, 2010.

[69] 马怀发, 陈厚群. 全级配大坝混凝土动态损伤破坏机理研究及其细观力学分析方法[M]. 北京: 中国水利水电出版社, 2008.

[70] 弗朗索瓦, 德拉拉尔. 混凝土混合料的配合[M]. 北京: 化学工业出版社, 2004.

[71] 孙立国. 三级配混凝土集料形状数值模拟及应用[D]. 南京: 河海大学, 2005.

[72] 卓家寿, 章青. 不连续介质力学问题的界面元法[M]. 北京: 科学出版社, 2001.

[73] LU C, CAHYADI J H. Permeability and pore structure of OPC paste[J]. Cement and Concrete Research, 2001, 31(2): 277-282.

[74] HOLMEN J O. Fatigue of concrete by constant and variable amplitude loading. Fatigue Strength of Concrete Structure, 1982, SP-75 ACI: 71～110.

[75] 赵水利, 孙伟. 混凝土材料疲劳损伤方程的建立[J]. 重庆交通学院学报, 1999, 18: 17-22.

[76] 吕培印. 混凝土单轴、双轴动态强度和变形试验研究[D]. 大连: 大连理工大学, 2001.

[77] 宋玉普. 混凝土结构的疲劳性能及设计原理[M]. 北京: 机械工业出版社, 2006.